Amélie
Marois

manuel
de l'élève
volume 1

Sciences naturelles

VISIONS

MATHÉMATIQUE

3e année du 2e cycle
du secondaire

Claude Boivin

Dominique Boivin

Antoine Ledoux

Étienne Meyer

François Pomerleau

Vincent Roy

LES ÉDITIONS
CEC
Une compagnie de Quebecor Media

9001, boul. Louis-H.-La Fontaine, Anjou (Québec) Canada H1J 2C5
Téléphone : 514-351-6010 • Télécopieur : 514-351-3534

Direction de l'édition
Véronique Lacroix

Direction de la production
Danielle Latendresse

Direction de la coordination
Rodolphe Courcy

Charge de projet
Julie Provost
Diane Karneyeff

Correction d'épreuves
Viviane Deraspe

Conception et réalisation
Dessine-moi un mouton

Illustrations techniques
Stéphan Vallières

Illustrations d'ambiance
Rémy Guenin

Cartes géographiques
Les Studios Artifisme

Recherche iconographique
Jean-François Beaudette
Esther Ste-Croix

Les auteurs et l'éditeur remercient les personnes suivantes qui ont participé à l'élaboration du projet.

Collaborateur expert
Richard Cadieux, enseignant, école secondaire
Jean-Baptiste-Meilleur, c.s. des Affluents

Consultation scientifique
Matthieu Dufour, professeur, UQAM

Consultation pédagogique
David Boissonneault, enseignant à l'école secondaire
Le Sommet, c.s. des Premières-Seigneuries
Hélène Forget, enseignante à l'école secondaire Polybel,
c.s. des Patriotes
Mario Goudreault, enseignant à l'école secondaire
de la Seigneurie, c.s. des Premières-Seigneuries
Pascale Conte, enseignant à l'école secondaire
Saint-Laurent, pavillon Émile-Legault,
c.s. Marguerite-Bourgeoys

Dans cet ouvrage, la féminisation des titres de fonctions et des textes s'appuie sur des règles d'écriture proposées par l'Office de la langue française dans le guide *Au féminin,* Les Publications du Québec, 1991.

Les Éditions CEC inc. remercient le gouvernement du Québec de l'aide financière accordée à l'édition de cet ouvrage par l'entremise du Programme de crédit d'impôt pour l'édition de livres, administré par la SODEC.

Visions, Sciences naturelles, manuel de l'élève, volume 1,
3e année du 2e cycle du secondaire
© 2010, Les Éditions CEC inc.
9001, boul. Louis-H.-La Fontaine
Anjou (Québec) H1J 2C5

Dépôt légal: 2010
Bibliothèque et Archives nationales du Québec
Bibliothèque et Archives Canada

ISBN 978-2-7617-2808-9

Imprimé au Canada
2   3   4   5   14   13   12   11   10

TABLE DES MATIÈRES

volume 1

VISI①N

VISI②N

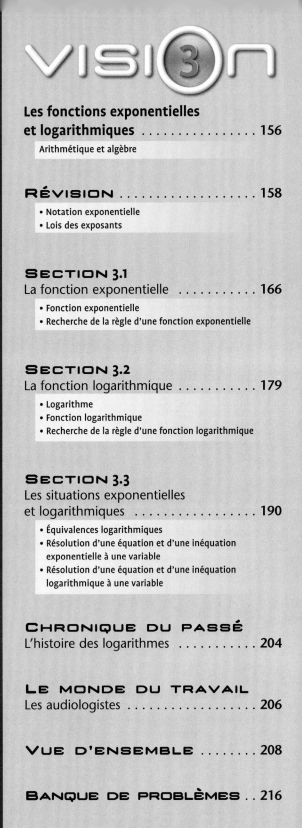

VISI③n

PRÉSENTATION D'UNE VISION

Ce manuel comporte trois *Visions*. Chaque *Vision* propose diverses SAÉ, une «Révision» des «Sections» et les rubriques particulières «Chronique du passé», «Le monde du travail», «Vue d'ensemble» et «Banque de problèmes». Le manuel se termine par un «Album».

LA RÉVISION

La «Révision» permet de réactiver des connaissances et des stratégies qui seront fréquemment utilisées dans la *Vision*. Cette rubrique comporte quelques activités de réactivation de connaissances antérieures, des **Savoirs en rappel** qui résument des éléments théoriques réactivés et une **Mise à jour** constituée d'exercices de renforcement sur les notions réactivées.

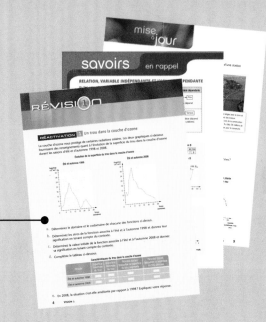

LES SECTIONS

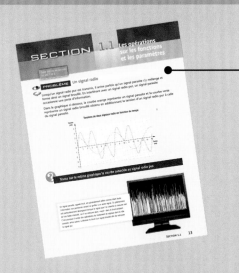

Une *Vision* comporte des «Sections», chacune commençant par un **Problème** suivi de quelques **Activités** et des rubriques **Technomath**, **Savoirs** et **Mise au point**. Chaque «Section», associée à une SAÉ, contribue au développement des compétences disciplinaires et transversales ainsi qu'à l'appropriation des notions mathématiques qui sous-tendent le développement de ces mêmes compétences.

Problème

La première page de la section présente un problème déclencheur comportant une seule question. La résolution de ce problème nécessite le recours à différentes compétences et à différentes stratégies, et mobilise des connaissances.

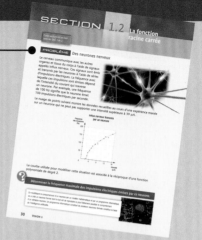

Activité

Les activités contribuent au développement des compétences disciplinaires et transversales, nécessitent le recours à différentes stratégies, mobilisent diverses connaissances et favorisent la compréhension des notions mathématiques. Elles peuvent prendre plusieurs formes : questionnaire, manipulation de matériel, simulation, texte historique, etc.

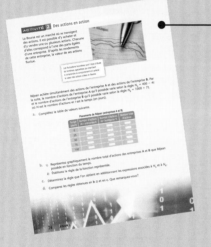

Technomath

La rubrique **Technomath** permet d'exploiter des outils technologiques tels qu'une calculatrice graphique, un logiciel de géométrie dynamique ou un tableur en montrant comment les utiliser et en proposant quelques questions en lien direct avec les notions mathématiques associées au contenu de la section.

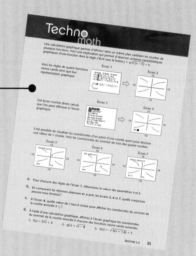

Savoirs

La rubrique **Savoirs** présente un résumé des éléments théoriques vus dans la section. Des exemples accompagnent les énoncés théoriques afin de favoriser la compréhension des différentes notions.

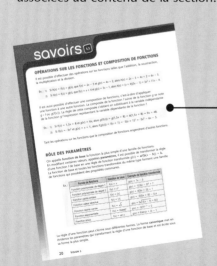

Mise au point

La rubrique **Mise au point** propose une série
d'exercices et de problèmes contextualisés favorisant
le développement des compétences et la consolidation
des apprentissages faits dans la section.

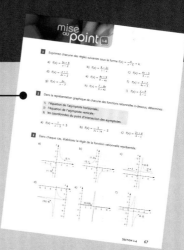

LES RUBRIQUES PARTICULIÈRES

Chronique du passé

La rubrique « Chronique du passé » relate
l'histoire de la mathématique et la vie
de certains mathématiciens qui ont contribué
au développement de notions mathématiques
directement associées au contenu de la *Vision*.
Une série de questions permettant
d'approfondir le sujet accompagne
cette rubrique.

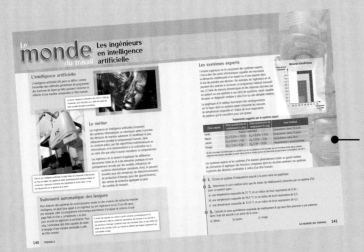

Le monde du travail

La rubrique « Le monde du travail »
présente une profession ou
un métier où sont exploitées
les notions mathématiques étudiées
dans la *Vision*. Une série de
questions permettant d'approfondir
le sujet accompagne cette rubrique.

Vue d'ensemble

La rubrique « Vue d'ensemble » présente une série d'exercices et de problèmes contextualisés permettant d'intégrer et de réinvestir les compétences développées et toutes les notions mathématiques étudiées dans la *Vision*.

Dans les rubriques **Mise à jour, Mise au point** et « Vue d'ensemble » :

- un numéro dans un carré bleu indique une priorité 1 et un numéro dans un carré orange, une priorité 2 ;
- lorsqu'un problème comporte des faits réels, un mot clé écrit en lettres majuscules et en rouge indique le sujet auquel il se rapporte.

Banque de problèmes

Cette rubrique clôt chaque *Vision* et présente des problèmes, pour la plupart contextualisés, qui privilégient chacun la résolution, le raisonnement ou la communication.

Répertoire des SAÉ

Le « Répertoire des SAÉ », présenté dans le *Guide d'enseignement*, regroupe des SAÉ qui sont liées par un fil conducteur thématique et dont chacune cible un domaine général de formation, une compétence disciplinaire et deux compétences transversales. Les apprentissages réalisés dans les sections aident à la réalisation des tâches proposées dans les SAÉ.

L'ALBUM

Situé à la fin du manuel, l'«Album» contient plusieurs outils qui viennent appuyer l'élève dans ses apprentissages. Il comporte deux parties distinctes.

La partie «Technologies» fournit des explications sur les principales fonctions de la calculatrice graphique, et sur l'utilisation d'un tableur et d'un logiciel de géométrie dynamique.

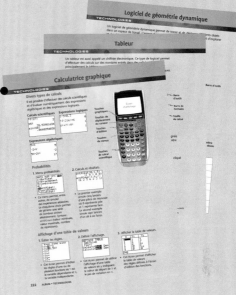

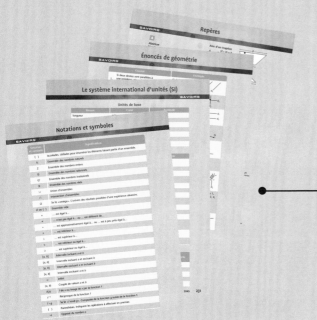

La partie «Savoirs» présente les notations et les symboles utilisés dans le manuel, ainsi que ceux du système international d'unités (SI). Des énoncés de géométrie sont également proposés. Cette partie se termine par un glossaire et un index.

LES PICTOGRAMMES

 Indique qu'une fiche de travail est offerte dans le *Guide d'enseignement*.

 Indique que l'activité peut se faire en travail coopératif. Des précisions à ce sujet sont données dans le *Guide d'enseignement*.

 Indique que certains aspects de la compétence disciplinaire 1 sont mobilisés.

 Indique que certains aspects de la compétence disciplinaire 2 sont mobilisés.

 Indique que certains aspects de la compétence disciplinaire 3 sont mobilisés.

VISI①N

Les fonctions

Comment les ondes radio interfèrent-elles les unes avec les autres ? Dans la chaîne alimentaire, comment l'énergie se transmet-elle d'un maillon à un autre ? Comment les fonctions mathématiques peuvent-elles être utiles pour l'analyse des écosystèmes ? Dans *Vision 1*, vous étudierez de nouvelles fonctions qui permettent de modéliser diverses situations et d'établir des prédictions. Vous découvrirez également comment il est possible de générer une fonction en effectuant des compositions de fonctions ou des opérations sur des fonctions.

Arithmétique et algèbre

- Propriétés des radicaux et des valeurs absolues
- Opérations sur les fonctions
- Fonctions racine carrée, valeur absolue et rationnelle
- Résolution d'équations et d'inéquations à une variable
- Modélisation de situations

Géométrie

RÉPERTOIRE
DES SAÉ

Les écosystèmes

Chronique du
passé

La famille
Bernoulli

Le
monde
du travail

Les spécialistes
de la géothermie

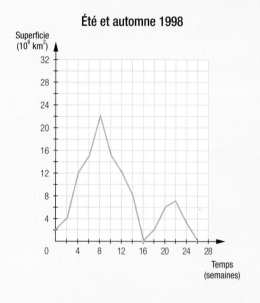

RÉACTIVATION 1 Un trou dans la couche d'ozone

La couche d'ozone nous protège de certaines radiations solaires. Les deux graphiques ci-dessous fournissent des renseignements quant à l'évolution de la superficie du trou dans la couche d'ozone durant les saisons d'été et d'automne 1998 et 2008.

Évolution de la superficie du trou dans la couche d'ozone

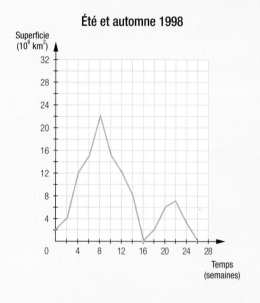

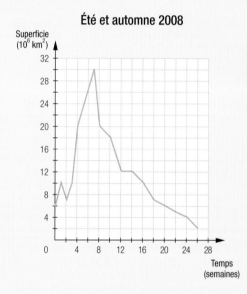

a. Déterminez le domaine et le codomaine de chacune des fonctions ci-dessus.

b. Déterminez les zéros de la fonction associée à l'été et à l'automne 1998 et donnez leur signification en tenant compte du contexte.

c. Déterminez la valeur initiale de la fonction associée à l'été et à l'automne 2008 et donnez sa signification en tenant compte du contexte.

d. Complétez le tableau ci-dessous.

Caractéristiques du trou dans la couche d'ozone

Période	Superficie maximale du trou	Superficie minimale du trou	Périodes durant lesquelles la superficie du trou augmente	Périodes durant lesquelles la superficie du trou diminue
Été et automne 1998				
Été et automne 2008				

e. En 2008, la situation s'est-elle améliorée par rapport à 1998? Expliquez votre réponse.

Les fous à pattes bleues sont des oiseaux qui vivent sur certaines îles de l'océan Pacifique. Pour se nourrir, ils survolent la mer à la recherche de bancs de poissons. Lorsqu'un fou à pattes bleues repère une proie, il rétracte ses ailes et plonge dans l'eau pour la capturer.

> Les fous sont des oiseaux marins plutôt maladroits sur la terre ferme, mais ils sont très spectaculaires dans les airs. Les fous de Bassan peuvent plonger d'une hauteur de 40 m jusqu'à une profondeur de 25 m, à une vitesse de plus de 80 km/h.

Le nuage de points ci-dessous montre les données enregistrées par une balise électronique lors d'un plongeon effectué par un fou à pattes bleues. La courbe correspond au modèle mathématique qui traduit ces données.

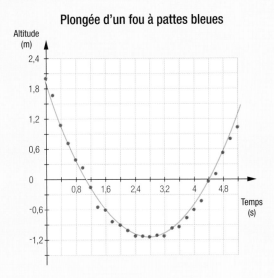

Plongée d'un fou à pattes bleues

a. À quel type de fonction correspond le modèle mathématique ?

b. Analysez le signe de cette fonction et donnez sa signification en tenant compte du contexte.

c. La réciproque de cette fonction est-elle une fonction ? Expliquez votre réponse.

d. D'après le modèle mathématique, quelle devrait être l'altitude du fou à pattes bleues à 6 s ?

> On trouve des fous à pattes bleues aux îles Galápagos. Cet archipel est situé à environ 1000 km à l'ouest des côtes équatoriennes. Ces îles doivent leur nom aux tortues géantes qui y ont été découvertes.

RELATION, VARIABLE INDÉPENDANTE ET VARIABLE DÉPENDANTE

Un lien entre deux variables est appelé une **relation**.

Généralement, dans une relation entre deux variables :

- celle dont la variation **entraîne** la variation de l'autre est appelée **variable indépendante** ;
- celle dont la variation **réagit** à la variation de l'autre est appelée **variable dépendante**.

Ex. :

	Relation	Variable indépendante	Variable dépendante
1)	La masse d'une dinde surgelée et son prix.	Masse ⟶ Prix	
		Le prix d'une dinde surgelée dépend de sa masse.	
2)	L'aire totale des murs et du plafond d'une pièce et le temps pour peindre cette pièce.	Aire totale ⟶ Temps	
		Le temps pour peindre une pièce dépend de l'aire totale des murs et du plafond.	

RÉCIPROQUE

Une relation réciproque, ou tout simplement une **réciproque**, s'obtient en intervertissant les valeurs de chacun des couples d'une relation entre deux variables.

Ex. :

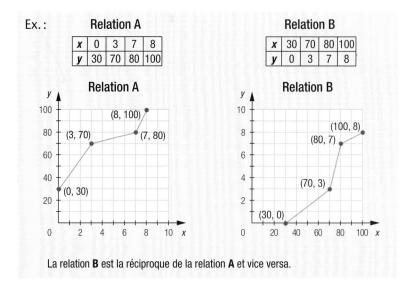

Relation A

x	0	3	7	8
y	30	70	80	100

Relation B

x	30	70	80	100
y	0	3	7	8

La relation **B** est la réciproque de la relation **A** et vice versa.

FONCTION

Une relation entre deux variables est dite fonctionnelle, ou tout simplement une **fonction**, lorsqu'à chaque valeur de la variable indépendante est associée au plus une valeur de la variable dépendante.

Dans la représentation graphique d'une fonction, à chaque abscisse est associée au plus une ordonnée.

Ex. :

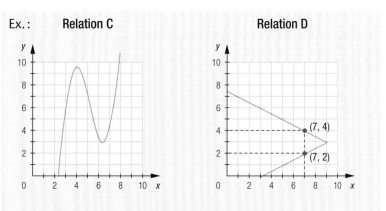

La relation **C** est une fonction. La relation **D** n'est pas une fonction car, par exemple, à l'abscisse 7 est associée plus d'une ordonnée, soit 2 et 4.

PROPRIÉTÉS DES FONCTIONS

Domaine et codomaine (image)

Le **domaine** d'une fonction est l'ensemble des valeurs que prend la **variable indépendante**.

Le **codomaine** ou l'**image** d'une fonction est l'ensemble des valeurs que prend la **variable dépendante**.

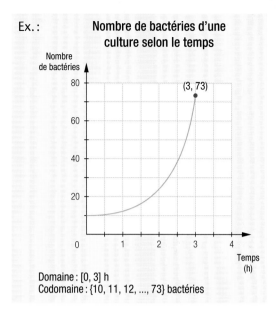

Ex. :

Nombre de bactéries d'une culture selon le temps

Domaine : [0, 3] h
Codomaine : {10, 11, 12, ..., 73} bactéries

Variation : croissance, décroissance et constance

Sur un intervalle du domaine, une fonction est :

- **croissante** lorsqu'une variation positive ou négative de la variable indépendante entraîne, respectivement, une variation positive ou négative de la variable dépendante ;

- **décroissante** lorsqu'une variation positive ou négative de la variable indépendante entraîne, respectivement, une variation négative ou positive de la variable dépendante ;

- **constante** lorsqu'une variation de la variable indépendante n'entraîne aucune variation de la variable dépendante.

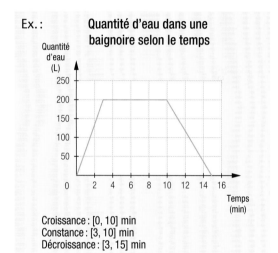

Ex. :

Quantité d'eau dans une baignoire selon le temps

Croissance : [0, 10] min
Constance : [3, 10] min
Décroissance : [3, 15] min

Extremums : minimum et maximum

Le **minimum** d'une fonction est la plus petite valeur que prend la variable dépendante.

Le **maximum** d'une fonction est la plus grande valeur que prend la variable dépendante.

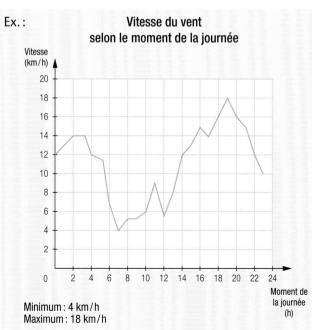

Ex. :

Vitesse du vent selon le moment de la journée

Minimum : 4 km/h
Maximum : 18 km/h

Signe : positif ou négatif

Sur un intervalle du domaine, une fonction est :

- **positive** si les valeurs de la variable dépendante sont positives ;
- **négative** si les valeurs de la variable dépendante sont négatives.

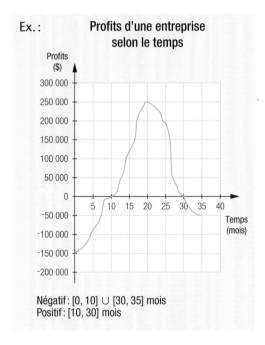

Ex. :

Profits d'une entreprise selon le temps

Négatif : [0, 10] ∪ [30, 35] mois
Positif : [10, 30] mois

Coordonnées à l'origine : abscisse à l'origine (zéro) et ordonnée à l'origine (valeur initiale)

Un **zéro d'une fonction** est une valeur de la variable indépendante lorsque celle de la variable dépendante est zéro. Graphiquement, un zéro correspond à une **abscisse à l'origine**, c'est-à-dire l'abscisse d'un point d'intersection de la courbe et de l'axe des abscisses.

La **valeur initiale** d'une fonction est la valeur de la variable dépendante lorsque celle de la variable indépendante est zéro. Graphiquement, la valeur initiale correspond à l'**ordonnée à l'origine**, c'est-à-dire l'ordonnée du point d'intersection de la courbe et de l'axe des ordonnées.

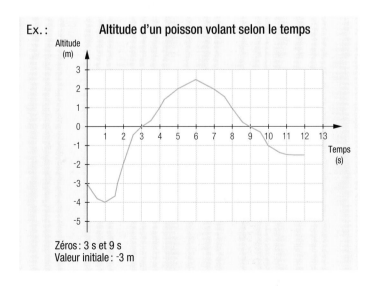

Ex. :

Altitude d'un poisson volant selon le temps

Zéros : 3 s et 9 s
Valeur initiale : -3 m

mise à jour

1 Le diagramme ci-dessous fournit des renseignements sur l'achalandage d'une station de métro durant une journée.

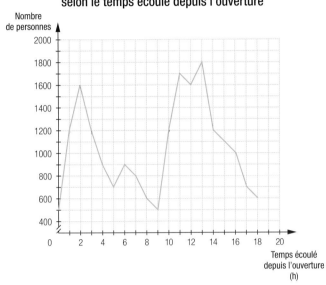

Achalandage d'une station de métro selon le temps écoulé depuis l'ouverture

L'île Notre-Dame a été érigée avec la terre et le roc provenant surtout des travaux d'excavation effectués lors de la construction du métro de Montréal. Il a fallu 28 millions de tonnes de terre et de roc pour la construire.

a) Quel est l'achalandage:
   1) maximal?   2) minimal?

b) À quels moments l'achalandage est-il de 1200 personnes?

c) Sur quels intervalles de temps l'achalandage est-il supérieur à 1200 personnes?

d) Déterminez la variation sur l'intervalle:
   1) [0, 2] h   2) [2, 9] h

2 Le nuage de points ci-contre présente des données concernant la durée de vie d'une plante selon la quantité d'eau qui lui est fournie quotidiennement.

a) Quel type de fonction permet de modéliser cette situation?

b) Tracez une courbe représentative de ce nuage de points.

c) D'après ce modèle, quelle quantité d'eau faut-il donner quotidiennement à la plante pour qu'elle ait:
   1) une durée de vie de 40 jours?
   2) une durée de vie maximale?

Durée de vie d'une plante selon l'apport en eau

3 a) Pour chacune des fonctions représentées ci-contre :

   1) analysez sa variation ;

   2) représentez graphiquement sa réciproque ;

   3) indiquez si sa réciproque est une fonction.

b) Quelle conjecture pouvez-vous émettre quant à la variation d'une fonction et à la nature de sa réciproque ? Expliquez votre réponse.

Fonction *f*

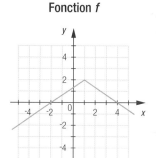

Fonction *g*

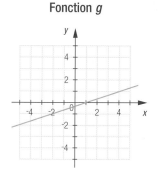

Fonction *h*

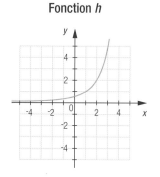

Fonction *i*

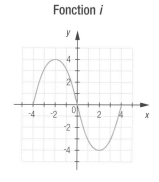

4 Durant une course de natation, la phase du plongeon est très importante. Le graphique suivant illustre l'altitude des mains d'une nageuse par rapport à la surface de l'eau tout le long de cette phase.

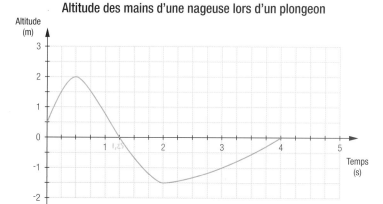

Altitude des mains d'une nageuse lors d'un plongeon

Pour cette fonction, déterminez et interprétez, en tenant compte du contexte :

a) le domaine et le codomaine ;

b) les extremums ;

c) la valeur initiale ;

d) les zéros ;

e) la variation ;

f) le signe.

> Les avancées technologiques touchent tous les sports. Au tournant du nouveau millénaire, la natation a vu apparaître les combinaisons qui sont destinées à stabiliser le corps des nageurs et à augmenter l'hydrodynamisme en collant à la peau.

5 Pour chacun des cylindres circulaires droits ci-dessous :

1) établissez la règle qui permet de calculer l'aire totale du cylindre en fonction de la mesure manquante ;

2) représentez graphiquement cette fonction ;

3) indiquez de quel type de fonction il s'agit.

a)

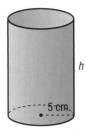

h

5 cm

b)

5 cm

r

6 Le volume du prisme droit à base rectangulaire ci-dessous est de 30 cm³.

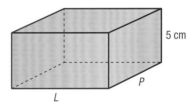

5 cm

P

L

a) Complétez la table de valeurs ci-dessous.

Dimensions du prisme

Longueur L (cm)	Profondeur P (cm)
0,25	24
0,5	12
1	6
2	3
3	2
4	1,5
5	1,2
6	1
10	0,6
15	0,4

b) Établissez la règle qui permet de calculer la profondeur P du prisme en fonction de sa longueur L.

c) Représentez graphiquement cette fonction.

d) De quel type de fonction s'agit-il ?

e) Vers quelle valeur tend la profondeur du prisme lorsque sa longueur :

1) augmente de plus en plus ?   2) diminue de plus en plus ?

7 **VOILE** La tension de la voile d'un bateau varie selon la vitesse du vent qui la frappe. La table de valeurs ci-contre fournit des renseignements concernant la voile d'un bateau.

a) 1) Construisez un nuage de points qui représente cette situation.

   2) Tracez une courbe ajustée au nuage de points.

b) Quel type de fonction devrait servir de modèle mathématique à cette situation?

c) Dans ce contexte, que représente la valeur initiale de cette fonction?

d) Si cette voile ne peut pas supporter une tension supérieure à 200 N, quelle est la vitesse maximale du vent qu'elle peut tolérer?

Tension de la voile d'un bateau selon la vitesse du vent

Vitesse du vent (km/h)	Tension de la voile (N)
0	23,78
2	26,14
5	38,53
8	61,54
10	82,78
13	123,49

8 Une fonction possède les propriétés suivantes.

- Domaine: $[-5, 5]$
- Zéros: -5, 0 et 2.
- Maximum: 5
- La fonction est croissante sur $[-5, -2] \cup [1, 4]$ et décroissante sur $[-3, 1] \cup [4, 5]$.
- La fonction est positive sur $[-5, 0] \cup [2, 5]$ et négative sur $[0, 2]$.

- Codomaine: $[-6, 5]$
- Valeur initiale: 0
- Minimum: -6

Dans un plan cartésien, tracez une courbe qui peut représenter cette fonction.

9 Voici les représentations graphiques de deux fonctions:

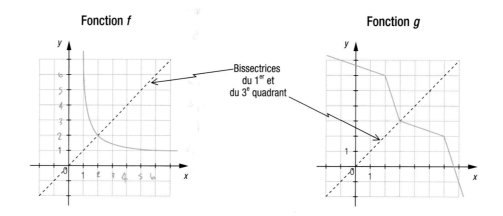

Fonction f

Fonction g

Bissectrices du 1er et du 3e quadrant

a) Pour chacun des graphiques, que peut-on affirmer quant à la position de la courbe par rapport aux bissectrices des 1er et 3e quadrants?

b) Tracez la réciproque de chacune de ces fonctions. Que remarquez-vous?

c) Quelle conjecture pouvez-vous émettre sur la réciproque de fonctions possédant la caractéristique observée en a)?

SECTION 1.1 Les opérations sur les fonctions et les paramètres

Cette SAÉ est en lien avec les SAÉ 1 et 2.

PROBLÈME Un signal radio

Lorsqu'un signal radio pur est transmis, il arrive parfois qu'un signal parasite s'y mélange et forme ainsi un signal brouillé. En interférant avec un signal radio pur, un signal parasite occasionne une perte d'information.

Dans le graphique ci-dessous, la courbe orange représente un signal parasite et la courbe verte représente un signal radio brouillé obtenu en additionnant la tension d'un signal radio pur à celle du signal parasite.

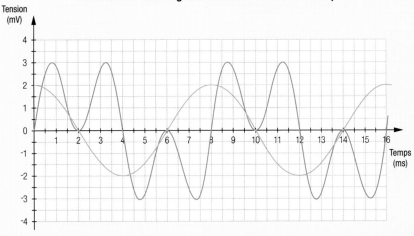

Tensions de deux signaux radio en fonction du temps

Tracez sur le même graphique la courbe associée au signal radio pur.

Un signal parasite, appelé bruit, est généralement défini comme étant toute l'information non pertinente venant se greffer à un autre signal. Ce phénomène est particulièrement dérangeant lorsque le signal que l'on cherche à mesurer est de très faible intensité, car il se retrouve alors « noyé » dans le bruit ambiant. C'est pourquoi il existe des spécialistes du traitement de signaux dont le rôle consiste, entre autres, à éliminer le bruit d'un signal brouillé afin de retrouver le signal pur.

Les règles des fonctions *g* et *h,* illustrées ci-dessous, ont été obtenues en modifiant la règle de la fonction *f.*

a. Par rapport à la règle de la fonction *f,* quelle modification a subie la règle de :

1) la fonction *g*?

2) la fonction *h*?

b. Par rapport à la courbe de la fonction *f,* quelle modification a subie la courbe de :

1) la fonction *g*?

2) la fonction *h*?

c. Quelle conjecture pouvez-vous émettre en lien avec les réponses trouvées en **a** et en **b**?

Graphique ①

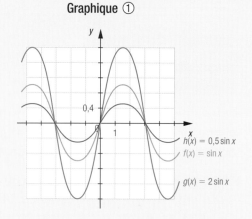

$h(x) = 0.5 \sin x$
$f(x) = \sin x$
$g(x) = 2 \sin x$

Les règles des fonctions *j* et *k,* illustrées ci-dessous, ont été obtenues en modifiant la règle de la fonction *i.*

d. Par rapport à la règle de la fonction *i,* quelle modification a subie la règle de :

1) la fonction *j*?

2) la fonction *k*?

e. Par rapport à la courbe de la fonction *i,* quelle modification a subie la courbe de :

1) la fonction *j*?

2) la fonction *k*?

f. Quelle conjecture pouvez-vous émettre en lien avec les réponses trouvées en **d** et en **e**?

Graphique ②

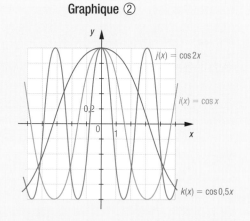

$j(x) = \cos 2x$
$i(x) = \cos x$
$k(x) = \cos 0.5x$

Les règles des fonctions *m* et *n,* illustrées ci-dessous, ont été obtenues en modifiant la règle de la fonction *l.*

g. Par rapport à la règle de la fonction *l,* quelle modification a subie la règle de :

1) la fonction *m*?

2) la fonction *n*?

h. Par rapport à la courbe de la fonction *l,* quelle modification a subie la courbe de :

1) la fonction *m*?

2) la fonction *n*?

i. Quelle conjecture pouvez-vous émettre en lien avec les réponses trouvées en **g** et en **h**?

Graphique ③

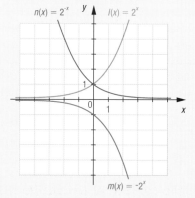

$n(x) = 2^{-x}$ $l(x) = 2^x$

$m(x) = -2^x$

Les règles des fonctions *p* et *q*, illustrées ci-dessous, ont été obtenues en modifiant la règle de la fonction *o*.

Graphique ④

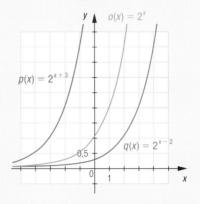

j. Par rapport à la règle de la fonction *o*, quelle modification a subie la règle de:
   1) la fonction *p*?   2) la fonction *q*?

k. Par rapport à la courbe de la fonction *o*, quelle modification a subie la courbe de:
   1) la fonction *p*?   2) la fonction *q*?

l. Quelle conjecture pouvez-vous émettre en lien avec les réponses trouvées en **j** et en **k**?

Les règles des fonctions *s* et *t*, illustrées ci-dessous, ont été obtenues en modifiant la règle de la fonction *r*.

Graphique ⑤

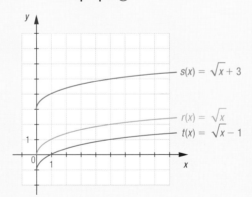

m. Par rapport à la règle de la fonction *r*, quelle modification a subie la règle de:
   1) la fonction *s*?   2) la fonction *t*?

n. Par rapport à la courbe de la fonction *r*, quelle modification a subie la courbe de:
   1) la fonction *s*?   2) la fonction *t*?

o. Quelle conjecture pouvez-vous émettre en lien avec les réponses trouvées en **m** et en **n**?

La Bourse est un marché où se transigent des actions. Il est possible d'y acheter et d'y vendre une ou plusieurs actions. Chacune d'elles correspond à l'une des parts égales d'une entreprise. D'après les rendements de cette entreprise, la valeur de ses actions fluctue.

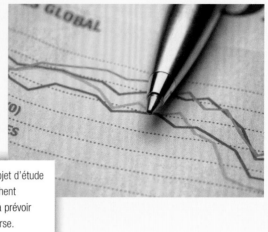

Les fluctuations boursières sont l'objet d'étude de nombreux spécialistes qui cherchent à comprendre le comportement et à prévoir la valeur des actions cotées en Bourse.

Réjean achète simultanément des actions de l'entreprise **A** et des actions de l'entreprise **B**. Par la suite, le nombre d'actions de l'entreprise **A** qu'il possède varie selon la règle $N_A = 400 - 4t$ et le nombre d'actions de l'entreprise **B** qu'il possède varie selon la règle $N_B = 1000 + 7t$, où N est le nombre d'actions et t est le temps (en jours).

a. Complétez la table de valeurs suivante.

Placements de Réjean (entreprises A et B)

Temps (jours)	Nombre d'actions de l'entreprise A	Nombre d'actions de l'entreprise B	Nombre total d'actions
0			
25			
50			
75			
100			

b. 1) Représentez graphiquement le nombre total d'actions des entreprises **A** et **B** que Réjean possède en fonction du temps.

2) Établissez la règle de la fonction représentée.

c. Déterminez la règle que l'on obtient en additionnant les expressions associées à N_A et à N_B.

d. Comparez les règles obtenues en **b** 2) et en **c**. Que remarquez-vous?

Depuis que Réjean a acheté ses actions, la valeur de chaque action de l'entreprise **A** a fluctué selon la règle $v = 0,125t + 6,25$, où v est la valeur (en $) d'une action et t est le temps (en jours).

e. Complétez la table de valeurs suivante.

Placements de Réjean (entreprise A)

Temps (jours)	Nombre d'actions de l'entreprise A	Valeur d'une action de l'entreprise A ($)	Valeur totale des actions de l'entreprise A ($)
0			
25			
50			
75			
100			

f. 1) Représentez graphiquement la valeur totale des actions de l'entreprise **A** que Réjean possède en fonction du temps.

   2) Établissez la règle de la fonction représentée.

g. Déterminez la règle que l'on obtient en multipliant les expressions associées à N_A et à v.

h. Comparez les règles obtenues en **f** 2) et en **g**. Que remarquez-vous?

Depuis son introduction en Bourse, la valeur v (en $) de chaque action de l'entreprise **C** a fluctué en fonction du temps t (en mois) selon la règle $v = 0,02(t + 18)$.

Depuis l'introduction en Bourse de l'entreprise **C**, Pierrette achète fréquemment ces actions. Le nombre n total d'actions de l'entreprise **C** qu'elle possède a toujours évolué en fonction de la valeur v (en $) d'une action selon la règle $n = 50[1,4v]$.

i. À quel type de fonction correspond la règle:

   1) $v = 0,02(t + 18)$?

   2) $n = 50[1,4v]$?

j. Déterminez la règle qui permet de calculer le nombre n total d'actions de l'entreprise **C** que Pierrette possède en fonction du temps t.

k. Combien d'actions de l'entreprise **C** Pierrette possède-t-elle au bout de 75 jours?

L'une des plus importantes crises boursières est le krach de 1929, survenu à la Bourse de New York en octobre 1929. Il a marqué le début d'une crise économique sans précédent, que l'on a appelée la Grande Dépression. Le Jeudi noir désigne le premier jour du krach boursier, et le Lundi noir, la journée où la baisse a été la plus marquée.

Il existe plusieurs façons de déterminer le poids santé d'une personne selon sa taille ou son âge. Par exemple, la relation de Lorentz permet de déterminer, pour une taille donnée, le poids santé d'une personne.

Voici deux règles et la représentation graphique de chacune, où m représente la masse d'un homme et t, sa taille.

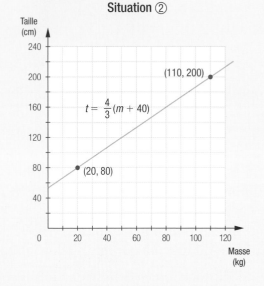

Hendrik Antoon Lorentz (1853-1928) est un physicien dont les travaux ont essentiellement porté sur l'électromagnétisme.

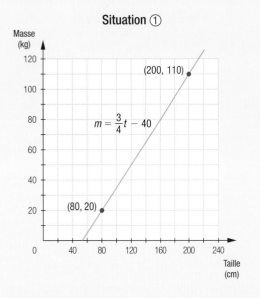

Situation ①

Masse (kg) / Taille (cm)

$$m = \frac{3}{4}t - 40$$

(200, 110)

(80, 20)

Situation ②

Taille (cm) / Masse (kg)

$$t = \frac{4}{3}(m + 40)$$

(110, 200)

(20, 80)

a. Quelle est la variable indépendante dans :

1) la situation ① ?

2) la situation ② ?

b. Vérifiez algébriquement que les règles des situations ① et ② sont des réciproques l'une de l'autre.

c. Laquelle des deux règles devrait-on utiliser pour déterminer :

1) la taille d'un homme d'après sa masse ?

2) la masse d'un homme d'après sa taille ?

d. Chez les femmes, la relation de Lorentz est donnée par la règle $m = \frac{3}{4}t - 62{,}5$. Établissez la règle qui permet d'exprimer la taille d'une femme en fonction de sa masse.

La lutte contre l'obésité passe par une alimentation saine et de l'exercice physique, mais des facteurs sociaux et environnementaux peuvent également jouer un rôle. Par exemple, les personnes qui habitent les régions urbaines sont plus susceptibles d'utiliser leur vélo ou le transport en commun pour se rendre au travail. De ce fait, elles seraient moins sujettes à faire du surpoids ou de l'obésité.

Techno math

Une calculatrice graphique permet d'effectuer des opérations sur des fonctions et d'analyser de diverses façons les fonctions qui en résultent.

Ces écrans permettent de saisir des variables et des fonctions.

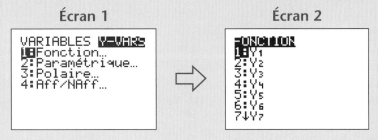

Écran 1

Écran 2

Les écrans ci-dessous permettent d'effectuer et d'analyser le produit de deux fonctions.

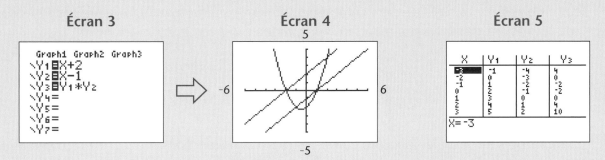

Écran 3

Écran 4

Écran 5

Les écrans ci-dessous permettent d'effectuer et d'analyser le quotient de deux fonctions.

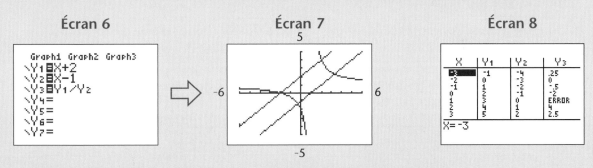

Écran 6

Écran 7

Écran 8

a. D'après les écrans **4** et **5**, à quel type de fonction correspond le produit $Y_1 \times Y_2$ à l'écran **3**?

b. Expliquez comment les ordonnées associées à Y_3 peuvent être obtenues à partir des ordonnées associées à Y_1 et à Y_2:
   1) à l'écran **5**;   2) à l'écran **8**.

c. À l'aide des écrans **4** et **5**, comparez les zéros des trois fonctions éditées à l'écran **3**. Que remarquez-vous?

d. Expliquez pourquoi l'écran **8** affiche une erreur dans la colonne associée à Y_3.

e. À l'aide d'une calculatrice graphique, affichez la courbe de la fonction qui correspond:
   1) à la somme $Y_1 + Y_2$;   2) à la différence $Y_1 - Y_2$;   3) au quotient $Y_2 \div Y_1$.

OPÉRATIONS SUR LES FONCTIONS ET COMPOSITION DE FONCTIONS

Il est possible d'effectuer des opérations sur les fonctions telles que l'addition, la soustraction, la multiplication et la division.

> Ex.: 1) Si $h(x) = f(x) + g(x)$, que $f(x) = 2x - 5$ et $g(x) = 4x + 2$, alors $h(x) = 2x - 5 + 4x + 2 = 6x - 3$.
>
> 2) Si $h(x) = f(x) \times g(x)$, que $f(x) = x + 4$ et $g(x) = 3x - 1$, alors $h(x) = (x + 4)(3x - 1) = 3x^2 + 11x - 4$.

Il est aussi possible d'effectuer une composition de fonctions, c'est-à-dire d'appliquer une fonction à une autre fonction. La composée de la fonction f suivie de la fonction g se note $g \circ f$ ou $g(f(x))$. La règle de cette composée s'obtient en substituant à la variable indépendante de la fonction g l'expression représentant la variable dépendante de la fonction f.

> Ex.: 1) Si $f(x) = 1{,}5x + 8$ et $g(x) = 6x$, alors $g(f(x)) = g(1{,}5x + 8) = 6(1{,}5x + 8) = 9x + 48$.
>
> 2) Si $f(x) = -3x^2$ et $g(x) = x + 1$, alors $f(g(x)) = f(x + 1) = -3(x + 1)^2 = -3x^2 - 6x - 3$.

Tant les opérations sur les fonctions que la composition de fonctions engendrent d'autres fonctions.

RÔLE DES PARAMÈTRES

On appelle **fonction de base** la fonction la plus simple d'une famille de fonctions. En modifiant certaines valeurs, appelées **paramètres**, il est possible de transformer la règle d'une fonction f de base en une règle de fonction transformée $g(x) = \mathbf{a}f(\mathbf{b}(x - \mathbf{h})) + \mathbf{k}.$ La fonction de base et toutes les fonctions transformées du même type forment une famille de fonctions qui possèdent des propriétés communes.

Ex. :

Famille de fonctions	Fonction de base	Exemple de fonction transformée
Fonction polynomiale de degré 1	$f(x) = x$	$g(x) = 7x - 3$
Fonction polynomiale de degré 2	$f(x) = x^2$	$g(x) = -0{,}5(x - 2)^2 + 7$
Fonction partie entière	$f(x) = [x]$	$g(x) = 4[3(x + 2)] + 1$
Fonction valeur absolue	$f(x) = |x|$	$g(x) = -2|5(x + 9)| - 0{,}4$
Fonction racine carrée	$f(x) = \sqrt{x}$	$g(x) = 3\sqrt{-2(x - 4)} + 8{,}5$
Fonction exponentielle	$f(x) = (\text{base})^x$	$g(x) = -5(7)^{x - 3} + 2$
Fonction sinus	$f(x) = \sin x$	$g(x) = 6\sin(x + 2) - 1$

La règle d'une fonction peut s'écrire sous différentes formes. La forme **canonique** met en évidence les paramètres qui transforment la règle d'une fonction de base et est écrite sous sa forme la plus simple.

Paramètre multiplicatif a

Dans la règle d'une fonction transformée, le paramètre qui multiplie l'expression correspondant à la variable dépendante de la fonction de base provoque un changement d'échelle vertical, c'est-à-dire un étirement vertical ou une contraction verticale du graphique, en plus d'une réflexion par rapport à l'axe des abscisses si la valeur de ce paramètre est strictement négative. On associe généralement ce paramètre à la lettre **a**.

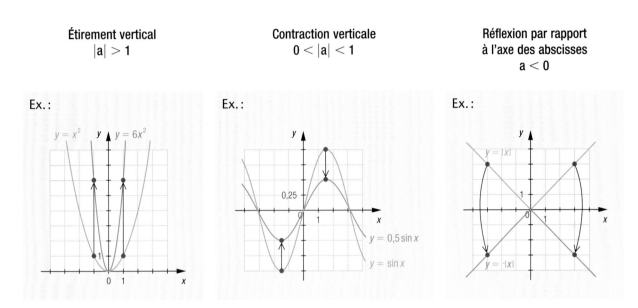

Étirement vertical
$|a| > 1$

Contraction verticale
$0 < |a| < 1$

Réflexion par rapport
à l'axe des abscisses
$a < 0$

Paramètre multiplicatif b

Dans la règle d'une fonction transformée, le paramètre qui multiplie l'expression correspondant à la variable indépendante de la fonction de base provoque un changement d'échelle horizontal, c'est-à-dire un étirement horizontal ou une contraction horizontale du graphique, en plus d'une réflexion par rapport à l'axe des ordonnées si la valeur de ce paramètre est strictement négative. On associe généralement ce paramètre à la lettre **b**.

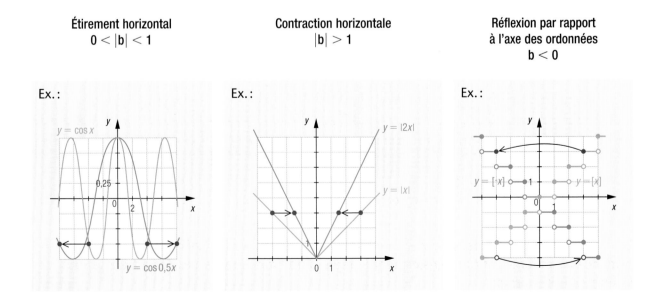

Étirement horizontal
$0 < |b| < 1$

Contraction horizontale
$|b| > 1$

Réflexion par rapport
à l'axe des ordonnées
$b < 0$

Paramètre additif h

Dans la règle d'une fonction transformée, le paramètre que l'on soustrait de la variable indépendante de la fonction de base provoque une translation horizontale, c'est-à-dire une translation vers la gauche ou vers la droite de la courbe. On associe généralement ce paramètre à la lettre **h**.

Translation horizontale vers la gauche
$h < 0$

Translation horizontale vers la droite
$h > 0$

Ex.:

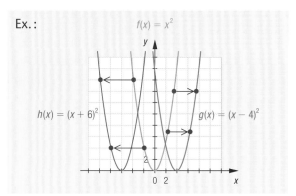

Paramètre additif k

Dans la règle d'une fonction transformée, le paramètre que l'on additionne à l'expression correspondant à la variable dépendante de la fonction de base provoque une translation verticale, c'est-à-dire une translation vers le bas ou vers le haut de la courbe. On associe généralement ce paramètre à la lettre **k**.

Translation verticale vers le bas
$k < 0$

Translation verticale vers le haut
$k > 0$

Ex.:

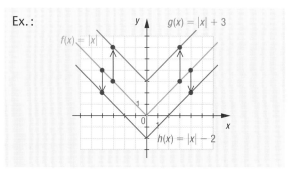

Chaque couple (x, y) d'une fonction de base est associé au couple $\left(\dfrac{x}{b} + h, \, ay + k\right)$ d'une fonction transformée.

Ex.: Soit $f(x) = \sqrt{x}$, la règle d'une fonction de base, et $g(x) = 3\sqrt{-2(x-1)} + 4$, la règle d'une fonction transformée dans laquelle $a = 3$, $b = -2$, $h = 1$ et $k = 4$.

Couple de la fonction de base	Couple de la fonction transformée
(x, y)	$\left(\dfrac{x}{b} + h, \, ay + k\right)$
$(0, 0)$	$\left(\dfrac{0}{-2} + 1, \, 3 \times 0 + 4\right) = (1, 4)$
$(4, 2)$	$\left(\dfrac{4}{-2} + 1, \, 3 \times 2 + 4\right) = (-1, 10)$
$(9, 3)$	$\left(\dfrac{9}{-2} + 1, \, 3 \times 3 + 4\right) = (-3,5, 13)$

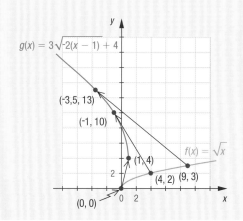

FONCTION RÉCIPROQUE

Lorsque la réciproque d'une fonction f est aussi une fonction, elle est notée f^{-1}. Algébriquement, on obtient la règle de la réciproque d'une fonction en attribuant à la variable indépendante le rôle de la variable dépendante, et vice versa.

Ex.:
1) La règle de la fonction f est $y = 3x + 5$. Il est possible de déterminer la règle de la réciproque de la fonction f de la façon suivante:

$$y = 3x + 5$$
$$y - 5 = 3x$$
$$\frac{y - 5}{3} = x$$

En représentant la variable dépendante de la réciproque par y et sa variable indépendante par x, la règle de la fonction réciproque f^{-1} est $y = \frac{x - 5}{3}$ ou $f^{-1}(x) = \frac{x - 5}{3}$.

2) La règle de la fonction f est $m = 7t - 0{,}5$. Il est possible de déterminer la règle de la réciproque de la fonction f de la façon suivante:

$$m = 7t - 0{,}5$$
$$m + 0{,}5 = 7t$$
$$\frac{m + 0{,}5}{7} = t$$

La règle de la fonction réciproque f^{-1} est $t = \frac{m + 0{,}5}{7}$.

FONCTION DÉFINIE PAR PARTIES

Une fonction définie par parties est constituée de plusieurs fonctions définies selon différents intervalles du domaine. Les parties qui constituent une telle fonction peuvent provenir d'une ou de plusieurs familles de fonctions.

Ex.: La vitesse d'une voiture qui accélère de plus en plus, maintient sa vitesse, puis ralentit de façon constante, peut être modélisée par une fonction définie par parties.

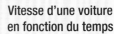

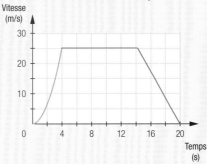

Cette fonction est composée d'une fonction polynomiale de degré 2, d'une fonction polynomiale de degré 0 et d'une fonction polynomiale de degré 1.

1 En comparant la règle de chacune des fonctions suivantes avec la règle de la fonction de base du même type, déterminez la valeur des paramètres a, b, h et k.

a) $f(x) = 3(x - 2)^2 + 4$

b) $g(x) = -2[4x] - 5$

c) $h(x) = -\sin 0,5(x + 1) + 6$

d) $i(x) = 7(2)^{x-9} + 11$

e) $j(x) = 0,7\sqrt{-2(x + 4)}$

f) $k(x) = -2|-(x + 13)| - 1$

g) $l(x) = 0,5[-3(x - 2,5)]$

h) $m(x) = \dfrac{3}{x - 9} + 6$

i) $n(x) = (3x + 6)^2$

2 Voici la représentation graphique de la fonction partie entière de base dont la règle est $f(x) = [x]$.

Associez chacune des règles suivantes à la représentation graphique qui lui correspond.

Fonction de base

1 $g(x) = -0,5[0,5(x + 1,5)] + 1$

2 $h(x) = [-0,5x] - 0,5$

3 $i(x) = -2[-0,5(x - 1)] + 1$

4 $j(x) = [2x] + 0,5$

Graphique A

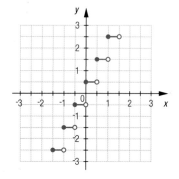

Graphique B

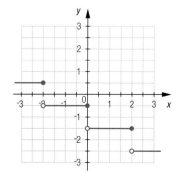

Graphique C

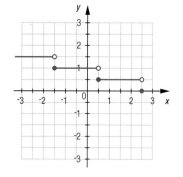

Graphique D

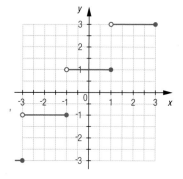

3 Dans chaque cas, déduisez la règle de la fonction *g* représentée par la courbe en vert d'après la règle de la fonction de base *f* représentée par la courbe en orange.

a)
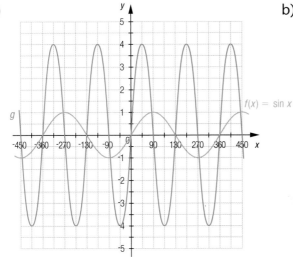

b)
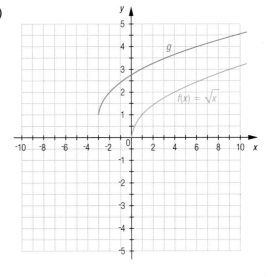

c)
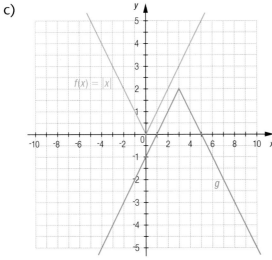

d)
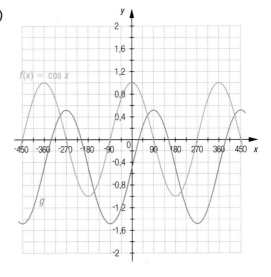

e)
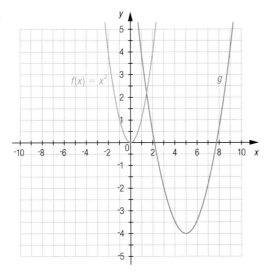

f)
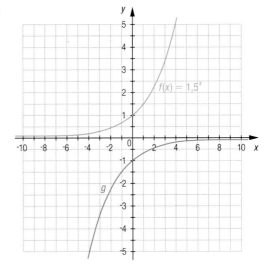

4 Sachant que les règles des fonctions f et g sont $f(x) = 3x - 4$ et $g(x) = x^2 + 5$, calculez:

a) $(f + g)(3)$ b) $g(f(-1))$ c) $\left(\dfrac{g}{f}\right)(2)$ d) $f^{-1}(4)$

e) $(g - f)(10)$ f) $f(g(6))$ g) $f(f(2))$ h) $g^{-1}(2)$

5 Décrivez les transformations géométriques que l'on doit appliquer à la courbe de la fonction de base f dont la règle est $f(x) = [x]$ afin d'obtenir la représentation graphique de la fonction transformée dont la règle est:

a) $g(x) = -3\left[\dfrac{1}{4}(x + 2)\right] - 5$ b) $h(x) = -\dfrac{2}{5}[-0{,}2x] + 6$

c) $i(x) = \dfrac{1}{3}[-(x - 0{,}5)] + 2{,}4$ d) $j(x) = 0{,}5[2x - 6] + 4$
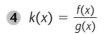

6 Voici la représentation graphique des fonctions f et g dont les règles sont $f(x) = 2 - x$ et $g(x) = 4 + x$.

Associez chacune des fonctions suivantes à la représentation graphique qui lui correspond.

1 $h(x) = f(x) + g(x)$ **2** $i(x) = f(x) - g(x)$

3 $j(x) = f(x) \times g(x)$ **4** $k(x) = \dfrac{f(x)}{g(x)}$

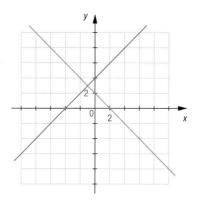

Graphique **A**

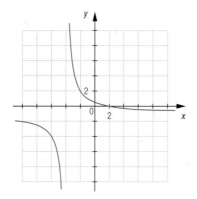

Graphique **B**

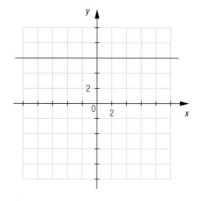

Graphique **C**

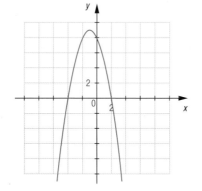

Graphique **D**

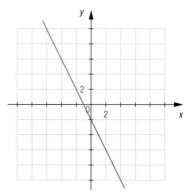

7 Déterminez la règle de la réciproque de chacune des fonctions suivantes.

a) $f(x) = 3x + 5$ b) $g(x) = \dfrac{2}{x} + 7$ c) $h(x) = \sqrt{9 - 2x}$

8 La règle de la fonction de base de la famille des fonctions nommées « sonic » s'écrit $f(x) =$ sonic x. Voici quelques couples qui appartiennent à cette fonction de base :

$$(0, 0) \quad (3, 4) \quad (5, \text{-}1) \quad (\text{-}8, 9) \quad (\text{-}15, 21)$$

Dans chaque cas, déterminez cinq couples qui appartiennent à la fonction sonic transformée.

a) $g(x) =$ sonic $(x - 3) + 1$

b) $h(x) = 4$ sonic $2x$

c) $i(x) = \text{-}3$ sonic $0{,}5(x + 6) - 4$

d) $j(x) = 0{,}4$ sonic $\text{-}(x - 0{,}5) + 2{,}3$

e) $k(x) = \text{-}0{,}2$ sonic $\text{-}0{,}75(x - 6) + 11$

f) $l(x) = 12{,}6$ sonic $\text{-}1{,}4\left(x - \dfrac{4}{7}\right) - \dfrac{11}{7}$

9 Sachant que $Y_1 = \sin x$, déterminez, dans chaque cas, la règle de la fonction associée à Y_2, si cette règle est de la forme :

a) $Y_2 = a \sin x$ b) $Y_2 = \sin bx$ c) $Y_2 = a \sin x + k$

X	Y1	Y2
0	0	0
30	.5	-1.5
60	.86603	-2.598
90	1	-3
120	.86603	-2.598
150	.5	-1.5
180	0	0

X=0

X	Y1	Y2
0	0	0
15	.25882	.5
30	.5	.86603
45	.70711	1
60	.86603	.86603
75	.96593	.5
90	1	0

X=0

X	Y1	Y2
0	0	2
45	.70711	1.2929
90	1	1
135	.70711	1.2929
180	0	2
225	-.7071	2.7071
270	-1	3

X=0

10 Les règles des fonctions f, g et h sont les suivantes.

$$f(x) = 3x^2 + 4 \qquad g(x) = \text{-}2x - 1 \qquad h(x) = 0{,}5x$$

a) Déterminez la règle de la fonction qui correspond à :

1) $f + g$ 2) $g + f$ 3) $(f + g) + h$ 4) $f + (g + h)$ 5) $f \times g$

6) $g \times f$ 7) $(f \times g) \times h$ 8) $f \times (g \times h)$ 9) $f \circ g$ 10) $g \circ f$

b) D'après les résultats obtenus :

1) l'addition de fonctions est-elle commutative ? Expliquez votre réponse.

2) l'addition de fonctions est-elle associative ? Expliquez votre réponse.

3) la multiplication de fonctions est-elle commutative ? Expliquez votre réponse.

4) la multiplication de fonctions est-elle associative ? Expliquez votre réponse.

5) l'ordre des fonctions d'une composition influe-t-il sur le résultat ? Expliquez votre réponse.

11 Le salaire net s'obtient en retranchant l'impôt du salaire brut. La règle de la fonction *f* est $s = 20t + 400$ et celle de la fonction *g* est $i = 0{,}001(s - 300)^2$, où *s* est le salaire brut hebdomadaire (en $) d'un employé, *t* est le nombre d'années de service de cet employé et *i* est l'impôt hebdomadaire (en $) à payer par l'employé. Voici deux fonctions obtenues à partir de *f* et de *g*:

$$h(t) = g(f(t)) \qquad n(t) = f(t) - h(t)$$

a) Quelles sont les règles des fonctions *h* et *n*?

b) Dans ce contexte, que permet de calculer :

   1) la fonction *h*?   2) la fonction *n*?

c) Dans un même plan cartésien, représentez les fonctions *f, h* et *n* pour les 30 premières années de service d'un employé.

d) Un employé peut-il espérer un jour gagner un salaire net hebdomadaire de 650 $? Expliquez votre réponse.

12 Voici la représentation graphique de la fonction *f* qui correspond à la fonction de base d'une famille de fonctions.

Associez chacune des règles suivantes à la représentation graphique qui lui correspond.

1 $g(x) = 2f(x - 12) + 60$

2 $h(x) = -2f(0{,}5(x + 12)) - 60$

3 $i(x) = f(2(x + 12)) + 60$

4 $j(x) = 2f(2(x - 12)) - 60$

Fonction de base

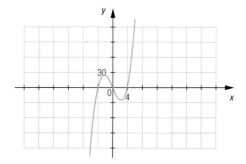

Graphique **A**

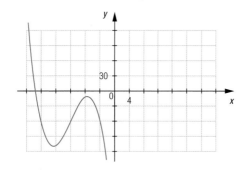

Graphique **B**

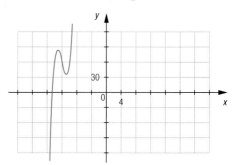

Graphique **C**

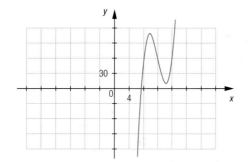

Graphique **D**

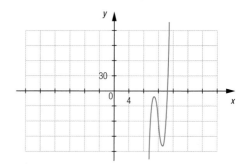

13 ART PYROTECHNIQUE Le Concours international d'art pyrotechnique de Montréal a vu le jour en 1985 à La Ronde. Chaque été, une dizaine de pays présentent tour à tour un spectacle grandiose au cours duquel l'explosion des pièces pyrotechniques est soigneusement synchronisée avec une trame musicale par des pyrotechniciens.

Le graphique ci-dessous montre la hauteur de trois pièces pyrotechniques en fonction du temps. Chaque règle est de la forme $y = a(x - h)^2 + k$.

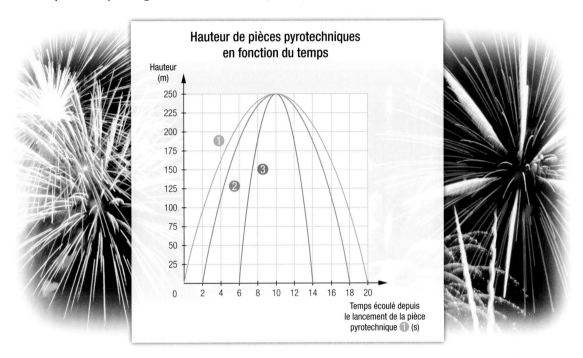

a) 1) Quel paramètre de la règle de la fonction ❶ doit-on modifier pour obtenir la règle de la fonction ❷ ?

   2) La valeur de ce paramètre a-t-elle augmenté ou diminué ? Expliquez votre réponse.

b) 1) Quel paramètre de la règle de la fonction ❸ doit-on modifier pour obtenir la règle de la fonction ❷ ?

   2) La valeur de ce paramètre a-t-elle augmenté ou diminué ? Expliquez votre réponse.

c) Si la pièce ❶ atteignait plutôt une hauteur maximale de 300 m tout en demeurant dans les airs pendant 20 s tel que prévu, quels paramètres de la règle de la fonction ❶ se trouveraient modifiés ?

d) 1) Si la pièce ❷ décollait 10 s plus tard tout en demeurant dans les airs pendant 16 s et en atteignant une hauteur maximale de 250 m, quel paramètre de la règle de la fonction ❷ se trouverait modifié ?

   2) La valeur de ce paramètre a-t-elle augmenté ou diminué ? Expliquez votre réponse.

La pyrotechnie est l'étude de la combustion des matériaux. On en retrouve des applications dans les milieux militaires et civils. Outre la création de feux d'artifice, les engins pyrotechniques sont utilisés dans la fabrication des coussins de sécurité gonflables dans les automobiles ou pour les sièges éjectables dans les avions.

SECTION 1.2 La fonction racine carrée

Cette section est en lien avec les SAÉ 1 et 2.

PROBLÈME Des neurones nerveux

Le cerveau communique avec les autres organes et tissus du corps à l'aide de signaux appelés influx nerveux. Ces signaux sont émis et transmis par les neurones à l'aide de séries d'impulsions électriques. La fréquence avec laquelle ces impulsions sont émises dépend de l'intensité du courant qui traverse un neurone. Par exemple, une fréquence de 100 Hz signifie que le neurone émet 100 impulsions électriques par seconde.

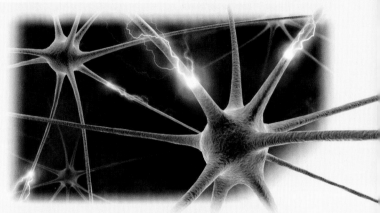

Le nuage de points suivant montre les données recueillies au cours d'une expérience menée sur un neurone qui ne peut pas supporter une intensité supérieure à 30 μA.

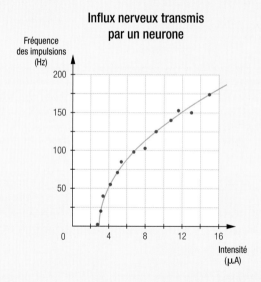

La courbe utilisée pour modéliser cette situation est associée à la réciproque d'une fonction polynomiale de degré 2.

Déterminez la fréquence maximale des impulsions électriques émises par ce neurone.

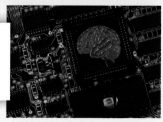

En modélisant le comportement d'un neurone par un modèle mathématique et par un programme informatique, on a créé un neurone formel dont le but est de reproduire le plus fidèlement possible le comportement d'un véritable neurone. Un programme informatique constitué de plusieurs neurones formels constitue la base de l'intelligence artificielle.

ACTIVITÉ 1 Des propriétés radicales

À travers les époques, plusieurs mathématiciens ont proposé un symbole pour représenter des radicaux. En voici quelques-uns:

Symboles de radicaux

Année	1220	1484	1525	1637
Symbole	$\mathcal{R}$	R	√	$\sqrt{}$
Mathématicien	Leonardo de Pise	Nicolas Chuquet	Christoff Rudolff	René Descartes

En observant certains des travaux de ces mathématiciens, on peut découvrir quelques propriétés concernant les radicaux.

a. À partir de l'exploration ①:

1) écrivez chacune des expressions ci-dessous à l'aide d'un radical;

i) $5^{\frac{2}{3}}$ ii) $7^{\frac{5}{9}}$

iii) $11^{\frac{3}{4}}$ iv) $a^{\frac{m}{n}}$

2) expliquez pourquoi le raisonnement employé ne s'applique pas à l'expression $\sqrt[4]{-5^3}$.

Exploration ①

$$\sqrt[3]{6^5} = (6^5)^{\frac{1}{3}}$$
$$= 6^{\frac{5}{3}}$$

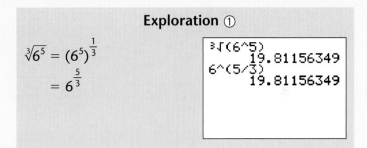

b. À partir de l'exploration ②:

1) écrivez chacune des expressions ci-dessous à l'aide d'un seul radical;

i) $\sqrt{3} \times \sqrt{6}$ ii) $\sqrt{13} \times \sqrt{11}$

iii) $\sqrt{1,5} \times \sqrt{2}$ iv) $\sqrt{a} \times \sqrt{b}$

2) expliquez pourquoi le raisonnement employé ne s'applique pas à l'expression $\sqrt{11} \times \sqrt[5]{8}$.

Exploration ②

$$\sqrt{7} \times \sqrt{8} = 7^{\frac{1}{2}} \times 8^{\frac{1}{2}}$$
$$= (7 \times 8)^{\frac{1}{2}}$$
$$= \sqrt{7 \times 8}$$
$$= \sqrt{56}$$

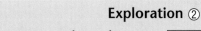

René Descartes (1596-1650) est un philosophe, scientifique et mathématicien français considéré comme le fondateur de la philosophie moderne et de la géométrie analytique. Le *Discours de la méthode*, publié en 1637, est son premier texte philosophique. Descartes y explique qu'il faut douter de tout pour établir toutes les vérités qui ne résistent pas au doute. C'est dans cet ouvrage qu'il écrit la plus célèbre de ses expressions: «Je pense donc je suis».

c. À partir de l'exploration ③ :

1) écrivez chacune des expressions ci-dessous à l'aide d'un seul radical ;

   i) $\sqrt{15} \div \sqrt{3}$ ii) $\dfrac{\sqrt{60}}{\sqrt{12}}$

   iii) $40^{\frac{1}{2}} \div 8^{\frac{1}{2}}$ iv) $\dfrac{\sqrt{a}}{\sqrt{b}}$

2) expliquez pourquoi le raisonnement employé ne s'applique pas à l'expression $\sqrt{60} \div \sqrt[3]{6}$.

Exploration ③

$$\sqrt{50} \div \sqrt{10} = 50^{\frac{1}{2}} \div 10^{\frac{1}{2}}$$
$$= (50 \div 10)^{\frac{1}{2}}$$
$$= \sqrt{50 \div 10}$$
$$= \sqrt{5}$$

```
√(50)/√(10)
            2.236067977
√(50/10)
            2.236067977
√(5)
            2.236067977
```

d. À partir de l'exploration ④ :

1) expliquez pourquoi la première égalité de cette démarche est vraie ;

2) récrivez chacune des expressions ci-dessous sans utiliser de radical au dénominateur.

   i) $\dfrac{11}{\sqrt{3}}$ ii) $\dfrac{1}{\sqrt{2}}$

   iii) $\dfrac{5}{7^{\frac{1}{2}}}$ iv) $\dfrac{a}{\sqrt{b}}$

Exploration ④

$$\frac{7}{\sqrt{10}} = \frac{7}{\sqrt{10}} \times \frac{\sqrt{10}}{\sqrt{10}}$$
$$= \frac{7\sqrt{10}}{\sqrt{10} \times \sqrt{10}}$$
$$= \frac{7\sqrt{10}}{10}$$

```
7/√(10)
            2.213594362
7√(10)/10
            2.213594362
```

e. À partir de l'exploration ⑤ :

1) expliquez pourquoi la première égalité de chacune de ces démarches est vraie ;

2) pour chacune des démarches, expliquez comment passer d'une étape à l'autre ;

3) récrivez chacune des expressions ci-dessous sans utiliser de radical au dénominateur.

   i) $\dfrac{1}{\sqrt{12} + \sqrt{7}}$ ii) $\dfrac{1}{\sqrt{3} - \sqrt{2}}$

   iii) $\dfrac{1}{26^{\frac{1}{2}} + 32^{\frac{1}{2}}}$ iv) $\dfrac{1}{11^{\frac{1}{2}} - 5^{\frac{1}{2}}}$

   v) $\dfrac{1}{\sqrt{a} + \sqrt{b}}$ vi) $\dfrac{1}{\sqrt{a} - \sqrt{b}}$

Exploration ⑤

$$\frac{1}{\sqrt{5} + \sqrt{2}} = \frac{1}{\sqrt{5} + \sqrt{2}} \times \frac{\sqrt{5} - \sqrt{2}}{\sqrt{5} - \sqrt{2}}$$
$$= \frac{\sqrt{5} - \sqrt{2}}{(\sqrt{5} + \sqrt{2})(\sqrt{5} - \sqrt{2})}$$
$$= \frac{\sqrt{5} - \sqrt{2}}{(\sqrt{5})^2 - (\sqrt{2})^2}$$
$$= \frac{\sqrt{5} - \sqrt{2}}{5 - 2}$$
$$= \frac{\sqrt{5} - \sqrt{2}}{3}$$

```
1/(√(5)+√(2))
            .2739514717
(√(5)-√(2))/3
            .2739514717
```

$$\frac{1}{\sqrt{7} - \sqrt{3}} = \frac{1}{\sqrt{7} - \sqrt{3}} \times \frac{\sqrt{7} + \sqrt{3}}{\sqrt{7} + \sqrt{3}}$$
$$= \frac{\sqrt{7} + \sqrt{3}}{(\sqrt{7} - \sqrt{3})(\sqrt{7} + \sqrt{3})}$$
$$= \frac{\sqrt{7} + \sqrt{3}}{(\sqrt{7})^2 - (\sqrt{3})^2}$$
$$= \frac{\sqrt{7} + \sqrt{3}}{7 - 3}$$
$$= \frac{\sqrt{7} + \sqrt{3}}{4}$$

```
1/(√(7)-√(3))
            1.09445053
(√(7)+√(3))/4
            1.09445053
```

ACTIVITÉ 2 La tonalité d'une corde vibrante

La tonalité d'un son émis par une corde qui vibre dépend de la fréquence de cette vibration. La fréquence de vibration d'une corde est associée à la longueur, au diamètre, à la tension et à la masse de cette corde.

En déplaçant ses doigts sur différentes parties du manche de son instrument de musique, le guitariste modifie la longueur de la corde qu'il fait vibrer, d'où le changement de tonalité.

Au cours d'une expérience, on a testé plusieurs cordes qui ont une longueur, un diamètre et une tension identiques, mais qui ont une masse linéique différente. La masse linéique d'une corde est un taux qui indique la masse de la corde par unité de longueur.

Le graphique ci-contre illustre la variation de la masse linéique d'une corde en fonction de sa fréquence de vibration.

a. Établissez la règle de cette fonction polynomiale de degré 2 sachant qu'elle est de la forme $g(x) = ax^2$.

b. Quelle est la masse linéique d'une corde dont la fréquence de vibration est de :

   1) 105 Hz ?

   2) 500 Hz ?

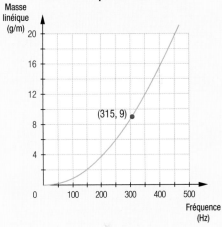

Masse linéique d'une corde selon sa fréquence de vibration

Le graphique ci-contre est celui de la réciproque de la fonction g et illustre la variation de la fréquence de vibration d'une corde en fonction de sa masse linéique.

c. Déterminez la règle de la fonction réciproque g^{-1}.

d. Quelle est la fréquence de vibration d'une corde dont la masse linéique est de :

   1) 2,25 g/m ?

   2) 29 g/m ?

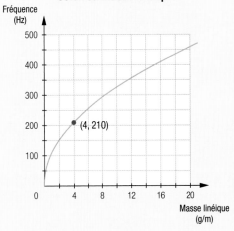

Fréquence de vibration d'une corde selon sa masse linéique

La fréquence de vibration d'un objet se mesure en nombre d'oscillations par seconde, c'est-à-dire en hertz (Hz). Par exemple, la note *la* du diapason a une fréquence de 440 Hz, ce qui signifie que le diapason vibre à 440 oscillations/s.

Dans un parc d'attractions, la hauteur h (en m) d'une nacelle d'un manège peut être modélisée par la règle $h = -10\sqrt{t - 0,5} + 28$, où t représente le temps (en s) écoulé depuis la mise en marche du manège. Le graphique ci-contre représente cette situation.

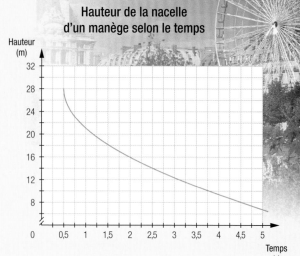

Hauteur de la nacelle d'un manège selon le temps

a. Dans cette situation, que permet de déterminer la résolution de l'équation $-10\sqrt{t - 0,5} + 28 = 8$?

b. Voici le début d'une démarche permettant de résoudre l'équation $-10\sqrt{t - 0,5} + 28 = 8$:

① $-10\sqrt{t - 0,5} + 28 = 8$
② $-10\sqrt{t - 0,5} = -20$
③ $\sqrt{t - 0,5} = 2$

1) Expliquez comment passer d'une étape à l'autre de cette démarche.

2) Quel est le nombre dont la racine carrée est 2 ?

3) Écrivez une équation équivalente à la dernière équation de cette démarche sans utiliser de radical.

4) Résolvez cette nouvelle équation et donnez la solution en tenant compte du contexte.

La première Grande Roue moderne, d'une hauteur de 80 m, a été conçue par George Ferris (1859-1896) à l'occasion de l'Exposition universelle de Chicago en 1893. Deux moteurs à vapeur la faisaient tourner.

c. Dans cette situation, que permet de déterminer la résolution de l'inéquation $-10\sqrt{t - 0,5} + 28 \geq 12$?

d. Voici le début d'une démarche permettant de résoudre l'inéquation $-10\sqrt{t - 0,5} + 28 \geq 12$:

① $-10\sqrt{t - 0,5} + 28 \geq 12$
② $-10\sqrt{t - 0,5} \geq -16$
③ $\sqrt{t - 0,5} \leq 1,6$

1) Expliquez comment passer d'une étape à l'autre de cette démarche.

2) Est-il possible que dans l'inéquation $\sqrt{t - 0,5} \leq 1,6$:

   i) $t = 0,3$?   ii) $t = 1,5$?   iii) $t = 4,5$?

3) Quelle est la plus petite valeur de t qui vérifie l'inéquation $\sqrt{t - 0,5} \leq 1,6$?

4) Quel est le nombre dont la racine carrée est 1,6 ?

5) Écrivez une inéquation équivalente à la dernière inéquation de cette démarche sans utiliser de radical.

6) Résolvez cette nouvelle inéquation et donnez la solution en tenant compte du contexte.

Techno
math

Une calculatrice graphique permet d'afficher dans un même plan cartésien les courbes de plusieurs fonctions. Voici une exploration qui permet d'observer certaines caractéristiques graphiques d'une fonction dont la règle s'écrit sous la forme $y = a\sqrt{\pm(x - h)} + k$.

Voici les règles de quatre fonctions racine carrée ainsi que leur représentation graphique.

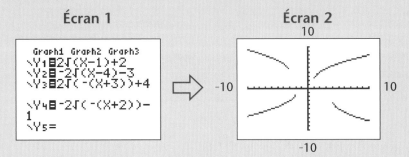

Écran 1

Écran 2

Cet écran montre divers calculs que l'on peut effectuer à l'écran graphique.

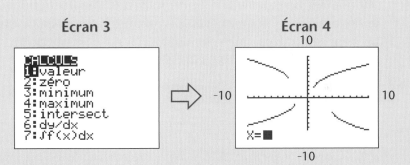

Écran 3

Écran 4

Il est possible de visualiser les coordonnées d'un point d'une courbe ayant pour abscisse une valeur de X choisie. Voici les coordonnées du sommet de trois des quatre courbes :

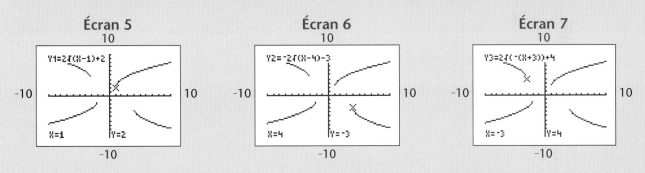

Écran 5

Écran 6

Écran 7

a. Pour chacune des règles de l'écran **1**, déterminez la valeur des paramètres h et k.

b. En comparant les réponses obtenues en **a** avec les écrans **5**, **6** et **7**, quelle conjecture pouvez-vous émettre ?

c. À l'écran **4**, quelle valeur de X faut-il choisir pour afficher les coordonnées du sommet de la courbe associée à Y_4 ?

d. À l'aide d'une calculatrice graphique, affichez à l'écran graphique les coordonnées du sommet de la courbe associée à chacune des fonctions racine carrée suivantes.

1) $f(x) = 2\sqrt{x} + 4$ 2) $g(x) = \sqrt{x - 8}$ 3) $h(x) = -\sqrt{-3(x + 1{,}6)} + 5$

PROPRIÉTÉS DES RADICAUX

Les propriétés des radicaux permettent d'effectuer des opérations qui font intervenir des radicaux.

Propriété	Exemple
$\sqrt[n]{a^m} = a^{\frac{m}{n}}$, sauf si n est pair et $a^m < 0$	$\sqrt[9]{27^3} = 27^{\frac{3}{9}} = 27^{\frac{1}{3}} = 3$
Pour $a \geq 0$ et $b \geq 0$: $\qquad \sqrt{a} \times \sqrt{b} = \sqrt{ab}$	$\sqrt{7} \times \sqrt{5} = \sqrt{7 \times 5} = \sqrt{35}$
Pour $a \geq 0$ et $b > 0$: $\qquad \dfrac{\sqrt{a}}{\sqrt{b}} = \sqrt{\dfrac{a}{b}}$	$\dfrac{\sqrt{10}}{\sqrt{2}} = \sqrt{\dfrac{10}{2}} = \sqrt{5}$

Rationaliser une expression écrite sous la forme fractionnaire consiste à transformer le dénominateur irrationnel en un nombre rationnel. Lorsqu'une telle expression présente au moins un radical au dénominateur, il est possible de rationaliser ce dénominateur en multipliant par une fraction unité appropriée.

Rationalisation	Exemple
Pour $b > 0$: $\qquad \dfrac{a}{\sqrt{b}} \times \dfrac{\sqrt{b}}{\sqrt{b}} = \dfrac{a\sqrt{b}}{b}$	$\dfrac{6}{\sqrt{3}} \times \dfrac{\sqrt{3}}{\sqrt{3}} = \dfrac{6\sqrt{3}}{3} = 2\sqrt{3}$
Pour $b \geq 0$, $c \geq 0$ et $b \neq c$: $\quad \dfrac{a}{\sqrt{b} + \sqrt{c}} \times \dfrac{\sqrt{b} - \sqrt{c}}{\sqrt{b} - \sqrt{c}} = \dfrac{a(\sqrt{b} - \sqrt{c})}{b - c}$ $\dfrac{a}{\sqrt{b} - \sqrt{c}} \times \dfrac{\sqrt{b} + \sqrt{c}}{\sqrt{b} + \sqrt{c}} = \dfrac{a(\sqrt{b} + \sqrt{c})}{b - c}$	$\dfrac{7}{\sqrt{5} + \sqrt{3}} \times \dfrac{\sqrt{5} - \sqrt{3}}{\sqrt{5} - \sqrt{3}} = \dfrac{7(\sqrt{5} - \sqrt{3})}{5 - 3} = \dfrac{7(\sqrt{5} - \sqrt{3})}{2}$ $\dfrac{1}{\sqrt{13} - \sqrt{8}} \times \dfrac{\sqrt{13} + \sqrt{8}}{\sqrt{13} + \sqrt{8}} = \dfrac{\sqrt{13} + \sqrt{8}}{13 - 8} = \dfrac{\sqrt{13} + \sqrt{8}}{5}$

FONCTION RACINE CARRÉE

La réciproque d'une fonction polynomiale de degré 2 correspond à une relation définie par deux fonctions racine carrée.

La règle d'une fonction racine carrée peut s'écrire sous la forme $f(x) = a\sqrt{b(x - h)} + k$, où $a \neq 0$ et $b \neq 0$. Toutefois, les propriétés des radicaux permettent de transformer cette règle et de l'écrire sous la forme canonique $f(x) = a\sqrt{\pm(x - h)} + k$.

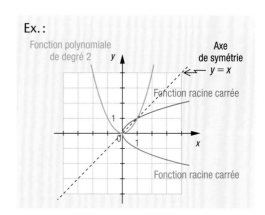

Ex.:

1) $f(x) = 6\sqrt{4(x - 3)} + 5$
    $= 6 \times \sqrt{4} \times \sqrt{x - 3} + 5$
    $= 6 \times 2 \times \sqrt{x - 3} + 5$
    $= 12\sqrt{x - 3} + 5$

2) $f(x) = 2\sqrt{-9x + 27} - 1$
    $= 2\sqrt{-9(x - 3)} - 1$
    $= 2 \times \sqrt{9} \times \sqrt{-(x - 3)} - 1$
    $= 2 \times 3 \times \sqrt{-(x - 3)} - 1$
    $= 6\sqrt{-(x - 3)} - 1$

Pour une fonction racine carrée dont la règle s'écrit $f(x) = a\sqrt{\pm(x - h)} + k$, la représentation graphique est une courbe dont les coordonnées du sommet sont (h, k).

Ex. :

Règle	Table de valeurs		Représentation graphique
$f(x) = 3\sqrt{x - 4} + 8$	**x**	**y**	
	4	8	
	5	11	
	8	14	
	13	17	
	20	20	
	29	23	

RECHERCHE DE LA RÈGLE D'UNE FONCTION RACINE CARRÉE

Il est possible de déterminer la règle d'une fonction racine carrée, qui s'écrit $f(x) = a\sqrt{\pm(x - h)} + k$, de la façon suivante.

1. Trouver les coordonnées du sommet et celles d'un autre point de la courbe.	Ex. : Les coordonnées du sommet de la courbe sont (3, -2) et la courbe passe par le point (-1, 2).
2. D'après l'orientation de la courbe, déduire si la règle recherchée est de la forme $f(x) = a\sqrt{x - h} + k$ ou $f(x) = a\sqrt{-(x - h)} + k$.	Puisque la courbe est orientée vers la gauche par rapport au sommet, on en déduit que la règle est de la forme $f(x) = a\sqrt{-(x - h)} + k$.
3. Substituer les coordonnées du sommet à h et à k ainsi que les coordonnées d'un autre point de la courbe à x et à $f(x)$ dans la règle.	$2 = a\sqrt{-(-1 - 3)} - 2$
4. Résoudre l'équation formée afin de déterminer la valeur du paramètre a.	$2 = a\sqrt{-(-4)} - 2$ $2 = a\sqrt{4} - 2$ $2 = a \times 2 - 2$ $4 = 2a$ $a = 2$
5. Écrire la règle de la fonction obtenue.	$f(x) = 2\sqrt{-(x - 3)} - 2$

RÉSOLUTION D'UNE ÉQUATION RACINE CARRÉE À UNE VARIABLE

Il est possible de résoudre une équation racine carrée à une variable de la façon suivante.

	Ex.: 1) Résoudre: $3\sqrt{2x-14} - 5 = 1$	2) Déterminer le zéro de la fonction: $f(x) = -2\sqrt{4-3x} + 14$
1. Obtenir une équation dans laquelle l'un des deux membres est formé d'un radical et l'autre, d'un terme constant. Noter que la résolution ne peut se poursuivre que si le terme constant est positif.	$3\sqrt{2x-14} - 5 = 1$ $3\sqrt{2x-14} = 6$ $\sqrt{2x-14} = 2$	$-2\sqrt{4-3x} + 14 = 0$ $-2\sqrt{4-3x} = -14$ $\sqrt{4-3x} = 7$
2. Élever au carré chaque membre de l'équation afin d'éliminer le radical et de résoudre l'équation ainsi obtenue.	$(\sqrt{2x-14})^2 = 2^2$ $2x - 14 = 4$ $2x = 18$ $x = 9$	$(\sqrt{4-3x})^2 = 7^2$ $4 - 3x = 49$ $-3x = 45$ $x = -15$

RÉSOLUTION D'UNE INÉQUATION RACINE CARRÉE À UNE VARIABLE

Il est possible de résoudre une inéquation racine carrée à une variable de la façon suivante.

	Ex.: 1) Résoudre: $-2\sqrt{9x} < -12$	2) Résoudre: $4\sqrt{4-2x} + 2 < 26$
1. Obtenir une inéquation dans laquelle l'un des deux membres est formé d'un radical.	$-2\sqrt{9x} < -12$ $\sqrt{9x} > 6$	$4\sqrt{4-2x} + 2 < 26$ $4\sqrt{4-2x} < 24$ $\sqrt{4-2x} < 6$
2. En comparant l'inéquation obtenue avec la restriction de positivité du radical, établir la ou les inéquations à résoudre.	Puisque le radical doit être positif, on a $\sqrt{9x} \geq 0$. L'ensemble-solution doit donc satisfaire à la fois à $\sqrt{9x} \geq 0$ et à $\sqrt{9x} > 6$.	Puisque le radical doit être positif, on a $\sqrt{4-2x} \geq 0$. L'ensemble-solution doit donc satisfaire à la fois à $\sqrt{4-2x} \geq 0$ et à $\sqrt{4-2x} < 6$.
3. Compléter la résolution de l'inéquation ou des inéquations.	$\sqrt{9x} > 6$ $(\sqrt{9x})^2 > 6^2$ $9x > 36$ $x > 4$	$\begin{array}{ll} \sqrt{4-2x} \geq 0 & \sqrt{4-2x} < 6 \\ (\sqrt{4-2x})^2 \geq 0^2 & (\sqrt{4-2x})^2 < 6^2 \\ 4 - 2x \geq 0 & 4 - 2x < 36 \\ -2x \geq -4 & -2x < 32 \\ x \leq 2 & x > -16 \end{array}$
4. Énoncer l'ensemble-solution.	$x > 4$	$-16 < x \leq 2$

1 Écrivez chacune des expressions suivantes à l'aide d'un seul radical.

a) $\sqrt{6} \times \sqrt{7}$

b) $\dfrac{\sqrt{20}}{\sqrt{2}}$

c) $11^{\frac{1}{2}} \times 15^{\frac{1}{2}}$

d) $42^{\frac{1}{2}} \div 3^{\frac{1}{2}}$

e) $\dfrac{\sqrt{12} \times \sqrt{13}}{\sqrt{26} \times \sqrt{6}}$

f) $\dfrac{\sqrt{115}}{\sqrt{5}} \div \dfrac{\sqrt{92}}{\sqrt{46}}$

g) $\dfrac{88^{\frac{1}{2}} \times \sqrt{2}}{\sqrt{11} \div 8^{\frac{1}{2}}}$

h) $\dfrac{\sqrt{a} \times \sqrt{b} \times \sqrt{c}}{\sqrt{2a} \times \sqrt{3b} \times \sqrt{5c}}$

2 Écrivez chacune des expressions suivantes de façon à éliminer le ou les radicaux au dénominateur.

a) $\dfrac{5}{\sqrt{7}}$

b) $\dfrac{-6}{\sqrt{3}}$

c) $\dfrac{1}{\sqrt{13} + \sqrt{2}}$

d) $\dfrac{1}{\sqrt{19} - \sqrt{42}}$

e) $\dfrac{1}{\sqrt{23} - \sqrt{14}}$

f) $\dfrac{-12}{\sqrt{5} - \sqrt{11}}$

g) $\dfrac{\sqrt{ab}}{\sqrt{a} - \sqrt{b}}$

h) $\dfrac{\sqrt{a} - \sqrt{b}}{\sqrt{a} + \sqrt{b}}$

3 Comme le montre l'exemple ci-contre, il est possible de réduire un radicande en mettant à profit certaines propriétés des radicaux. D'après cette démarche, réduisez le radicande de chacune des expressions suivantes.

> **Réduction du radicande**
>
> $\sqrt{18} = \sqrt{9 \times 2}$
> $\qquad = \sqrt{9} \times \sqrt{2}$
> $\qquad = 3\sqrt{2}$

a) $\sqrt{48}$

b) $\sqrt{500}$

c) $\sqrt{175}$

d) $\sqrt{54}$

e) $\sqrt{100a}$

f) $-3\sqrt{36b}$

g) $2\sqrt{7c^2}$

h) $2\sqrt{4a + 8b}$

4 Résolvez les équations suivantes.

a) $\sqrt{x + 2} = 9$

b) $\sqrt{3x - 15} = 12$

c) $\sqrt{-(2x - 4)} + 7 = 13$

d) $-0{,}5\sqrt{-3(x + 6)} - 1 = 0$

e) $3 = \sqrt{-\dfrac{4x}{3} + 2} - 2$

f) $6\sqrt{\dfrac{x - 4}{5}} + 7 = 25$

g) $\dfrac{3}{5} = \sqrt{11 - \dfrac{x}{25}}$

h) $2\sqrt{-(7x - 8)} = \sqrt{x}$

5 Résolvez chacune des inéquations suivantes et représentez l'ensemble-solution sur une droite numérique.

a) $\sqrt{3x - 2} \geq 5$

b) $2\sqrt{4 - x} \leq 26$

c) $-0{,}5\sqrt{-11(x + 3)} - 7 < 14$

d) $-23 > 0{,}5\sqrt{-11(x + 3)} - 7$

e) $10\sqrt{0{,}1(9 - x)} + 5 \geq -1$

f) $-\sqrt{-\dfrac{x}{12} - 1} + \dfrac{1}{3} \leq \dfrac{7}{3}$

6 Associez chacune des règles ci-dessous au graphique qui lui correspond.

①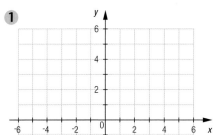

②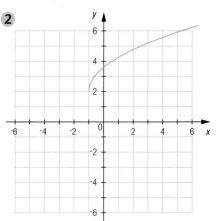

A $y = 0.8\sqrt{-(x - 1)} - 2$

B $y = -2\sqrt{-(x - 2)} - 1$

C $y = -\sqrt{x - 1} + 2$

③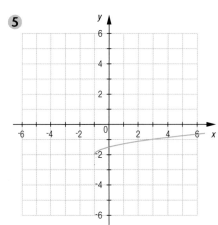

④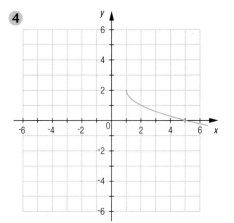

D $y = \frac{1}{2}\sqrt{x + 1} - 2$

E $y = 2.2\sqrt{-(x + 1)} + 2$

⑤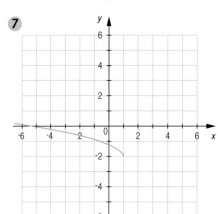

⑥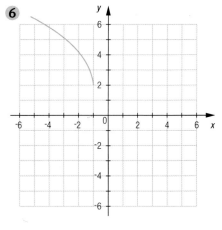

F $y = 1.6\sqrt{x + 1} + 2$

G $y = -3\sqrt{-(x + 2)} - 1$

H $y = -2.8\sqrt{x - 1} + 2$

⑦

⑧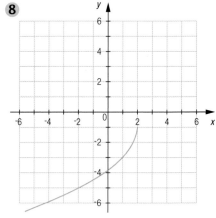

7 Dans le graphique ci-dessous, la courbe en noir correspond à la fonction racine carrée de base dont la règle est $y = \sqrt{x}$. Les quatre autres courbes sont associées à des fonctions dont les règles sont de la forme $y = a\sqrt{b(x - h)} + k$.

Associez chacune des séries de paramètres ci-dessous aux fonctions f_1, f_2, f_3 et f_4 représentées ci-contre.

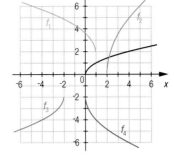

A $a > 0, b > 0, h > 0, k = 0$

B $a < 0, b > 0, h = 0, k < 0$

C $a < 0, b < 0, h < 0, k < 0$

D $a > 0, b < 0, h > 0, k > 0$

8 NOMBRES IMAGINAIRES Avec les nombres réels, on ne peut pas calculer, par exemple, la racine carrée d'un nombre strictement négatif. Pour remédier à cette situation, les mathématiciens ont introduit les nombres imaginaires. Dans l'écriture de ces nombres, la lettre i vaut $\sqrt{-1}$.

Ex.: $x^2 + 4 = 0$
$$x^2 = -4$$
$$x = \sqrt{-4}$$
$$x = \sqrt{4} \times \sqrt{-1}$$
$$x = 2i$$

En vous référant à l'exemple ci-contre, résolvez les équations suivantes.

a) $x^2 + 9 = 0$ b) $-12 - x^2 = x^2 + 4$ c) $3x^2 + 6 = -30 + 2x^2$ d) $i^2 + x^2 = 24i^2$

9 Chacune des tables de valeurs ci-dessous est associée à une fonction racine carrée. Les coordonnées du sommet de la courbe qui représente la fonction sont en rouge.

Table Ⓐ

x	y
3	5
4	3
12	-1
19	-3

Table Ⓑ

x	y
-18	9
-11	6
-6	3
-2	-3

Table Ⓒ

x	y
-5	0,5
0	0
3	1,5
4	2

Table Ⓓ

x	y
-8	0
-7	5
-4	10
1	15

Pour chacune de ces tables de valeurs, déterminez:

a) la règle de la fonction;

b) si possible, la valeur de y lorsque $x = 10$;

c) l'intervalle sur lequel la fonction est positive.

10 Soit h, l'abscisse du sommet de la courbe d'une fonction racine carrée. Parmi les fonctions ci-contre, déterminez celle qui est:

a) croissante et dont le domaine est $]-\infty, h]$;

b) décroissante et dont le domaine est $[h, +\infty[$;

c) croissante et dont le domaine est $[h, +\infty[$;

d) décroissante et dont le domaine est $]-\infty, h]$.

$$f(x) = 5\sqrt{-(x - 3)} + 2$$
$$g(x) = -2\sqrt{x + 7} - 4$$
$$h(x) = 0,4\sqrt{0,1x - 0,4} - 1$$
$$i(x) = -\frac{2}{3}\sqrt{-\left(\frac{x}{3} - 2\right)} + 10$$

11 Dans chaque cas, transformez la règle de la forme $y = a\sqrt{b(x-h)} + k$ en une règle de la forme $y = a\sqrt{\pm(x-h)} + k$.

a) $y = 2\sqrt{25(x-1)} + 3$

b) $y = -4\sqrt{-9(x+7)} - 6$

c) $y = \sqrt{16x - 48}$

d) $y = -0{,}2\sqrt{-(400 - 100x)} + 31$

e) $y = -10\sqrt{0{,}9 - 0{,}09x} + 0{,}5$

f) $y = \dfrac{1}{4}\sqrt{\dfrac{9}{25}x + \dfrac{9}{50}} - \dfrac{1}{5}$

12 Déterminez la règle de chacune des fonctions racine carrée représentées ci-dessous.

a)

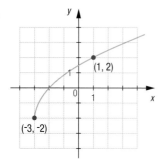

b)

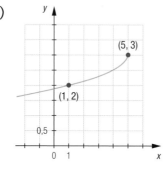

c)

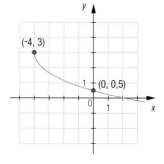

13 Si c'est possible, déterminez dans chaque cas la valeur de x lorsque $y = 6$.

a) $y = -10\sqrt{x-4} + 15$

b) $y = 3\sqrt{-(x+2)} - 6$

c) $y = -0{,}4\sqrt{0{,}3 - x} - 0{,}16$

d) $y = \dfrac{1}{2}\sqrt{7 - 9x} - 11$

14 Pour chacune des fonctions suivantes, déterminez l'intervalle du domaine sur lequel $f(x) < 4$.

a) $f(x) = -7\sqrt{x - 12} + 18$

b) $f(x) = -2\sqrt{-(x + 0{,}32)} - 0{,}8$

c) $f(x) = 20\sqrt{-103 + x} - 243$

d) $f(x) = 0{,}25\sqrt{2x - 5} - 4$

15 Les profits engendrés par la vente de deux produits d'une entreprise varient selon la somme investie en publicité. Le graphique suivant présente cette situation.

a) Quelle est la règle de chacune des fonctions représentées ci-contre ?

b) Pour chacun de ces produits, déterminez l'investissement minimal en publicité pour faire un profit.

c) Déterminez quel produit génère le profit le plus élevé pour un investissement en publicité de 13,5 k$.

d) Pour chaque produit, déterminez les montants des investissements en publicité qui permettent à l'entreprise de générer un profit supérieur à 120 k$.

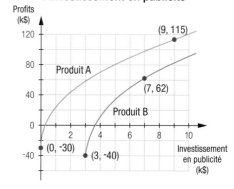

Profits d'une entreprise selon l'investissement en publicité

16 La règle d'une fonction racine carrée est $f(x) = 4\sqrt{x + 6} - 5$.

a) Quelles sont les coordonnées du sommet de la courbe associée à cette fonction?

b) Indiquez le domaine et le codomaine de cette fonction.

c) Étudiez la variation de cette fonction.

d) Quel est le zéro de cette fonction?

e) Étudiez le signe de cette fonction.

17 **LOI DE FROUDE** Pour apprendre à manœuvrer des navires en mer, les futurs marins s'exercent préalablement dans des bassins en pilotant des bateaux de plus petit tonnage. Les durées $D_{\text{réelle}}$ (en s) d'une manœuvre en mer et D_{bassin} (en s) de la même manœuvre dans un bassin sont liées par la loi de Froude, dont la règle est $D_{\text{réelle}} = D_{\text{bassin}} \sqrt{\dfrac{1}{L} x}$, où x représente la longueur réelle (en m) du navire et L, la longueur (en m) du modèle réduit. Le graphique suivant représente cette fonction pour une manœuvre donnée.

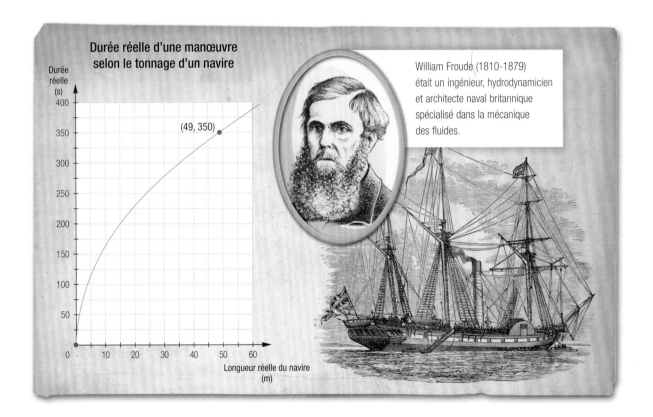

Durée réelle d'une manœuvre selon le tonnage d'un navire

(49, 350)

William Froude (1810-1879) était un ingénieur, hydrodynamicien et architecte naval britannique spécialisé dans la mécanique des fluides.

Longueur réelle du navire (m)

a) Quelle est la règle de la fonction représentée?

b) Si cette manœuvre s'effectue en 2 min dans un bassin, quelle est la longueur du modèle réduit?

c) Si le modèle réduit utilisé pour cette manœuvre a une longueur de 10 m, combien de temps cette manœuvre dure-t-elle dans le bassin?

d) Combien de temps dure cette manœuvre en mer pour un navire de 65 m de longueur?

18 **OXYDATION** Un métal inoxydable résiste mieux à la corrosion par l'air qu'un métal oxydable. Néanmoins, tous les métaux finissent par s'oxyder après un certain temps. L'épaisseur *e* (en µm) de la couche d'oxyde sur un métal inoxydable varie en fonction du temps *t* (en jours) écoulé depuis son exposition à l'air. Le tableau ci-dessous fournit des renseignements sur l'oxydation de divers métaux.

Oxydation de métaux	
Métal	Règle d'oxydation
Ⓐ	$e = 0{,}08\sqrt{t - 100}$
Ⓑ	$e = 0{,}1\sqrt{t - 200}$
Ⓒ	$e = 0{,}06\sqrt{t - 60}$
Ⓓ	$e = 0{,}13\sqrt{t - h}$

L'aluminium est le métal le plus utilisé au monde après le fer. Le lustre mat de l'aluminium provient d'une fine couche d'oxyde qui se forme lorsqu'il est exposé à l'air. Cette caractéristique le rend résistant à la corrosion.

a) Parmi les métaux Ⓐ, Ⓑ et Ⓒ, lequel produit la couche d'oxyde la moins épaisse au bout de 5 ans?

b) Une certaine pièce métallique de haute technologie est efficace tant que l'épaisseur de la couche d'oxyde est inférieure à 2 µm. Parmi les métaux Ⓐ, Ⓑ et Ⓒ, lequel offre la plus longue durée de vie pour cette pièce?

c) Dans la règle associée au métal Ⓓ, le paramètre h indique la durée (en jours) de non-oxydation de ce métal. Si, après 150 jours, le métal Ⓓ est couvert d'une couche d'oxyde de 0,65 µm d'épaisseur, quelle est la valeur du paramètre h?

19 Lors de la mise en quarantaine d'une ville, le nombre *y* de personnes infectées par un virus est donné par la règle $y = 0{,}1P\sqrt{x}$, où P représente la population totale de la ville et *x*, le temps (en jours) écoulé depuis le début de l'épidémie. Lorsque les traitements médicaux débutent, le nombre de malades, qui diminue progressivement, est donné par la règle $y = -0{,}1P\sqrt{x - h} + P_0$, où P_0 représente le nombre de personnes infectées au moment où les traitements ont commencé à être administrés et h, le temps (en jours) qui sépare le début de l'épidémie de celui des traitements médicaux.

a) Calculez le nombre de malades 15 jours après le début de l'épidémie dans une ville de 100 000 habitants si le traitement a commencé à être administré 10 jours après le début de l'épidémie.

b) Déterminez le moment où le traitement a commencé à être administré si, après 30 jours, il y a 23 000 malades dans une ville de 2 millions d'habitants.

Le code international des signaux maritimes est un système qui permet de transmettre des messages à l'aide de différents pavillons. Le drapeau jaune combiné avec le drapeau à damiers jaune et noir signifie «navire en quarantaine».

20 La valeur *v* d'un investissement (en $) varie selon la règle $v = -1500\sqrt{x} + 10\,000$, où *x* représente le temps écoulé (en mois) depuis le moment où l'investissement a été fait.

a) Quelle est la valeur initiale de l'investissement ?

b) À quel moment la valeur de cet investissement est-elle de :

1) 2000 $?   2) 4000 $?

c) Pendant combien de temps la valeur de cet investissement demeure-t-elle supérieure à 5000 $?

d) Déterminez le zéro de cette fonction et indiquez ce qu'il représente en tenant compte du contexte.

21 Le nuage de points suivant met en relation les populations de plus d'une cinquantaine de villes et leurs superficies.

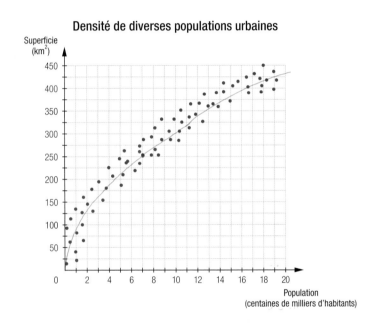

Densité de diverses populations urbaines

a) Semble-t-il y avoir une corrélation entre la population d'une ville et sa superficie ? Expliquez votre réponse.

b) Tracez la courbe d'une fonction racine carrée qui est représentative du nuage de points.

c) Déterminez la règle de la fonction associée à la courbe tracée en b).

d) D'après cette règle, quelle devrait être la superficie de la ville de New York, qui compte environ 8 millions d'habitants ?

Le Québec est vaste et faiblement peuplé, avec une densité de quelque 5 habitants/km². La répartition de la population est très inégale. En effet, 80 % de la population québécoise vit près des rives du fleuve Saint-Laurent.

PROBLÈME Absolument!

C'EST BEAUCOUP PLUS SIMPLE D'EFFECTUER TOUTES LES OPÉRATIONS SANS TENIR COMPTE DES VALEURS ABSOLUES, POUR ENSUITE CALCULER LA VALEUR ABSOLUE DU RÉSULTAT!

 Que pensez-vous de cette affirmation?

ACTIVITÉ 1 Le tensiomètre

Un tensiomètre est un appareil médical qui sert à mesurer la tension artérielle.

Pour évaluer la tension artérielle d'un patient ou d'une patiente, on peut enrouler un brassard autour d'un de ses biceps, puis un tensiomètre automatique gonfle ce brassard avec un débit constant et en fait ainsi passer la pression de 0 à 160 mmHg. Immédiatement après, le brassard se dégonfle au même débit constant jusqu'à ce que la pression retombe à 0 mmHg. Le gonflement et le dégonflement du brassard prennent en tout 45 s.

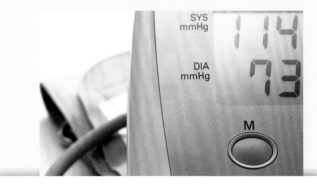

Le millimètre de mercure, dont le symbole est «mmHg», est l'unité de mesure de pression le plus couramment utilisée en médecine : 1 mmHg = 133,32 Pa.

a. Représentez graphiquement la pression du brassard en fonction du temps nécessaire au gonflement et au dégonflement.

b. La courbe obtenue est symétrique. Déterminez l'équation de l'axe de symétrie.

c. Quel est le maximum de cette fonction ?

d. Cette fonction peut correspondre à une fonction définie par parties. Déterminez la règle et le domaine associés à chacune de ces parties.

e. À quels moments la pression du brassard est-elle de 105 mmHg ?

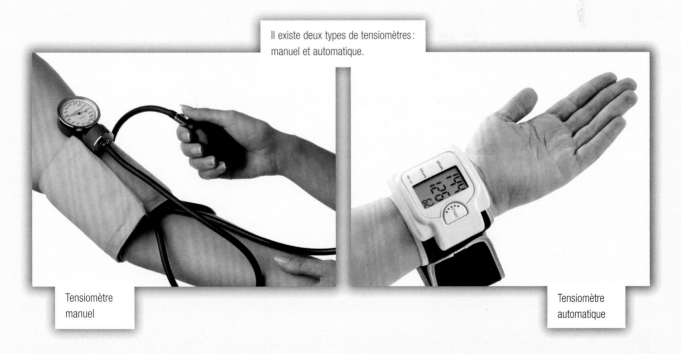

Il existe deux types de tensiomètres : manuel et automatique.

Tensiomètre manuel

Tensiomètre automatique

Faits de métaux, d'alliages ou de céramique, les supraconducteurs sont utilisés pour acheminer un courant électrique. L'efficacité d'un supraconducteur varie selon sa température.

Lorsque la température d'un supraconducteur est idéale, le courant électrique circule sans aucune résistance et sans aucune perte d'énergie. Ce phénomène se produit généralement à de très basses températures.

Lors d'un test sur la conductivité d'un alliage, on fait varier sa température. Le graphique ci-dessous présente les résultats obtenus.

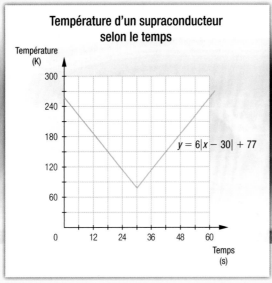

Température d'un supraconducteur selon le temps

$y = 6|x - 30| + 77$

Lorsque la température d'un supraconducteur est abaissée à sa «température critique», la résistance électrique de ce matériau tombe brusquement à 0 et le champ magnétique interne est annulé. Ce phénomène se nomme l'effet Meissner.

a. À quel moment la température minimale est-elle atteinte ?

b. Quelle est la température minimale ?

c. Quelle est la température du supraconducteur à :
1) 10 s ?   2) 39 s ?   3) 70 s ?

d. Il est possible de déterminer les moments où la température du supraconducteur est de 107 K, en résolvant l'équation $107 = 6|x - 30| + 77$.
1) D'après le graphique, combien y a-t-il de solutions de cette équation ?
2) Quelles transformations doit-on appliquer à l'équation $107 = 6|x - 30| + 77$ pour obtenir l'équation équivalente $5 = |x - 30|$?
3) Quels sont les nombres dont la valeur absolue est 5 ?
4) À quels moments la température du supraconducteur est-elle de 107 K ?

e. 1) Dans cette situation, que permet de déterminer l'inéquation $6|x - 30| + 77 \leq 158$?
2) Quelles transformations doit-on appliquer à l'inéquation $6|x - 30| + 77 \leq 158$ pour obtenir l'inéquation équivalente $|x - 30| \leq 13,5$?
3) Quels sont les nombres dont la valeur absolue est 13,5 ?
4) En tenant compte du contexte, donnez la solution de l'inéquation $6|x - 30| + 77 \leq 158$.

Techno math

Une calculatrice graphique permet d'afficher dans un même plan cartésien les courbes de plusieurs fonctions. Voici une exploration qui permet d'observer certaines caractéristiques graphiques d'une fonction dont la règle s'écrit sous la forme $y = a|x - h| + k$.

Voici les règles de trois fonctions valeur absolue ainsi que leur représentation graphique.	**Écran 1** 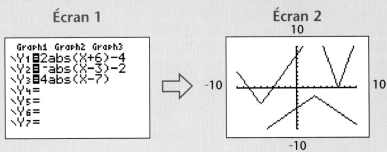 ⟹ **Écran 2**

Cet écran montre divers éléments que l'on peut tracer à l'écran graphique.

Écran 3

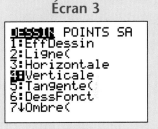

Il est possible de tracer une droite verticale à l'écran graphique. Voici les axes de symétrie des trois courbes :

Écrans 4 et 5   **Écrans 6 et 7**   **Écrans 8 et 9**

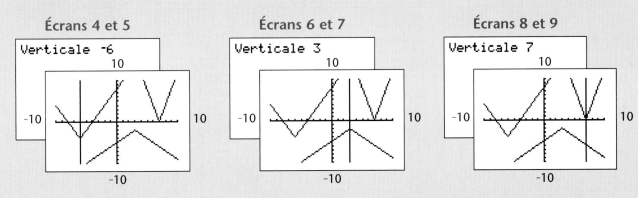

a. Pour chacune des règles de l'écran **1**, déterminez la valeur des paramètres a, h et k.

b. Quelle est l'équation de l'axe de symétrie tracé :
1) à l'écran **5** ?   2) à l'écran **7** ?   3) à l'écran **9** ?

c. En comparant les réponses obtenues en **a** avec les équations des axes de symétrie obtenues en **b**, quelle conjecture pouvez-vous émettre ?

d. À l'aide d'une calculatrice graphique, affichez à l'écran graphique la courbe et l'axe de symétrie associés à chacune des fonctions valeur absolue suivantes.
1) $f(x) = 2|x - 1| + 4$ 2) $g(x) = |x + 8|$ 3) $h(x) = -0{,}3|x - 5| + 6$

PROPRIÉTÉS DES VALEURS ABSOLUES

La valeur absolue d'un nombre permet de considérer ce nombre sans tenir compte de son signe. On exprime la valeur absolue d'un nombre en le plaçant entre deux traits verticaux. Par définition, on a : $|x| = x$, si $x \geq 0$ et $|x| = -x$, si $x < 0$.

Ex. : 1) $|3| = 3$

2) $|-8| = 8$

3) $|-92,1| = 92,1$

Les propriétés des valeurs absolues permettent d'effectuer des opérations qui font intervenir des valeurs absolues.

Propriété	Exemple
$|a| \geq 0$	$|-3,5| \geq 0$, car $3,5 \geq 0$
$|a| = |-a|$	$|16| = |-16| = 16$
$|a \times b| = |a| \times |b|$	$|6 \times -4| = |6| \times |-4| = 6 \times 4 = 24$
$\left|\dfrac{a}{b}\right| = \dfrac{|a|}{|b|}$, où $b \neq 0$	$\left|\dfrac{-32}{8}\right| = \dfrac{|-32|}{|8|} = \dfrac{32}{8} = 4$

FONCTION VALEUR ABSOLUE

La règle d'une fonction valeur absolue peut s'écrire sous la forme $f(x) = a|b(x - h)| + k$, où $a \neq 0$ et $b \neq 0$. Toutefois, les propriétés des valeurs absolues permettent de transformer cette règle et de l'écrire sous la forme canonique $f(x) = a|x - h| + k$.

Ex. : 1) $f(x) = -3|2(x - 8)| + 5$

$= -3 \times |2| \times |x - 8| + 5$

$= -3 \times 2 \times |x - 8| + 5$

$= -6|x - 8| + 5$

2) $g(x) = 4|-9(x + 7)| - 6$

$= 4 \times |-9| \times |x + 7| - 6$

$= 4 \times 9 \times |x + 7| - 6$

$= 36|x + 7| - 6$

Dans la représentation graphique d'une fonction valeur absolue dont la règle s'écrit $f(x) = a|x - h| + k$, où $a \neq 0$:

• la courbe est formée de deux demi-droites issues d'un même point ;

• la pente d'une des demi-droites est $-a$ et celle de l'autre demi-droite est a ;

• les demi-droites sont symétriques par rapport à un axe vertical d'équation $x = h$;

• le point commun aux deux demi-droites se nomme **sommet** et ses coordonnées sont (h, k).

Ex.:

Règle	Table de valeurs		Représentation graphique
$f(x) = 4|x - 3| - 2$			

x	y
-1	14
0	10
1	6
2	2
3	-2
4	2
5	6

Pente de la demi-droite : -4 Axe de symétrie : $x = 3$ Pente de la demi-droite : 4

Sommet : (3, -2)

À noter qu'une fonction valeur absolue peut être définie comme une fonction définie par parties, chacune des deux parties correspondant alors à une fonction polynomiale de degré 1.

Ex.: La fonction valeur absolue $f(x) = 4|x - 3| - 2$ correspond à la fonction définie par parties :

$$f(x) = \begin{cases} -4x + 10 \text{ si } x \leq 3 \\ 4x - 14 \text{ si } x \geq 3 \end{cases}$$

RECHERCHE DE LA RÈGLE D'UNE FONCTION VALEUR ABSOLUE

Il est possible de déterminer la règle d'une fonction valeur absolue, qui s'écrit $f(x) = a|x - h| + k$, de la façon suivante.

1. Trouver les coordonnées du sommet et celles d'un autre point de la courbe.	Ex.: 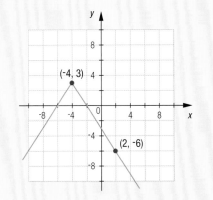 Les coordonnées du sommet sont (-4, 3) et la courbe passe par le point (2, -6).
2. Substituer les coordonnées du sommet à h et à k ainsi que les coordonnées de l'autre point à x et à $f(x)$ dans la règle $f(x) = a|x - h| + k$.	$-6 = a|2 + 4| + 3$
3. Résoudre l'équation formée afin de déterminer la valeur du paramètre a.	$-6 = a|2 + 4| + 3$ $-6 = a|6| + 3$ $-6 = 6a + 3$ $-9 = 6a$ $-1{,}5 = a$
4. Écrire la règle de la fonction obtenue.	$f(x) = -1{,}5|x + 4| + 3$

RÉSOLUTION D'UNE ÉQUATION VALEUR ABSOLUE À UNE VARIABLE

Il est possible de résoudre une équation valeur absolue à une variable de la façon suivante.

	Ex : 1) Résoudre : $2|x - 8| + 4 = 12$	2) Déterminer les zéros de la fonction : $f(x) = \text{-}3|5x - 4| + 18$
1. Obtenir une équation dans laquelle l'un des membres est formé d'une valeur absolue et l'autre, d'un terme constant. Noter que la résolution ne peut se poursuivre que si le terme constant est positif.	$2|x - 8| + 4 = 12$ $2|x - 8| = 8$ $|x - 8| = 4$	$\text{-}3|5x - 4| + 18 = 0$ $\text{-}3|5x - 4| = \text{-}18$ $|5x - 4| = 6$
2. Éliminer la valeur absolue en appliquant la définition de la valeur absolue et établir la ou les équations à résoudre.	Puisque la valeur absolue égale 4, l'argument $x - 8$ vaut 4 ou -4. $x - 8 = 4 \quad x - 8 = \text{-}4$	Puisque la valeur absolue égale 6, l'argument $5x - 4$ vaut 6 ou -6. $5x - 4 = 6 \quad 5x - 4 = \text{-}6$
3. Compléter la résolution de l'équation ou des équations.	$x - 8 = 4 \quad x - 8 = \text{-}4$ $x = 12 \qquad x = 4$	$5x - 4 = 6 \quad 5x - 4 = \text{-}6$ $5x = 10 \qquad 5x = \text{-}2$ $x = 2 \qquad x = -\dfrac{2}{5}$
4. Énoncer l'ensemble-solution.	$x = 4$ et $x = 12$.	$x = 2$ et $x = -\dfrac{2}{5}$.

RÉSOLUTION D'UNE INÉQUATION VALEUR ABSOLUE À UNE VARIABLE

Il est possible de résoudre une inéquation valeur absolue à une variable de la façon suivante.

	Ex. : Résoudre : $2|3x - 6| < 18$
1. Substituer un symbole d'égalité au symbole d'inégalité de l'inéquation.	L'équation associée à l'inéquation $2|3x - 6| < 18$ est $2|3x - 6| = 18$.
2. Résoudre l'équation.	$2|3x - 6| = 18$ $|3x - 6| = 9$ $3x - 6 = 9 \qquad\qquad 3x - 6 = \text{-}9$ $3x = 15 \qquad\qquad 3x = \text{-}3$ $x = 5 \qquad\qquad\quad x = \text{-}1$
3. Représenter les solutions sur une droite numérique par des points pleins ou vides selon que l'équation fait partie ou non de l'inéquation.	
4. Déduire l'ensemble-solution de l'inéquation.	Sur la droite numérique, les nombres compris entre -1 et 5 vérifient l'inéquation. L'ensemble-solution est : $\text{-}1 < x < 5$.

1 Pour chacune des fonctions valeur absolue ci-dessous, déterminez:

> 1) la pente de chacune des demi-droites qui forment la courbe de cette fonction;
> 2) les coordonnées du sommet de la courbe.

a) $f(x) = 0,5|x - 7| + 2$ b) $g(x) = -3|x + 4| - 5$ c) $h(x) = |x + 2| - 1$

d) $f(x) = -4|x + 3| - 4$ e) $f(x) = 5|x + 2| - 1$ f) $f(x) = -6|x - 1,5| + 7$

2 Représentez graphiquement chacune des fonctions suivantes.

a) $f(x) = -4|x + 3| - 4$ b) $g(x) = 5|x + 2| - 1$

c) $h(x) = -6|x - 1,5| + 7$ d) $i(x) = -9|0,5x - 0,5| + 7$

e) $j(x) = 3|6,5 - 5x| - 6,5$ f) $k(x) = 0,5|3,5x + 6| - 7$

3 Dans chaque cas, déterminez la règle de la fonction valeur absolue représentée.

a)
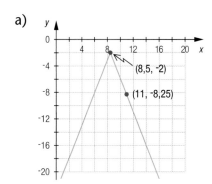

b)
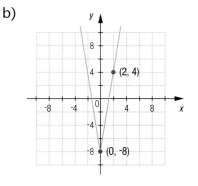

c)
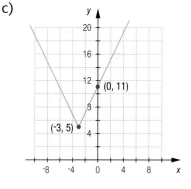

d)
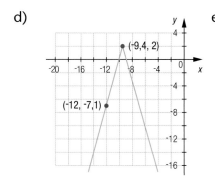

e)
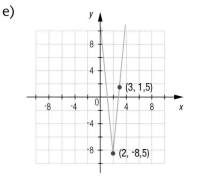

f)
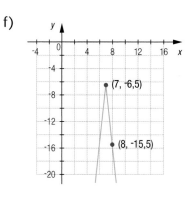

4 a) Effectuez les calculs suivants.

1) $|\text{-}4| \times |3|$

2) $|8 \times \text{-}6|$

3) $|\text{-}5 \times \text{-}2|$

4) $|6|^2$

5) $|(\text{-}3)^2|$

6) $|(2 - 8)(6 + 1)|$

7) $\dfrac{|\text{-}15|}{|3|}$

8) $\left|\dfrac{2 - 8}{12 - 9}\right|$

9) $\dfrac{\text{-}|2a|}{4|\text{-}a|}$

b) Démontrez que $|a|^2 = |a^2|$.

5 Écrivez chacune des règles suivantes sous la forme $f(x) = a|x - h| + k$.

a) $f(x) = |2x - 6|$

b) $f(x) = |\text{-}4 - 4x|$

c) $f(x) = \text{-}|3x + 9| - 2$

d) $f(x) = \dfrac{2}{3}|\text{-}3x + 12| + 5$

e) $f(x) = \text{-}2|4 - 2x| + 1$

f) $f(x) = |4 - 6x| + 3$

6 Résolvez les équations suivantes.

a) $5 = 2|x + 6| - 7$

b) $7 = 3|x + 4| + 10$

c) $\text{-}9 = \text{-}3|x + 4| - 9$

d) $18 = \dfrac{4|x| + 36}{2}$

e) $14 = \text{-}4|x| + 20$

f) $5 = 2|x| + 10$

g) $0 = 3|8 - 2x| + 9$

h) $3|x + 22| - 5 = 10$

i) $\text{-}16 = 2|9 - 7x| - 24$

7 La représentation graphique ci-dessous est celle d'une fonction valeur absolue.

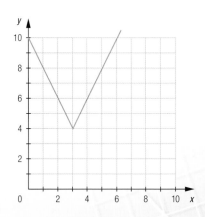

a) Représentez graphiquement la réciproque de cette fonction.

b) La réciproque d'une fonction valeur absolue peut-elle être une fonction? Expliquez votre réponse.

8 Pour chacune des fonctions valeur absolue ci-dessous, déterminez :

1) le domaine ; 2) le codomaine ; 3) les zéros ;

4) la variation ; 5) le signe.

a) $f(x) = 3|x - 2| + 4$

b) $g(x) = -\frac{1}{3}|x - 4| + 6$

c) $h(x) = |3x - 12| + 5$
$3|x-4|+5$

d) $i(x) = 2|4x - 8| - 3$
$8 \cdot |(x-2)| - 3$

e) $j(x) = -2|4 - 2x| + 1$
$-4|(x-2)| + 1$

f) $k(x) = |2x - 4|$
$|2(x-2)|$
$2|x-2| + 0$

9 Dans la représentation graphique ci-contre :

- la demi-droite BA est parallèle à la droite CD ;

- la droite BC est parallèle à la demi-droite DE.

Déterminez la règle de la fonction valeur absolue dont la courbe passe par :

a) les points A, B et C ;

b) les points B, C et D ;

c) les points C, D et E.

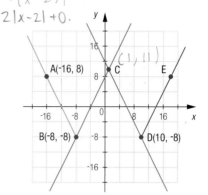

10 Résolvez les inéquations suivantes.

a) $2|3x - 6| < 18$

b) $|3 + 5x| - 4 \geq 6$

c) $-7 < 8|x + 9| - 15$

d) $18 \geq -2|5 - x| + 36$
$18 < -2|x-5| + 36$

e) $|4x + 2| \leq 10$

f) $|9x - 7| + 20 > -14$

g) $|4 - 5x| \geq 28$

h) $3 > -2|18 - x| + 29$

i) $121 \leq 11|4 - 5x|$

11 Voici les règles de quatre fonctions :

$f(x) = 2x + 3$ $g(x) = 2|x| + 3$ $h(x) = |2x + 3|$ $i(x) = -2|x| + 3$

a) Dans un même plan cartésien, représentez graphiquement les fonctions *f*, *g*, *h* et *i*.

b) Comparez les courbes des fonctions *g*, *h* et *i* avec la courbe de la fonction *f*.
Que remarquez-vous ?

12 Pour chacune des tables de valeurs ci-dessous, déterminez la règle de la fonction valeur absolue qui lui est associée.

a)

x	y
-3	6
-2	4
-1	2
0	4
1	6
2	8
3	10

b)

x	y
-15	-15
-14	-10
-13	-5
-12	0
-11	-5
-10	-10
-9	-15

c)

x	y
-2	10
-1	7
0	4
1	1
2	-2
3	1
4	4

13 Établissez les règles des deux fonctions valeur absolue dont la mise en commun des représentations graphiques forme les droites d'équations $y = 0{,}25x + 6$ et $y = {-}0{,}25x - 7$.

14 Existe-t-il une fonction valeur absolue dont la courbe est entièrement superposée aux droites d'équations $y = 2x + 7$ et $y = {-}2{,}5x + 8$? Expliquez votre réponse.

15 Les fonctions f et g sont définies par les règles $f(x) = |x - 4| + 2$ et $g(x) = |x - 4| - 6$.

   a) Établissez la règle de la fonction qui correspond à :

   1) $f + g$ 2) $f - g$ 3) $g - f$

   b) Déterminez le domaine et le codomaine de la fonction qui correspond à :

   1) $f + g$ 2) $f - g$ 3) $g - f$

16 Le graphique ci-dessous est celui d'une fonction valeur absolue. Déterminez algébriquement les coordonnées de chacun des sept points identifiés.

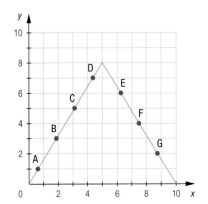

17 En utilisant, entre autres, les propriétés des valeurs absolues, résolvez chacune des équations suivantes.

   a) $|x - 7| \times |x + 5| = 28$ b) $|x - 7| = |x + 5|$

   c) $|2x - 2| \times |x + 3| = 64$ d) $|x + 4|^2 = 36$

18 Dans chaque cas, déterminez la règle de la fonction valeur absolue dont la courbe passe par les trois points dont les coordonnées sont :

   a) $(1, {-}6)$, $(7, {-}2)$, $(5, {-}4)$ b) $({-}3, 2)$, $({-}5, {-}2)$, $(0, 4)$

   c) $(0, 16)$, $(6, 4)$, $(7, 7)$ d) $({-}5, {-}7{,}5)$, $({-}7, {-}4{,}5)$, $(0, {-}3)$

   e) $(4, 5)$, $(7, 1)$, $(8, 5)$ f) $({-}5, {-}4)$, $({-}4, 2)$, $({-}1, {-}4)$

19 Dans chaque cas, déterminez la règle de la fonction définie par parties dont la représentation graphique est identique à celle de la valeur absolue représentée.

a)
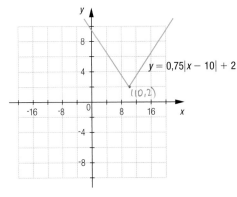
$y = 0{,}75|x - 10| + 2$

b)
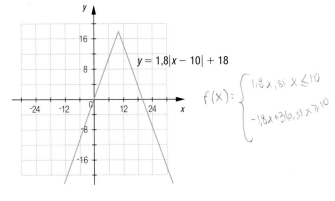
$y = 1{,}8|x - 10| + 18$

$f(x) = \begin{cases} 1{,}8x, \text{si } x \leq 10 \\ -1{,}8x + 36, \text{si } x \geq 10 \end{cases}$

c)
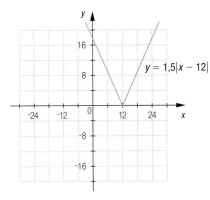
$y = 1{,}5|x - 12|$

d)
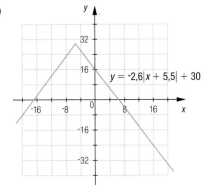
$y = -2{,}6|x + 5{,}5| + 30$

20 Déterminez l'équation de la courbe obtenue en appliquant à la courbe représentée ci-contre:

a) une translation horizontale de 2 unités vers la droite et une translation verticale de 3 unités vers le bas;

b) une réflexion par rapport à l'axe des abscisses;

c) une réflexion par rapport à l'axe des ordonnées;

d) une réflexion par rapport à l'axe d'équation $x = 4$.

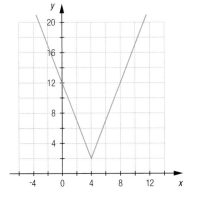

21 Le graphique ci-dessous comporte cinq droites. Déterminez les règles de toutes les fonctions valeur absolue dont les courbes sont formées à partir de ces droites.

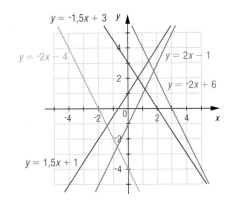
$y = -1{,}5x + 3$
$y = -2x - 4$
$y = 2x - 1$
$y = -2x + 6$
$y = 1{,}5x + 1$

22 Le graphique ci-dessous montre l'évolution de la température dans une région des Laurentides pendant une période de 10 jours. Pendant combien de temps la température a-t-elle été supérieure ou égale au point de congélation?

Température dans une région des Laurentides en fonction du temps

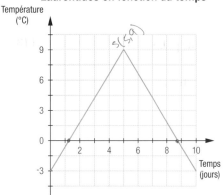

La région des Laurentides est située au sud-ouest du Québec. Elle est bordée au nord par la forêt boréale. Dans cette région, on compte en moyenne 129 jours sans gel par année.

23 Dans chaque cas, calculez l'aire du triangle délimité par la droite et la courbe de la fonction valeur absolue.

a)

$y = -1,5|x - 8| + 12$

$y = 6,3$

b)

$y = 15,02$

$y = 2|x - 10| + 1$

24 La règle $n = -0,25|t - 4| + 6$ indique le niveau n d'eau (en m) d'une voie navigable selon le temps t (en jours) écoulé depuis le début du mois de mai. Cette voie est praticable uniquement lorsque le niveau d'eau est au moins de 5 m. Au cours du mois de mai, pendant combien de temps cette voie a-t-elle été praticable?

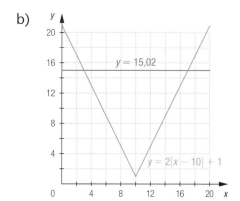

25 La règle $t = 1,25|n - 8| - 5$ donne la température t à l'extérieur (en °C) au cours d'une nuit en fonction du nombre n d'heures écoulées depuis le coucher du soleil. Pendant combien de temps la température a-t-elle été au-dessous du point de congélation?

26 Un système d'irrigation contrôlé par ordinateur est relié à des capteurs qui mesurent le taux d'humidité à divers endroits d'un jardin. Au cours d'une journée, la règle $H = 1,2|x - 6| + 20$ permet de calculer le taux H d'humidité (en %) du sol selon le temps x (en h) écoulé depuis le début de la journée. Le système est programmé pour activer les gicleurs lorsque le taux d'humidité est inférieur ou égal à 25 %. Quelle quantité d'eau est utilisée pour l'arrosage durant cette journée si le système de gicleurs utilise 12 L/h d'eau?

La culture hydroponique permet de cultiver des végétaux sans le support d'un sol. Celui-ci est remplacé par une matière inerte, comme des graviers ou des granules d'argile, pour que les racines s'installent. On fournit l'eau et les éléments nutritifs nécessaires à la croissance des végétaux selon les besoins propres à l'espèce cultivée.

27 La règle $v = -500|t - 30| + 15\,000$ donne la vitesse v (en tours/min) d'une turbine selon le temps t (en s).

a) Quelle est la vitesse maximale atteinte par cette turbine?

b) À quel moment la turbine a-t-elle atteint cette vitesse?

c) Pendant combien de temps la vitesse de la turbine est-elle supérieure à:

   1) 1000 tours/min?

   2) 10 000 tours/min?

   3) 12 000 tours/min?

28 Un système photovoltaïque solaire est composé d'un panneau solaire, d'un contrôleur de charge et d'une batterie. La tension T (en V) aux bornes du panneau solaire est donnée par la règle $T = -1,5|x - 12| + 17$, où x correspond au temps (en h) écoulé depuis le lever du soleil. Afin d'éviter d'endommager la batterie, le contrôleur de charge coupe le circuit lorsque la tension aux bornes du panneau est supérieure ou égale à 14,3 V. Pendant combien de temps le circuit est-il coupé?

Un système photovoltaïque solaire permet de convertir l'énergie solaire en énergie électrique.

29 Deux mobiles se déplacent le long de deux rails disposés perpendiculairement. Un plan cartésien, dont les graduations sont en centimètres, est superposé à ce montage de telle sorte que les axes du plan coïncident avec les rails. Dans le graphique ci-contre, les points A et B indiquent la position des mobiles et le point O correspond à l'origine du plan cartésien. Les mobiles sont positionnés de manière que le triangle AOB soit toujours rectangle et isocèle.

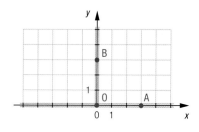

a) Complétez cette table de valeurs.

Abscisse du point A	-4	-3	-2	-1	0	1	2	3	4
Distance entre les mobiles A et B (cm)									

b) Représentez les couples obtenus en a) par un nuage de points.

c) À quel type de fonction ce nuage de points est-il associé?

d) Est-il vrai que $|n| = \sqrt{n^2}$? Expliquez votre réponse.

30 INCERTITUDES En sciences, la valeur absolue est souvent utilisée pour le calcul d'erreurs et d'incertitudes. Voici quelques renseignements à ce sujet:

- La valeur exacte, notée V_{exacte}, correspond à la valeur prévue par un modèle mathématique.

- La valeur mesurée, notée $V_{mesurée}$, correspond à la valeur obtenue durant une expérience.

- Erreur absolue $= |V_{exacte} - V_{mesurée}|$

- Erreur relative $= \left|\dfrac{V_{exacte} - V_{mesurée}}{V_{mesurée}}\right|$

- L'incertitude absolue correspond à la plus grande valeur de l'erreur absolue.

- Incertitude relative $= \dfrac{\text{incertitude absolue}}{|V_{mesurée}|}$

Les renseignements ci-dessous concernent une expérience au cours de laquelle on a mesuré l'angle de déviation d'un rayon lumineux lors de son passage dans du verre.

	0,08	0,05	0,09	0,08	0,09	0,04	0,09	0,05	0,07
V_{exacte} (°)	8,4	9,7	10,5	7,1	8,9	11,3	9,3	10,5	8
$V_{mesurée}$ (°)	9,1	9,2	9,6	7,7	8,1	11,8	8,5	10	8,6
inc.	0,10	0,10	0,09	0,12	0,11	0,08	0,11	0,09	0,10

a) Déterminez l'incertitude absolue dans cette expérience.

b) Pour chaque couple de valeurs, déterminez:

1) l'erreur relative; 2) l'incertitude relative.

c) Déterminez la moyenne des erreurs relatives de cette expérience.

d) Un scientifique affirme que l'erreur relative est donnée par $\dfrac{|V_{exacte} - V_{mesurée}|}{|V_{mesurée}|}$. A-t-il raison? Expliquez votre réponse.

SECTION 1.4 La fonction rationnelle

Cette section est en lien avec la SAÉ 2.

 PROBLÈME Le train d'engrenages

Dans un modèle d'horloge qui existe en plusieurs dimensions, l'un des trains d'engrenages est constitué de trois roues dentées. La roue A, qui est la plus petite, entraîne la roue B. À son tour, la roue B entraîne la roue C, qui est la plus grande.

Plus les dimensions de l'horloge sont grandes, plus les roues du train d'engrenages comportent de dents. Voici des renseignements à ce sujet :

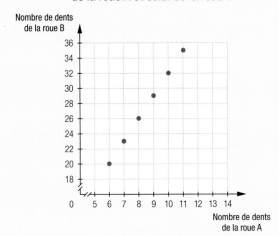

Relation entre le nombre de dents de la roue A et celui de la roue B

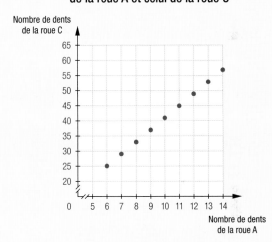

Relation entre le nombre de dents de la roue A et celui de la roue C

Quelle fraction de tour la roue C fait-elle lorsque la roue B effectue un tour ?

Un train d'engrenages est un mécanisme constitué d'au moins trois roues dentées en contact. Un tel système mécanique permet de transmettre le mouvement de rotation d'une pièce à l'autre.

Lorsque deux ondes de même fréquence se propagent simultanément dans un même milieu mais dans des sens opposés, une onde stationnaire est créée. Dans le domaine des télécommunications, les ondes stationnaires sont la source d'une multitude de problèmes.

Dans un système électronique, une onde d'une amplitude de 10 V rencontre une autre onde d'une amplitude A. La règle et le graphique ci-dessous permettent de calculer le rapport positif R de l'onde stationnaire ainsi créée.

Rapport positif d'une onde stationnaire en fonction de l'amplitude

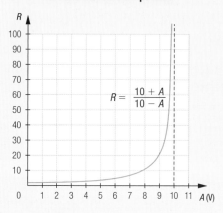

$$R = \frac{10 + A}{10 - A}$$

a. Quelle est la valeur initiale de cette fonction?

b. 1) Complétez la table de valeurs suivante.

A (V)	4	7,6	9,5	9,7	9,9	9,99	10
R							

2) Qu'advient-il de la valeur de R lorsque celle de A se rapproche de plus en plus de 10 V?

3) Quelle est l'équation de l'asymptote verticale dans le graphique?

c. 1) Dans cette situation, que permet de déterminer l'équation $\frac{10 + A}{10 - A} = 30$?

2) Résolvez cette équation et donnez la solution en tenant compte du contexte.

d. 1) Dans cette situation, que permet de déterminer l'inéquation $\frac{10 + A}{10 - A} > 35$?

2) Résolvez cette inéquation et donnez la solution en tenant compte du contexte.

e. En effectuant $(10 + A) \div (10 - A)$, démontrez algébriquement que la règle $R = \frac{10 + A}{10 - A}$ peut aussi s'écrire $R = {}^{-}1 + \frac{20}{10 - A}$.

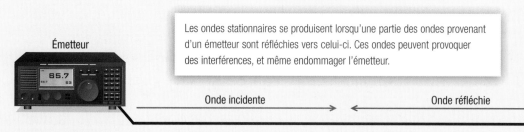

Les ondes stationnaires se produisent lorsqu'une partie des ondes provenant d'un émetteur sont réfléchies vers celui-ci. Ces ondes peuvent provoquer des interférences, et même endommager l'émetteur.

Antenne

Émetteur

Onde incidente   Onde réfléchie

Techno math

Une calculatrice graphique permet d'afficher dans un même plan cartésien les courbes de plusieurs fonctions. Voici une exploration qui permet d'observer certaines caractéristiques graphiques d'une fonction dont la règle s'écrit sous la forme $y = \dfrac{a}{x - h} + k$.

Écran 1   **Écran 2**

Voici les règles de deux fonctions rationnelles ainsi que leur représentation graphique.

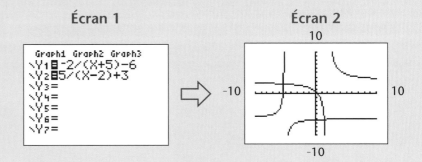

Cet écran montre divers éléments que l'on peut tracer à l'écran graphique.

Écran 3

Il est possible de tracer des droites verticales ou horizontales à l'écran graphique. Voici les asymptotes des deux courbes :

Écrans 4 et 5   **Écrans 6 et 7**

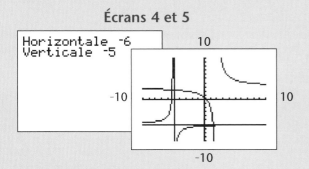   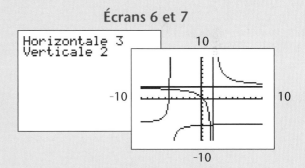

a. Pour chacune des règles de l'écran **1**, déterminez la valeur des paramètres a, h et k.

b. Quelle est l'équation :

  1) de l'asymptote horizontale à l'écran **5** ?   2) de l'asymptote verticale à l'écran **5** ?

  3) de l'asymptote horizontale à l'écran **7** ?   4) de l'asymptote verticale à l'écran **7** ?

c. En comparant les réponses obtenues en **a** avec les équations des asymptotes obtenues en **b**, quelle conjecture pouvez-vous émettre ?

d. À l'aide d'une calculatrice graphique, affichez à l'écran graphique la courbe et les asymptotes associées à chacune des fonctions rationnelles suivantes.

  1) $f(x) = \dfrac{3}{x - 7} - 4$ 2) $g(x) = \dfrac{-1}{x + 6} + 4$ 3) $h(x) = \dfrac{1}{8 - x} + 6$

FONCTION RATIONNELLE

Une fonction dont la règle est de la forme $f(x) = \dfrac{a_1 x + b_1}{a_2 x + b_2}$, où le numérateur et le dénominateur sont non nuls et $a_2 \neq 0$, est appelée une fonction rationnelle. Une telle règle peut aussi s'exprimer sous la forme $f(x) = \dfrac{a}{b(x - h)} + k$, où $a \neq 0$, $b \neq 0$ et $x \neq h$. Pour passer de la première forme d'écriture à la seconde, il suffit d'effectuer une division.

> Ex.: Il est possible d'écrire la règle de la fonction $f(x) = \dfrac{3x + 5}{x - 1}$ sous la forme $f(x) = \dfrac{a}{b(x - h)} + k$ en effectuant $(3x + 5) \div (x - 1)$.
>
> $$\begin{array}{r|l} 3x + 5 & x - 1 \\ \underline{-(3x - 3)} & 3 \\ 8 & \end{array}$$
>
> La règle de cette fonction peut donc aussi s'écrire $f(x) = \dfrac{8}{x - 1} + 3$.

En effectuant une division, il est possible de transformer une règle de la forme $f(x) = \dfrac{a}{b(x - h)} + k$ et de l'écrire sous la forme canonique $f(x) = \dfrac{a}{x - h} + k$.

> Ex.: $f(x) = \dfrac{7}{2(x - 10)} + 5$
>
> $= \dfrac{7 \div 2}{x - 10} + 5$
>
> $= \dfrac{3{,}5}{x - 10} + 5$

Dans la représentation graphique d'une fonction rationnelle dont la règle s'écrit $f(x) = \dfrac{a}{x - h} + k$:

- la courbe, nommée hyperbole, est formée de deux branches symétriques;

- les droites d'équations $x = h$ et $y = k$ constituent respectivement l'asymptote verticale et l'asymptote horizontale de la courbe;

- le point d'intersection des deux asymptotes correspond au centre de l'hyperbole et ses coordonnées sont (h, k).

> Une droite de laquelle une courbe se rapproche de plus en plus sans jamais y toucher s'appelle une asymptote.

Règle	Table de valeurs	Représentation graphique
$f(x) = \dfrac{-10}{x-3} + 7$	<table><tr><th>x</th><th>y</th></tr><tr><td>-7</td><td>8</td></tr><tr><td>-2</td><td>9</td></tr><tr><td>3</td><td>Indéfinie</td></tr><tr><td>5</td><td>2</td></tr><tr><td>8</td><td>5</td></tr><tr><td>13</td><td>6</td></tr></table>	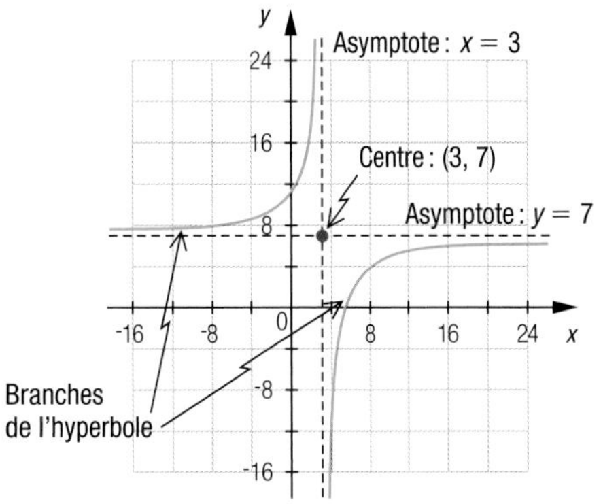

Asymptote : $x = 3$
Centre : (3, 7)
Asymptote : $y = 7$
Branches de l'hyperbole

RECHERCHE DE LA RÈGLE D'UNE FONCTION RATIONNELLE

Il est possible de déterminer la règle d'une fonction rationnelle, qui s'écrit $f(x) = \dfrac{a}{x-h} + k$, de la façon suivante.

1. Trouver les coordonnées du centre de l'hyperbole et celles d'un point de la courbe.	Ex. 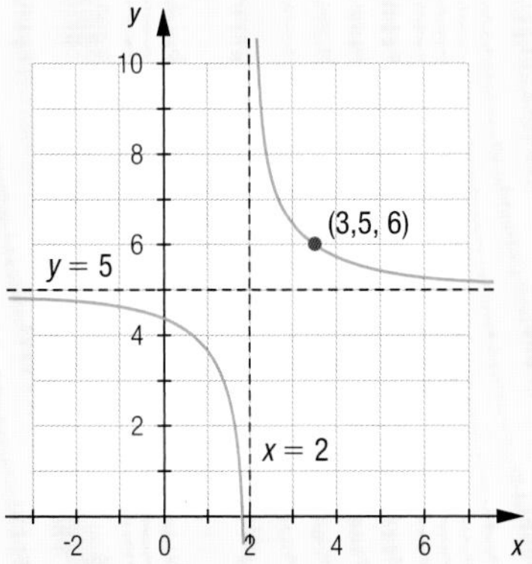 : $y = 5$, $x = 2$, (3,5, 6) Les coordonnées du centre de l'hyperbole sont (2, 5) et la courbe passe par le point (3,5, 6).
2. Substituer les coordonnées du centre de l'hyperbole à h et à k ainsi que les coordonnées d'un point de la courbe à x et à $f(x)$ dans la règle $f(x) = \dfrac{a}{x-h} + k$.	$6 = \dfrac{a}{3,5 - 2} + 5$
3. Résoudre l'équation formée afin de déterminer la valeur du paramètre a.	$6 = \dfrac{a}{3,5 - 2} + 5$ $6 = \dfrac{a}{1,5} + 5$ $1 = \dfrac{a}{1,5}$ $a = 1,5$
4. Écrire la règle de la fonction obtenue.	$f(x) = \dfrac{1,5}{x - 2} + 5$

RÉSOLUTION D'UNE ÉQUATION RATIONNELLE À UNE VARIABLE

La résolution d'équations rationnelles s'effectue en tenant compte des règles habituelles de transformation des équations.

Ex. : 1) Résoudre : $4 = \dfrac{3}{2x - 1} - 1$	2) Déterminer le zéro de la fonction : $f(x) = \dfrac{-4}{3x - 7} + 2$
$$4 = \dfrac{3}{2x - 1} - 1 \ \text{(où } x \neq 0{,}5)$$ $$5 = \dfrac{3}{2x - 1}$$ $$5(2x - 1) = 3$$ $$10x - 5 = 3$$ $$10x = 8$$ $$x = 0{,}8$$	$$\dfrac{-4}{3x - 7} + 2 = 0 \left(\text{où } x \neq \dfrac{7}{3}\right)$$ $$\dfrac{-4}{3x - 7} = \text{-}2$$ $$\text{-}4 = \text{-}2(3x - 7)$$ $$2 = 3x - 7$$ $$9 = 3x$$ $$x = 3$$

RÉSOLUTION D'UNE INÉQUATION RATIONNELLE À UNE VARIABLE

Il est possible de résoudre une inéquation rationnelle à une variable de la façon suivante.

	Ex. : Résoudre : $\dfrac{6}{4 - x} \leq 5$
1. Substituer un symbole d'égalité au symbole d'inégalité de l'inéquation.	L'équation associée à l'inéquation $\dfrac{6}{4 - x} \leq 5$ est $\dfrac{6}{4 - x} = 5$.
2. Résoudre l'équation en tenant compte des restrictions.	$$\dfrac{6}{4 - x} = 5 \ \text{(où } x \neq 4)$$ $$6 = 5(4 - x)$$ $$6 = 20 - 5x$$ $$5x = 14$$ $$x = 2{,}8$$
3. Représenter les valeurs critiques sur une droite numérique par des points pleins ou vides selon le cas.	Puisque $x \neq 4$.
4. Déduire l'ensemble-solution de l'inéquation.	Sur la droite numérique, les nombres inférieurs ou égaux à 2,8 et supérieurs à 4 vérifient l'inéquation. L'ensemble-solution est : $$x \leq 2{,}8 \text{ et } x > 4.$$

1 Exprimez chacune des règles suivantes sous la forme $f(x) = \dfrac{a}{x - h} + k$.

a) $f(x) = \dfrac{3x + 8}{x - 2}$

b) $f(x) = \dfrac{4 - 2x}{1 - x}$

c) $f(x) = \dfrac{4x - 5}{3 - x}$

d) $f(x) = \dfrac{x + 1}{2x + 2}$

e) $f(x) = \dfrac{4x + 9}{9 - 4x}$

f) $f(x) = \dfrac{4 - x}{4x + 5}$

g) $f(x) = \dfrac{2x}{x - 7}$

h) $f(x) = \dfrac{7 - 8x}{3 + 4x}$

i) $f(x) = \dfrac{x - 9}{2 - x}$

2 Dans la représentation graphique de chacune des fonctions rationnelles ci-dessous, déterminez :

1) l'équation de l'asymptote horizontale ;
2) l'équation de l'asymptote verticale ;
3) les coordonnées du point d'intersection des asymptotes.

a) $f(x) = \dfrac{1}{x - 3} + 5$

b) $f(x) = \dfrac{3}{7x + 14} - 5$
   $7(x + 2)$

c) $f(x) = \dfrac{2x + 6}{3 - x}$
   $-x + 3$

3 Dans chaque cas, établissez la règle de la fonction rationnelle représentée.

a)
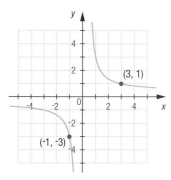

b)
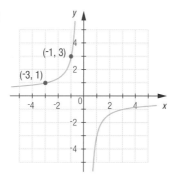

c)
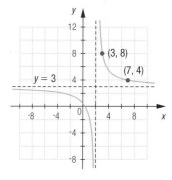

d)
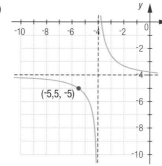

e)
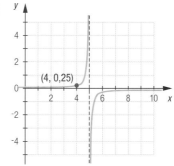

f)
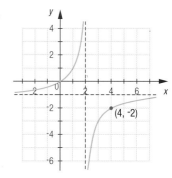

4 Représentez graphiquement chacune des fonctions suivantes en indiquant les équations des asymptotes.

a) $f(x) = \dfrac{-2}{x + 6} - 4$ b) $f(x) = \dfrac{3}{2(x - 2)} + 1$ c) $f(x) = \dfrac{-4}{5(x - 8)}$

d) $f(x) = \dfrac{2x + 1}{x - 5}$ e) $f(x) = \dfrac{7 - x}{3x - 2}$ f) $f(x) = \dfrac{14 - 8x}{9 - 3x}$

5 a) Déterminez la règle de la réciproque de chacune des fonctions suivantes.

1) $f(x) = \dfrac{-5}{3x - 12} + 3$ 2) $f(x) = \dfrac{1}{3x - 6} - 2$ 3) $f(x) = \dfrac{2x - 3}{x - 1}$

4) 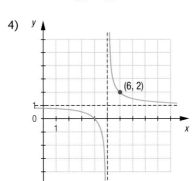   5) 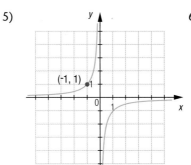   6)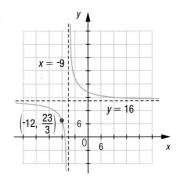

b) La réciproque d'une fonction rationnelle est toujours une fonction. De quel type de fonction s'agit-il?

6 Résolvez les équations suivantes.

a) $-9 = \dfrac{4}{3 - x} + 2$ b) $\dfrac{1}{2x + 5} - 6 = 17$ c) $2 = \dfrac{3}{2x + 6} - 5$

d) $\dfrac{3x + 8}{x - 5} = 10$ e) $7 = \dfrac{7x - 25}{x - 4}$ f) $\dfrac{2x + 2}{x} = 5$

g) $\dfrac{x}{3x - 7} = \dfrac{1}{2}$ h) $0,25 = \dfrac{2x - 5}{x + 1}$ i) $56 = \dfrac{3x}{2x + 2}$

7 Les fonctions f et g sont définies par les règles :

$$f(x) = \dfrac{-4}{x + 2} \qquad g(x) = \dfrac{3x}{2x + 4}$$

Établissez la règle de la fonction correspondant à :

a) $f + g$ b) $f \times g$ c) $f \div g$ d) $g - f$ e) $g \circ f$

8 Les fonctions f et g sont définies par les règles $f(x) = 2x^2 - 5x - 12$ et $g(x) = 2x + 3$. À quel type de fonction correspond :

a) $\dfrac{f}{g}$?   b) $\dfrac{g}{f}$?

9 Pour chacune des fonctions rationnelles ci-dessous, déterminez :

1) le domaine ; 2) le codomaine ; 3) le zéro ;

4) la variation ; 5) le signe.

a) $f(x) = \dfrac{-2}{x - 7}$

b) $f(x) = 5 - \dfrac{10}{3 - x}$

c) $f(x) = \dfrac{6x - 15}{2x - 8}$

d)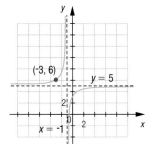

e)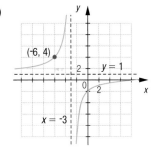

f)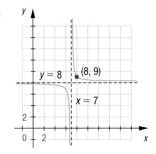

10 Résolvez les inéquations suivantes.

a) $7 > \dfrac{5}{8 - x} + 1$

b) $\dfrac{1}{4x + 1} < 10$

c) $5 \leq \dfrac{5}{9x + 2} - 4$

d) $4 \geq \dfrac{2x + 6}{8 - 3x}$

e) $\dfrac{3x + 2}{x} \leq 8$

f) $7 \leq \dfrac{4x + 1}{2x - 3}$

g) $18 < \dfrac{45}{18x + 6}$

h) $0,75 \geq \dfrac{2x + 8}{7x - 1}$

i) $\dfrac{7}{8} \leq \dfrac{2}{3x + 9}$

11 **LOI DE BOYLE-MARIOTTE** La loi de Boyle-Mariotte permet de décrire le comportement des gaz. Cette loi stipule qu'à une température constante, le volume d'un gaz est inversement proportionnel à sa pression. Au cours d'une expérience menée dans un environnement à une température constante, un gaz occupe un volume de 500 mL à une pression de 100 kPa. Dans le cadre de cette expérience :

a) représentez la courbe qui définit le volume de ce gaz selon sa pression ;

b) quel est le volume de ce gaz si la pression est de 85 kPa ?

c) établissez la règle qui donne la pression de ce gaz selon son volume ;

d) quelle est la pression de ce gaz si son volume est de 200 mL ?

En 1661, sir Robert Boyle, physicien et chimiste irlandais, a réalisé des expériences qui ont permis d'énoncer la loi de compressibilité des gaz. Cette loi a été revérifiée quelques années plus tard, en 1676, par le physicien français Edme Mariotte, qui y ajouta alors une restriction.

12 Dans le cadre d'une expérience, on mélange 15 mL de liquide A à 50 mL de liquide B afin de créer une réaction chimique. Par la suite, on y ajoute de façon continue du liquide A au rythme de 2 mL/min et du liquide B au rythme de 1 mL/min.

a) Déterminez la règle qui permet de calculer, selon le temps :

   1) le volume du liquide A ;

   2) le volume du liquide B ;

   3) le volume du mélange ;

   4) la concentration (en %) du liquide A dans ce mélange.

b) On observe une coloration rouge lorsque la concentration du liquide A excède 50 %. À quel moment observe-t-on cette réaction ?

13 La fréquence F (en MHz) d'un système résonant varie selon la règle $F = 14 + 0,001t$, où t représente le temps (en s). Simultanément, la largeur B (en kHz) de la bande passante du même système varie selon la règle $B = 10 - 0,1t$, où t varie de 0 à 100 s.

a) Pour chacune des deux fonctions, déterminez :

   1) le type de fonction dont il s'agit ;   2) la valeur initiale ;

   3) le zéro, s'il existe ;   4) la variation.

b) La règle $Q = \dfrac{F}{B}$ permet de déterminer le facteur de qualité Q d'un système résonant. Indiquez :

   1) le type de fonction dont il s'agit ;   2) la valeur initiale ;

   3) le zéro, s'il existe ;   4) la variation.

c) À quel moment a-t-on :

   1) $Q = 2,34$?   2) $Q < 2,34$?   3) $Q > 4$?   4) $2,34 < Q < 4$?

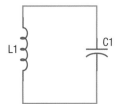

> Un circuit LC est un système résonant simple, constitué d'une bobine L et d'un condensateur C. Les circuits LC sont utilisés dans les filtres et les mélangeurs de fréquences.

14 À la première année de son inscription à un réseau d'agriculture soutenu par la communauté, une ferme compte 25 familles associées et ses coûts d'opération sont évalués à 16 250 $. Par la suite, le nombre de familles associées et les coûts d'opération ont augmenté à raison de 2 familles/année et de 800 $/année.

a) Établissez la règle qui permet de déterminer la répartition des coûts d'opération entre les familles associées selon le nombre d'années écoulées depuis l'inscription de la ferme au réseau.

b) Représentez graphiquement la règle établie en a).

c) La répartition des coûts d'opération augmente-t-elle ou diminue-t-elle ?

d) Vers quelle valeur tend la répartition des coûts d'opération ? Expliquez votre réponse.

15 Les fonctions *f* et *g* sont définies par les règles $f(x) = x + 5$ et $g(x) = {-0,5}x + 8$.

a) Complétez le tableau suivant.

	f	*g*	$\frac{f}{g}$	$\frac{g}{f}$
Valeur initiale	5	8	5/8	8/5
Zéro	-5	16	-5	16
Équation de l'asymptote horizontale			-2	-1/2
Équation de l'asymptote verticale			16	-5

b) Quelles conjectures pouvez-vous émettre quant aux liens existant entre les valeurs initiales de deux fonctions polynomiales de degré 1 et la valeur initiale de la fonction correspondant au quotient de ces deux fonctions?

c) Quelles conjectures pouvez-vous émettre quant aux liens existant entre les zéros de deux fonctions polynomiales de degré 1 et :

1) le zéro de la fonction correspondant au quotient de ces deux fonctions?

2) les asymptotes de la fonction correspondant au quotient de ces deux fonctions?

16 Voici des renseignements concernant la durée d'un cycle de stérilisation à l'autoclave.

- À une température de 121 °C, le cycle dure 15 min.

- À une température de 134 °C, le cycle dure 3 min.

- La durée d'un cycle de stérilisation est supérieure à 2 min.

D'après ces données, établissez la règle d'une fonction rationnelle pouvant servir à déterminer la durée d'un cycle de stérilisation selon la température.

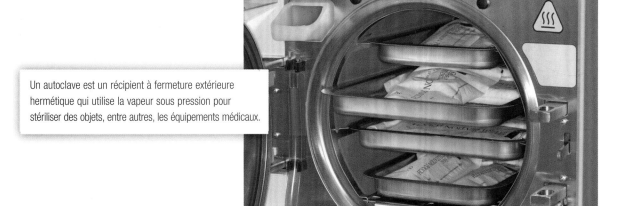

Un autoclave est un récipient à fermeture extérieure hermétique qui utilise la vapeur sous pression pour stériliser des objets, entre autres, les équipements médicaux.

17 Lors d'une expérience ayant pour objet la cristallisation d'un solide à partir d'une solution aqueuse, on fait varier simultanément la température et la concentration de la solution. Voici des renseignements à propos de cette expérience :

- la température initiale de la solution est de 20 °C ;

- la concentration initiale de la solution est de 1 mol/L ;

- la température diminue de 1 °C/min ;

- la concentration augmente de 1,5 mol/L/min ;

- les cristaux se forment lorsque le rapport $\frac{\text{concentration}}{\text{température}}$ est inférieur à 1,5 mol/L/°C.

Les cristaux sont des solides caractérisés par une disposition régulière de leurs constituants en réseaux à trois dimensions. La cristallisation est le phénomène par lequel un corps, solide, liquide ou gazeux, se transforme en cristaux.

a) Représentez graphiquement la variation du rapport $\frac{\text{concentration}}{\text{température}}$ en fonction du temps.

b) À quel moment voit-on les cristaux apparaître ?

18 Lorsqu'une onde se propage dans un milieu à une vitesse constante, sa vitesse de propagation (en m/s) s'obtient en multipliant sa fréquence (en Hz) par sa longueur d'onde (en m).

a) Sachant que le rayonnement électromagnétique se propage à la vitesse de la lumière, soit 3×10^8 m/s, établissez la règle qui permet de calculer la longueur d'une onde d'après sa fréquence.

b) Si l'élément rayonnant d'une antenne de transmission doit avoir une longueur équivalant à 23,75 % de la longueur de l'onde pour laquelle cette antenne est conçue, calculez la longueur de l'élément rayonnant d'une antenne prévue pour transmettre à une fréquence de :

1) 14,040 MHz   2) 10,106 MHz   3) 146,7 MHz

19 De 2004 à 2008, le produit intérieur brut (PIB) d'un pays est passé de 1275 milliards de dollars à 1400 milliards de dollars et la population est passée de 33 millions à 34,3 millions d'habitants. Les économistes et les démographes estiment que :

- le PIB continuera à progresser au même rythme selon une tendance linéaire ;

- la population continuera à progresser au même rythme selon une tendance linéaire.

a) Établissez la règle qui permet, de 2004 à 2020, de calculer le PIB par habitant selon le temps (en années).

b) Représentez graphiquement la règle établie en a).

c) Le PIB par habitant est-il croissant ou décroissant ?

d) Le PIB par habitant tend-il à se stabiliser ? Si oui, vers quelle valeur ?

Le PIB par habitant sert à mesurer le développement d'un pays. Il ne tient toutefois pas compte des inégalités de richesse au sein de la population.

20 Un bioréacteur expérimental est originalement constitué de 5 unités et d'une pompe à dioxyde de carbone. La propagation des algues microscopiques fait en sorte que 3 unités et 1 pompe sont ajoutées chaque mois au système. Pour que le système puisse fonctionner, il faut que le rapport $\dfrac{\text{nombre d'unités}}{\text{nombre de pompes}}$ soit d'au moins 3,2.

a) Si x représente le temps (en mois), déterminez la règle qui permet de calculer :

    1) le nombre U d'unités ;

    2) le nombre P de pompes ;

    3) le rapport R du nombre d'unités au nombre de pompes.

b) Quel est le domaine de la fonction associée à R ?

c) Quelle est la valeur initiale de la fonction associée à R ?

d) Quel est le codomaine de la fonction associée à R ?

e) Qu'advient-il de la valeur de R lorsque celle de la variable indépendante augmente ?

f) Dans ces conditions, à quel moment le système cesse-t-il de fonctionner ?

Un bioréacteur sert à la bioconversion de molécules d'intérêt. Certaines technologies visent à convertir le CO_2 atmosphérique en biocarburant à partir d'algues propagées dans des bioréacteurs.

21 La fabrication d'un nouveau type de micropuce engendre un coût de production initial de 500 $. Par la suite, un coût de 2,35 $ pour chaque puce fabriquée s'ajoute au coût de production total.

a) Établissez la règle qui donne le coût C de production d'une puce selon le nombre n de puces fabriquées.

b) Vers quelle valeur tend C lorsque celle de n augmente de plus en plus ?

c) Quelle quantité minimale de puces faut-il fabriquer pour que le coût unitaire de production soit inférieur à 3 $?

Silicon Valley est une région située près de San Francisco où l'on trouve un très grand nombre d'entreprises de haute technologie. Cette région a été nommée ainsi au début des années 1970, lorsque des entreprises d'informatique et d'électronique ont commencé à s'y implanter. Le terme anglais *silicon* désigne le silicium, un élément servant à la fabrication des puces électroniques.

22 Le temps (en min) de dissolution d'un solide en fonction de la température (en °C) peut s'exprimer à l'aide d'une règle de la forme $f(x) = \dfrac{a}{x - h}$. Sachant qu'à une température de 0 °C, le solide se dissout en 25 min et qu'à une température de 20 °C, il se dissout en 13 min :

a) établissez la règle qui permet de calculer le temps de dissolution du solide selon la température ;

b) indiquez les températures auxquelles le solide se dissout en :

    1) 5 min ;   2) moins de 10 min ;   3) plus de 30 min.

Chronique du passé

La famille Bernoulli

Leur vie

La famille Bernoulli est à l'origine de plusieurs découvertes dans les domaines de la mathématique et de la physique au cours du XVIIe et du XVIIIe siècle. Huit membres de cette famille ont contribué à l'avancement des mathématiques. L'arbre généalogique ci-dessous montre les liens entre différents membres de cette famille.

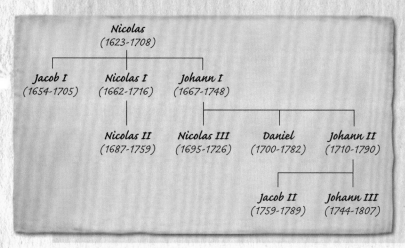

Nicolas
(1623-1708)

Jacob I
(1654-1705)

Nicolas I
(1662-1716)

Johann I
(1667-1748)

Nicolas II
(1687-1759)

Nicolas III
(1695-1726)

Daniel
(1700-1782)

Johann II
(1710-1790)

Jacob II
(1759-1789)

Johann III
(1744-1807)

Les deux premiers à s'intéresser aux mathématiques ont été les frères Jacob I et Johann I. Quelques années plus tard, Nicolas II rejoint ses oncles à l'Université de Bâle et collabore principalement avec Jacob I. Nicolas III, Daniel et Johann II deviennent eux aussi mathématiciens. Les deux fils de Johann II suivent également les traces de leur père. L'apport de certains d'entre eux est modeste, tandis que d'autres ont élaboré des travaux dans les domaines de l'analyse, de la probabilité et de l'arithmétique.

Les polynômes de Bernoulli

Les polynômes de Bernoulli prennent leur origine dans l'un des ouvrages de Jacob I intitulé *Ars Conjectandi*, œuvre qui sera publiée huit ans après sa mort par Nicolas II. Ces polynômes sont particulièrement utiles en théorie des nombres. Voici les premiers polynômes de Bernoulli :

$$B_0(x) = 1$$

$$B_1(x) = x - \frac{1}{2}$$

$$B_2(x) = x^2 - x + \frac{1}{6}$$

$$B_3(x) = x^3 - \frac{3}{2}x^2 + \frac{1}{2}x$$

$$B_4(x) = x^4 - 2x^3 + x^2 - \frac{1}{30}$$

$$B_5(x) = x^5 - \frac{5}{2}x^4 + \frac{5}{3}x^3 - \frac{1}{6}x$$

$$B_6(x) = x^6 - 3x^5 + \frac{5}{2}x^4 - \frac{1}{2}x^2 + \frac{1}{42}$$

Jacob I Bernoulli a été l'un des premiers à comprendre et à appliquer le calcul différentiel et le calcul intégral proposés par Leibniz. Il est aussi l'auteur d'importants travaux sur les séries. En 1699, grâce à ses travaux et à ses découvertes, il a été nommé membre associé de l'Académie des sciences de Paris.

Après la découverte des polynômes de Bernoulli, on a appelé « nombres de Bernoulli » les nombres obtenus à partir de ces polynômes lorsque $x = 0$. Ces nombres sont utilisés, entre autres, en arithmétique, en probabilité et en analyse.

Le principe de Bernoulli

Daniel Bernoulli a terminé ses études universitaires en médecine, mais il a préféré s'orienter vers la physique et les mathématiques. En 1738, il publie *Hydrodynamica*, une œuvre dans laquelle il expose un théorème fondamental de la mécanique des fluides. Le principe de Bernoulli statue que lors de l'écoulement d'un fluide, une accélération se produit simultanément avec la diminution de la pression. À la suite de ces découvertes, les médecins ont pu déterminer la pression sanguine d'une personne en introduisant un cylindre dans l'une de ses artères.

Pour un liquide de type A qui s'écoule dans une conduite donnée, sa vitesse d'écoulement V (en m/s) est donnée par la règle $V = 0{,}45 \sqrt{300 - p}$, où p est la pression (en kPa) exercée sur ce liquide.

Les ondes sonores

Daniel Bernoulli a également travaillé sur les ondes sonores. D'après ses travaux, il est possible de calculer la fréquence F (en Hz) d'une onde sonore qui se déplace dans un tuyau donné à l'aide de la règle $F = \frac{3v}{2l}$, où l correspond à la longueur (en m) du tuyau et v, à la vitesse (en m/s) de l'onde sonore.

Le principe de Bernoulli a été appliqué pour optimiser la forme des ailes d'un avion : la pression de l'air sur la surface supérieure des ailes est moindre que celle qui est exercée sur sa surface inférieure. La différence de pression qui en résulte est à l'origine de la poussée ascendante qui maintient l'avion en vol.

1. Déterminez le polynôme obtenu en effectuant $B_2(B_1(x))$.

2. D'après le principe de Bernoulli, quelle est la vitesse du liquide de type A si la pression exercée sur ce liquide est de :

   a) 87 kPa ?   b) 108 kPa ?   c) 185 kPa ?

3. D'après le principe de Bernoulli, quelle est la pression exercée sur le liquide de type A si sa vitesse est de :

   a) 6,5 m/s ?   b) 5,2 m/s ?   c) 2 m/s ?

4. Une onde sonore se déplace dans un tuyau à une vitesse de 325 m/s. Déterminez sa fréquence si la longueur du tuyau est de :

   a) 2,58 m   b) 1,75 m   c) 0,6 m

5. Démontrez algébriquement que, pour produire un son de fréquence deux fois plus élevée qu'un son donné, il faut un tuyau deux fois plus court.

Le monde du travail

Les spécialistes de la géothermie

La profession

La géothermie est la science qui étudie les variations de chaleur dans le sol et les techniques d'exploitation de cette chaleur. Des connaissances en génie mécanique et en géologie sont particulièrement utiles pour travailler dans ce domaine. Le principal défi du ou de la spécialiste de la géothermie est de réussir à récupérer et à transformer à moindre coût l'énergie thermique enfouie profondément dans le sol.

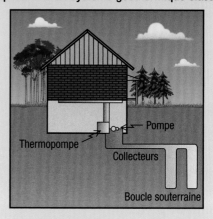

Composants d'un système géothermique classique

Pompe

Thermopompe

Collecteurs

Boucle souterraine

Histoire de l'énergie géothermique

L'énergie géothermique est employée depuis de nombreux siècles sous différentes formes. Il y a quelques millénaires, les Chinois utilisaient des sources thermales pour se baigner ou se réchauffer. Plus tard, la civilisation romaine a perfectionné cet art pour en faire des bains thérapeutiques. Les premières utilisations mécaniques de la vapeur issue des entrailles de la Terre ont vu le jour vers 1800 alors que l'on forait des puits dans le sol pour récupérer la vapeur d'eau chaude afin d'actionner des moteurs qui permettaient de faire fonctionner des machines. Aujourd'hui, l'exploitation de cette source d'énergie verte et renouvelable est en plein essor et se raffine.

Spécialisation en géothermie peu profonde

Le ou la spécialiste de la géothermie peu profonde s'intéresse à l'activité thermique située à quelques centaines de mètres au-dessous de la surface terrestre. Ce type de géothermie est principalement utilisé pour le chauffage et la climatisation, tant dans le secteur résidentiel que dans le secteur commercial. Dans ce cas, un système géothermique fait circuler un liquide dans des tuyaux souterrains afin de capter la chaleur et l'acheminer vers une thermopompe qui utilise l'énergie géothermique captée par le liquide pour réchauffer ou refroidir un immeuble, selon les besoins. Le graphique ci-contre montre la température d'un tel liquide qui circule dans une installation géothermique.

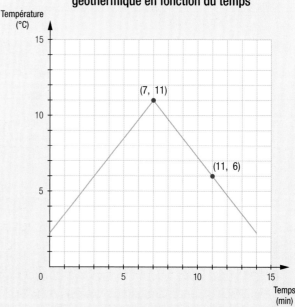

Graphique ①

Température d'un liquide dans une installation géothermique en fonction du temps

C'est le ou la spécialiste de la géothermie qui évalue la profondeur nécessaire des puits géothermiques et choisit le système de pompes le mieux adapté à la situation. Il ou elle doit également effectuer des analyses souterraines afin de déterminer la quantité de chaleur disponible à un endroit donné, d'évaluer les coûts du forage des puits et de calculer le nombre de puits à creuser selon les besoins énergétiques à combler.

Le graphique ci-contre donne des renseignements sur le coût de forage d'un puits géothermique.

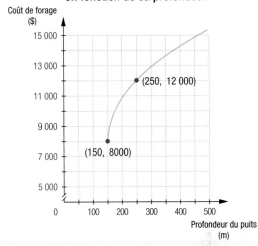

Graphique ②
Coût de forage d'un puits géothermique en fonction de sa profondeur

Étant donné ses importantes ressources naturelles en énergie géothermique, l'Islande exploite de nombreuses centrales qui produisent de l'électricité et chauffent des maisons.

Spécialisation en géothermie très profonde

Le ou la spécialiste de la géothermie très profonde s'intéresse à l'activité thermique située à plus de 1500 m au-dessous de la surface de la Terre. À cette profondeur, la température de l'eau ou de la vapeur d'eau peut être de 80 à 300 °C. Ce type de géothermie est principalement utilisé pour la production d'électricité dans des centrales dont les turbines sont actionnées par la vapeur d'eau.

Le rôle du ou de la spécialiste de la géothermie très profonde consiste à évaluer le nombre de forages en fonction de la superficie du site, à dresser la cartographie du sol et à évaluer le potentiel énergétique exploitable par une centrale électrique.

1. La production de chaleur dans une installation géothermique peu profonde est maximale lorsque la température du liquide est au moins de 8 °C. D'après le graphique ①, pendant combien de temps la production est-elle maximale ?

2. D'après le graphique ②, calculez le coût du forage d'un puits de 550 m de profondeur.

3. Une centrale géothermique exploite présentement 4 puits pour une production d'électricité totale de 10 MW. La centrale veut augmenter sa production. Chaque puits additionnel générera 3 MW.

a) Exprimez à l'aide d'une règle la production moyenne par puits en fonction du nombre de nouveaux puits forés.

b) Déterminez le nombre de nouveaux puits forés si la production moyenne par puits est de 2,9 MW.

1 Représentez graphiquement chacune des fonctions suivantes.

a) $f(x) = 3\sqrt{2x - 4} + 9$

b) $f(x) = -2|5 - x| + 1$

c) $f(x) = \dfrac{-5}{2x + 4} - 5$

d) $f(x) = \dfrac{2x + 5}{x - 8}$

e) $f(x) = 7|x + 8| - 5$

f) $f(x) = \dfrac{4}{6 - x} + 2$

g) $f(x) = 3|2x + 8| - 5$

h) $f(x) = \sqrt{5 - 7x} + 1$

i) $f(x) = 2\sqrt{4(x - 3)} + 5$

2 Résolvez chacune des équations suivantes.

a) $3\sqrt{2x - 4} + 1 = 7$

b) $-2|x + 2| - 5 = 8$

c) $\dfrac{2}{x - 76} = 1$

d) $7|x| + 8 = 0$

e) $-5\sqrt{x + 2} = -8$

f) $\dfrac{2 - x}{2x - 1} = 9$

g) $-6\sqrt{-x} = 36$

h) $3|2 - x| = 5$

i) $2\sqrt{3 - x} + 4 = 16$

j) $\dfrac{3x - 4}{x + 3} = 5$

k) $|3 - x| + 2 = 2$

l) $\dfrac{x - 5}{x^2 - 10x + 25} = \dfrac{1}{5}$

3 Résolvez chacune des inéquations suivantes.

a) $7 > 3|2 - x| - 2$

b) $5 > \dfrac{2}{3 - x} + 7$

c) $-4 < -\sqrt{7 - 7x} + 2$

d) $10 < -2|x - 5|$

e) $\sqrt{3 - x} + 7 \geq 10$

f) $0 < \dfrac{2x - 3}{x - 1}$

g) $0 \geq \dfrac{3}{x - 2} + 1$

h) $\dfrac{3}{x + 2} < 0$

i) $2|x + 2| - 9 \geq 0$

j) $2 > -\sqrt{-x}$

k) $-\sqrt{x - 5} + 1 \geq 8$

l) $6|x - 2| + 4 \leq 0$

4 La vitesse V (en m/s) d'un mobile en mouvement est donnée par la règle $V = -12\sqrt{5t} + 60$, où t représente le temps (en s).

a) Quelle est la vitesse initiale du mobile?

b) À quel moment le mobile s'immobilise-t-il?

c) Déterminez l'intervalle de temps sur lequel la vitesse du mobile est inférieure à 30 m/s.

d) Quelle modification doit-on apporter à la règle pour décrire une situation dans laquelle le mobile s'immobilise à 20 s si cette règle est de la forme:

1) $V = -12\sqrt{5t} + k$?

2) $V = a\sqrt{5t} + 60$?

La vitesse maximale des trains à grande vitesse en service commercial est de 300 km/h, mais des pointes d'environ 600 km/h ont déjà été enregistrées lors de tests.

5 Déterminez la règle de chacune des fonctions suivantes.

a)

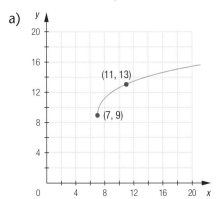

b)

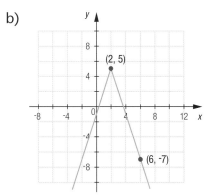

c)

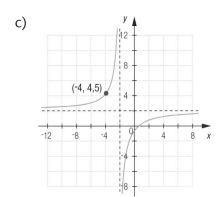

d)

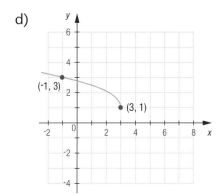

e)

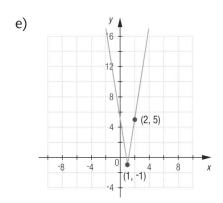

f)

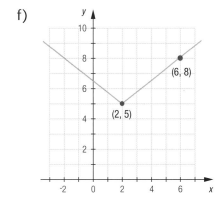

g)

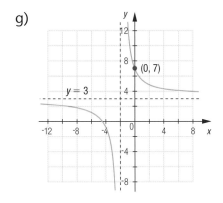

h)

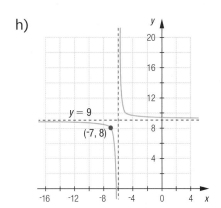

6 Au cours de la production d'un alliage, la température T (en °C) du métal en fusion varie selon la règle $T = \dfrac{1000x}{40 + x}$, où x correspond au temps (en min). Quelle est la température maximale du métal en fusion? Expliquez votre réponse.

7 **VITESSE ORBITALE** La vitesse V (en m/s) d'un satellite qui gravite sur son orbite autour de la Terre est donnée par la règle $V = \sqrt{\dfrac{6{,}67 \times 10^{-11} \times M}{R}}$, où M représente la masse (en kg) de la Terre et R, le rayon (en m) de l'orbite du satellite.

a) Calculez la masse de la Terre, sachant que le rayon de l'orbite d'un satellite est de 381 240 km et que sa vitesse moyenne est de 1022 m/s.

b) Sachant que le rayon de l'orbite de la Station spatiale internationale est de 6732 km, calculez:

1) sa vitesse;

2) le temps nécessaire pour qu'elle effectue un tour complet de son orbite.

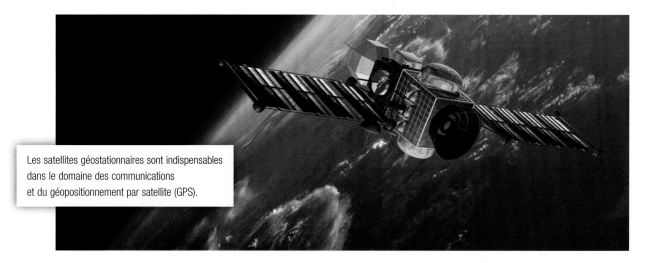

Les satellites géostationnaires sont indispensables dans le domaine des communications et du géopositionnement par satellite (GPS).

8 Dans un laboratoire, on modifie la concentration d'un réactif dans une solution, puis on note le temps nécessaire à la solution pour changer de couleur. Le tableau ci-dessous présente les résultats de cette expérience.

a) Déterminez la règle de la fonction qui permet de calculer le temps de réaction en fonction de la concentration du réactif.

b) Quelle est la concentration du réactif si le temps de réaction est de 6,25 s?

c) Pour quelles concentrations le temps de réaction est-il inférieur à 3,75 s?

Expérience en laboratoire

Concentration du réactif (mol/L)	Temps de réaction (s)
0,001	60
0,002	30
0,003	20
0,004	15
0,005	12
0,006	10
0,01	6

9 **LOI D'OHM** Différentes relations existent entre la puissance P (en W), l'intensité I (en A), la résistance R (en Ω) et la tension U (en V) d'un circuit à courant continu. Par exemple, la puissance correspond au produit de la tension par l'intensité, tandis que la tension est égale au produit de la résistance par l'intensité.

a) Calculez :

1) la résistance d'un circuit si la puissance est inférieure à 0,0001 W et la tension est de 1,5 V ;

2) la puissance d'un circuit si la résistance est de 100 Ω et la tension, de 13,5 V.

b) Vers quelle valeur l'intensité d'un courant continu tend-elle si sa résistance se rapproche de 0 ?

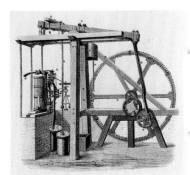

L'unité de puissance mécanique ou électrique appelée « watt » a été ainsi nommée en l'honneur de l'ingénieur britannique James Watt (1736-1819), pour ses travaux sur la machine à vapeur.

10 **NOMBRE D'ATWOOD** Le nombre d'Atwood est utilisé pour caractériser l'instabilité hydrodynamique de certains fluides. Dans une situation où deux fluides sont mélangés, le nombre d'Atwood A est donné par la règle $A = \dfrac{\rho_1 - \rho_2}{\rho_1 + \rho_2}$, où ρ_1 représente la masse volumique (en g/cm^3) du fluide le plus lourd et ρ_2, celle du fluide le moins lourd.

Dans une situation où la masse volumique du fluide le plus lourd est de 3 g/cm^3 :

a) déterminez la règle de la fonction qui permet de calculer le nombre d'Atwood selon la masse volumique du fluide le moins lourd ;

b) quelle est la masse volumique du fluide le moins lourd si le nombre d'Atwood est 0 ?

c) vers quelle valeur tend le nombre d'Atwood lorsque la masse volumique du fluide le moins lourd se rapproche de 0 ?

L'étude de l'instabilité des fluides sert, entre autres, à l'étude des nuages interstellaires.

11 Les règles des fonctions f et g sont $f(x) = x^2 - 1$ et $g(x) = x - 1$.

a) Déterminez la règle de la fonction qui correspond à $\dfrac{f}{g}$.

b) Représentez graphiquement la fonction qui correspond à $\dfrac{f}{g}$.

12 Les règles des fonctions *f* et *g* sont $f(x) = \sqrt{x}$ et $g(x) = \frac{1}{x}$. Démontrez algébriquement que $f \times g = g \circ f$.

13 Voici la règle d'une fonction définie par parties :

$$f(x) = \begin{cases} \dfrac{-1}{x+5} + 2 & \text{si } x \in \left]-\infty, -4\right] \\ -\sqrt{x+4} + 1 & \text{si } x \in [-4, 5] \\ 1,5|x-5| - 2 & \text{si } x \in [5, +\infty[\end{cases}$$

Pour la fonction *f*, déterminez :

a) le domaine ; $\mathbb{R} \setminus \{-5\}$ b) le codomaine ; $\mathbb{R}$ c) la valeur initiale ; -1

d) les zéros ; $-4,5 / -3 / 6,\overline{3}$ e) le signe ; $\oplus \left]-\infty, -5\right[\cup [-4, 5\cdot\overline{3}]$ f) la variation. $\nearrow \left]-\infty, -5\right[\cup \left]-5, -4\right]$
$\cup [6,\overline{3} +\infty[$ $\cup [5, +\infty[$
$\ominus \left]-5, -4,5\right] \cup [-3, 6,\overline{3}]$ $\searrow [-4, 5]$

14 Les règles des fonctions *f* et *g* sont :

$$f(x) = \frac{x-1}{2x-3} \qquad g(x) = \frac{3x-1}{6x-9}$$

a) Établissez la règle de la fonction qui correspond à $f + g$.

b) Déterminez les équations des asymptotes de la fonction qui correspond à $f + g$.

15 La vitesse *V* (en m/s) du son dans l'air varie selon la règle $V = 331,3\sqrt{1 + \dfrac{T}{273,15}}$, où *T* représente la température (en °C) de l'air.

a) Quelle est la vitesse du son si la température de l'air est de :

1) -20 °C ?   2) -10 °C ?   3) 0 °C ?   4) 25 °C ?

b) Quelle est la température de l'air si une personne qui se trouve à 5131 m d'une détonation l'entend :

1) 15 s après la détonation ?   2) 16 s après la détonation ?

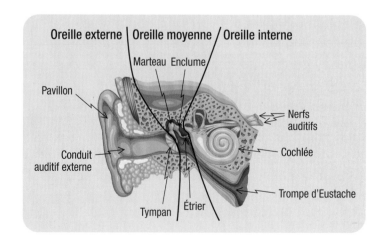

La quinzaine de composants principaux de l'oreille humaine sont répartis dans trois parties anatomiques distinctes : l'oreille externe, l'oreille moyenne et l'oreille interne.

16 Lors d'une expérience de chimie, on mélange 6 g de soluté à 800 mL de solvant. Par la suite, les quantités de soluté et de solvant augmentent de façon continue au rythme de 1,7 g/min pour le soluté et au rythme de 50 mL/min pour le solvant.

a) Représentez graphiquement la fonction qui permet de calculer la concentration (en g/L) de la substance B dans la solution selon le temps.

b) À quel type de fonction correspond cette situation?

c) Expliquez s'il est possible que la concentration de la substance B dans la solution atteigne:

   1) 8,5 g/L   2) 17 g/L   3) 34 g/L

d) À quel moment la concentration est-elle de 7,5 g/L?

17 On utilise une solution de persulfate d'ammonium pour graver un circuit imprimé sur une plaque de cuivre. La règle $Q = \dfrac{5x + 150}{x + 5}$ donne la quantité Q (en g) de cuivre sur la plaque selon le temps x (en min).

a) À quel moment la quantité de cuivre sur la plaque correspond-elle à:

   1) la moitié de la quantité initiale?

   2) 25 % de la quantité initiale?

b) Vers quelle valeur tend la quantité de cuivre au fur et à mesure que le temps passe?

18 **CLAIRANCE SANGUINE** La clairance sanguine S (en mL/min) d'un médicament par le foie d'un patient peut être calculée à l'aide de la règle $S = 1500\dfrac{C_A - C_V}{C_A}$, où C_A correspond à la concentration du médicament à l'entrée de l'organe et C_V, à la concentration du médicament à la sortie de l'organe.

a) Quelle est la clairance sanguine d'un médicament par le foie de ce patient si sa concentration à la sortie du foie correspond:

   1) à la moitié de sa concentration à l'entrée?

   2) au tiers de sa concentration à l'entrée?

   3) au huitième de sa concentration à l'entrée?

b) Quelle doit être la concentration d'un médicament à la sortie du foie de ce patient pour que la clairance sanguine de cet organe soit maximale?

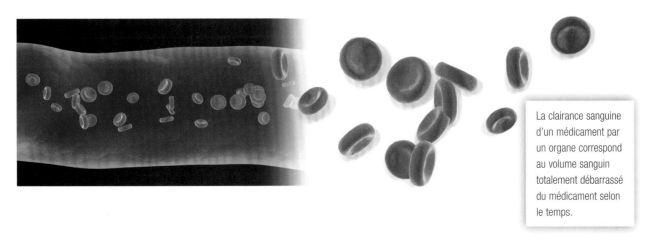

La clairance sanguine d'un médicament par un organe correspond au volume sanguin totalement débarrassé du médicament selon le temps.

19 On laisse tomber un objet d'une hauteur de 3 m, puis on le photographie au moment précis où il touche le sol. La hauteur H (en m) de l'objet est donnée par la règle $H = -4,91t^2 + 3$, où t est le temps écoulé (en s).

a) Déterminez la règle de la fonction qui permet de calculer le temps écoulé en fonction de la hauteur de l'objet.

b) À quel moment le photographe doit-il déclencher l'obturateur de son appareil?

La photographie à haute fréquence est une technique qui permet, entre autres, de capturer l'image des objets qui se déplacent très rapidement.

20 La courbe de la fonction g est symétrique à la courbe de la fonction f dont la règle est $f(x) = a\sqrt{b(x - h)} + k$. Déterminez la règle de la fonction g, si l'équation de l'axe de symétrie est:

a) $y = k$ b) $x = h$

21 La turbine principale d'une centrale hydroélectrique produit 350 MW d'électricité, tandis que chacune des x autres turbines de cette centrale produit 250 MW d'électricité.

a) Déterminez la règle de la fonction qui permet de calculer la production moyenne d'électricité par turbine de cette centrale en fonction du nombre de turbines.

b) En tenant compte du contexte, expliquez ce que représente l'asymptote horizontale de cette fonction.

c) Quelle est la règle de la fonction qui permet de calculer la production moyenne d'électricité par turbine de cette centrale en fonction du nombre de turbines sachant que:

1) la production d'électricité de la turbine principale est diminuée de 10%?

2) la turbine principale ne fonctionne pas?

Le barrage hydroélectrique Robert-Bourassa, situé à la Baie-James, est le plus important site de production d'énergie de l'Amérique du Nord. Il a la hauteur d'un immeuble de 53 étages. L'escalier géant construit pour freiner la vitesse de l'eau comporte 10 marches qui équivalent chacune à 2 terrains de football.

22 La règle $f(x) = 25\sqrt{16 - x}$ donne l'épaisseur (en cm) de la neige sur le toit d'un immeuble selon le nombre x de jours écoulés depuis le 21 mars.

a) Quelle est l'épaisseur de la neige le 21 mars?

b) À quel moment:

1) l'épaisseur de la neige sera-t-elle réduite de moitié?

2) la neige aura-t-elle complètement fondu?

23 **ÉPAISSEUR SÉCURITAIRE DE LA GLACE** Le tableau ci-dessous fournit des renseignements sur la charge que peut supporter une surface gelée. Ces données sont valides lorsque la température est inférieure à -5 °C.

Épaisseur sécuritaire de la glace

Description de la charge	Épaisseur minimale de la glace formée à partir d'eau douce (cm)	Épaisseur minimale de la glace formée à partir d'eau salée (cm)
Une personne	8	13
Véhicule de 0,4 tonne	10	18
Véhicule de 2 tonnes	25	40
Véhicule de 10 tonnes	43	66
Avion de 13 tonnes	61	102

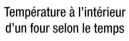

Le graphique ci-dessous illustre l'évolution simultanée de l'épaisseur de la glace de deux surfaces gelées sur une période de 100 jours.

a) Pendant combien de temps la surface de glace formée à partir d'eau douce peut-elle supporter :

   1) au moins une personne ?

   2) au moins un véhicule de 2 tonnes ?

   3) au moins un avion de 13 tonnes ?

b) Pendant combien de temps la surface de glace formée à partir d'eau salée peut-elle supporter :

   1) au moins un véhicule de 0,4 tonne ?

   2) au moins un véhicule de 10 tonnes ?

   3) au moins un avion de 13 tonnes ?

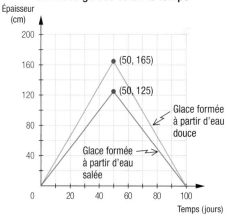

Épaisseur de la glace de deux surfaces gelées selon le temps

24 Le graphique ci-contre présente l'évolution de la température à l'intérieur d'un four. Voici des renseignements à propos de cette fonction définie par parties.

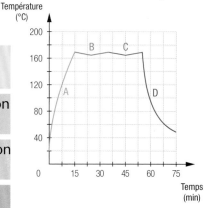

Température à l'intérieur d'un four selon le temps

- La partie A est définie par la règle $T = 10\sqrt{15x} + 20$, où $0 < x \leq 15$.

- La partie B, où $15 \leq x \leq 35$, correspond à une fonction valeur absolue dont le minimum est 165 °C.

- La partie C, où $35 \leq x \leq 55$, correspond à une fonction valeur absolue dont le minimum est 165 °C.

- La partie D est définie par la règle $T = \dfrac{750}{x - 50} + 20$, où $55 \leq x \leq 75$.

Pendant combien de temps la température du four est-elle :

a) supérieure à 150 °C ?

b) supérieure à 168 °C ?

c) comprise entre 125 °C et 140 °C ?

banque de problèmes

1 La concentration c (en mol/L) d'une substance donnée dans une solution se calcule à l'aide de la formule $c = \dfrac{n}{v}$, où n représente la quantité (en mol) de substance présente dans la solution, et v, le volume (en L) de la solution. Voici quelques renseignements sur deux solutions différentes :

Solution A

- Concentration de substance X : 5 mol/L
- Quantité disponible : illimitée

Solution B

- Volume initial : 100 mL
- Quantité initiale de substance X : 0,2 mol

Une chimiste veut augmenter graduellement la concentration de substance X dans la solution **B**, jusqu'à 4,8 mol/L exactement. Pour ce faire, elle verse à intervalles réguliers une certaine quantité fixe de solution **A** dans la solution **B**. Étant donné le caractère instable du mélange, la chimiste ne peut pas ajouter plus d'une demi-mole de substance X à la fois dans la solution **B**. La concentration voulue doit être obtenue au moins 30 min et au plus 35 min après avoir commencé à verser. Expliquez à cette chimiste comment elle pourrait procéder afin d'atteindre son objectif.

2 Des chercheurs étudient la migration de deux groupes d'oiseaux à l'aide de balises radio qu'ils installent sur quelques spécimens. La distance D (en km) parcourue par les oiseaux du groupe A est donnée par la règle $D = 90\sqrt{2t}$, tandis que celle parcourue par les oiseaux du groupe B est donnée par la règle $D = \dfrac{9000t}{9t + 50}$, où t représente le temps (en jours) écoulé depuis l'installation des balises. À quel moment la distance parcourue par le groupe d'oiseaux A est-elle identique à celle parcourue par le groupe d'oiseaux B ?

À l'automne, les oies blanches quittent le Grand Nord pour migrer vers la côte de l'Atlantique. Durant leur périple, elles séjournent le long de l'estuaire du Saint-Laurent. Elles fréquentent aussi les abords de la rivière Richelieu et du lac Champlain.

3 PHARMACOCINÉTIQUE La pharmacocinétique étudie la façon dont l'organisme absorbe, distribue, métabolise et excrète un médicament. Pour une fonction représentée dans le 1er quadrant, on appelle «aire sous la courbe» l'aire de la région située au-dessous de la courbe. L'aire sous la courbe associée à cette fonction permet de déterminer l'exposition totale à un médicament sur une période donnée. La règle $C = \frac{-20|t - 15|}{3} + 100$ donne la concentration plasmatique C (en ppm) d'un médicament expérimental selon le temps t (en h) écoulé depuis la prise du médicament. Quelle est l'exposition totale à ce médicament pour les 24 h suivant la prise du médicament?

4 Une personne entreprend un programme d'entraînement physique. Depuis le début du programme d'entraînement, la relation entre le temps x (en jours) et la masse corporelle M (en kg) de cette personne est donnée par la règle $M = \frac{4800 + 70x}{x + 60}$. Une diététiste affirme que cette personne ne peut pas perdre plus de 15 % de sa masse corporelle à la suite de ce programme d'entraînement. A-t-elle raison? Expliquez votre réponse.

5 Le prix P (en $) des panneaux solaires fabriqués par une entreprise varie selon la règle $P = 36x + 500$, où x représente la puissance (en watts) du panneau. À l'aide d'une fonction rationnelle, apportez un argument publicitaire pour expliquer pourquoi il est financièrement préférable d'utiliser le panneau qui a la plus forte puissance.

6 Le graphique ci-dessous indique l'heure du lever du soleil et l'heure du coucher du soleil dans une ville d'Amérique du Nord selon le nombre de mois écoulés depuis le 1er janvier. Informez les lecteurs d'une revue scientifique sur la durée du jour selon le nombre de mois écoulés depuis le 1er janvier.

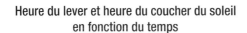

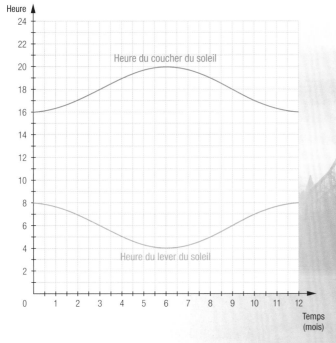

7 **FRICTION DE L'AIR** La friction de l'air sur un mobile varie selon la vitesse du mobile. Par exemple, il est possible de calculer la vitesse v (en m/s) d'un mobile en fonction de la friction F (en N) de l'air à l'aide de la règle $v = \sqrt{\dfrac{-2F}{1{,}293}}$. Quelle est la règle de la fonction qui permet de calculer la friction F de l'air en fonction de la vitesse v du mobile?

8 La figure suivante a été obtenue en traçant les courbes de deux fonctions valeur absolue et d'une fonction polynomiale de degré 0.

Démontrez algébriquement que la région verte et la région jaune ont la même aire.

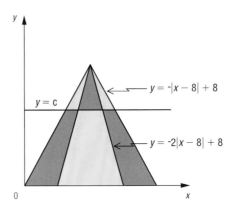

$y = -|x - 8| + 8$

$y = c$

$y = -2|x - 8| + 8$

9 Le tableau suivant indique le niveau d'eau dans deux réservoirs d'une écluse situés côte à côte. À quels moments le niveau d'eau est-il le même dans les deux réservoirs de l'écluse?

Niveau d'eau dans deux réservoirs d'une écluse

Temps (min)	Niveau d'eau du réservoir A (m)	Niveau d'eau du réservoir B (m)
0	3,125	20,75
1	6,25	17,625
2	9,375	14,5
3	12,5	11,375
4	15,625	8,25
5	18,75	5,125
6	21,875	2
7	25	5,125
8	21,875	8,25
9	18,75	11,375
10	15,625	14,5
11	12,5	17,625
12	9,375	20,75
13	6,25	23,875
14	3,125	27
15	0	30,125

Le canal de Panama relie l'océan Pacifique à l'océan Atlantique sur une longueur de 80 km environ. Il est pourvu d'écluses aux deux extrémités. Le canal de Panama a été inauguré en 1914.

10 Voici quelques renseignements scientifiques :

- Le nombre M de Mach auquel se déplace un mobile peut être calculé à l'aide de la règle $M = \frac{v_a}{v_s}$, où v_a correspond à la vitesse (en m/s) du mobile et v_s, à la vitesse (en m/s) du son.

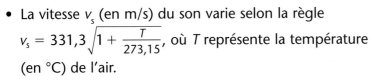

- La vitesse v_s (en m/s) du son varie selon la règle $v_s = 331,3 \sqrt{1 + \frac{T}{273,15}}$, où T représente la température (en °C) de l'air.

Lorsqu'un avion se déplace à une vitesse qui excède celle du son (environ 1224 km/h dans l'air à 15 °C), on exprime cette vitesse en Mach. Ainsi, un avion qui vole à la vitesse du son se déplace à Mach 1.

- Il est possible de calculer la vitesse V (en m/s) d'un satellite qui gravite autour de l'orbite de la Terre à l'aide de la règle $V = \sqrt{\frac{6,67 \times 10^{-11} \times M}{R}}$, où M représente la masse (en kg) de la Terre et R, le rayon (en m) de l'orbite du satellite.

- L'altitude moyenne d'une navette spatiale lors d'une mission est de 350 km.

- Le rayon moyen de la Terre est de 6371 km et sa masse est environ de $5,97 \times 10^{24}$ kg.

La navette spatiale se déplace dans une couche atmosphérique où la température de l'air est de 0 °C à la même vitesse que lorsqu'elle est en mission. À combien de Mach se déplace-t-elle ?

11 Des climatologues effectuent des relevés de températures sur une période de 15 jours. Le tableau ci-contre montre les résultats de ces relevés.

La règle $C = \frac{5(F - 32)}{9}$ permet de calculer la température C en degrés Celcius selon la température F en degrés Fahrenheit. Déterminez la règle qui permet de calculer la température (en degrés Celcius) selon le temps (en jours).

Relevés de températures

Jour	Température (°F)
1	-4,00
2	-5,80
3	-6,55
4	-7,12
5	-7,60
6	-8,02
7	-8,41
8	-8,76
9	-9,09
10	-9,40
11	-9,69
12	-9,97
13	-10,24
14	-10,49
15	-10,73

Les ouragans se forment généralement au-dessus de l'océan. Ils comptent parmi les phénomènes météorologiques les plus destructeurs sur la planète. Les ouragans tirent leur énergie des eaux chaudes des tropiques et de la chaleur de la condensation.

VISI2N

Les systèmes d'équations et d'inéquations

Qu'il s'agisse d'établir une structure de travail qui permet de maximiser le rendement des employés, d'adopter une politique pour minimiser la pollution émise par une industrie ou de fabriquer un produit au moindre coût, l'objectif recherché est la performance optimale. Mais comment parvient-on à optimiser une situation qui fait intervenir une multitude de contraintes logistiques ? Dans *Vision 2*, vous apprendrez à mathématiser algébriquement des contraintes et à les représenter graphiquement. Puis, vous apprendrez à déterminer la solution optimale d'une situation selon l'objectif poursuivi.

Arithmétique et algèbre

- Système d'inéquations du premier degré à deux variables
- Polygone de contraintes
- Optimisation d'une situation en tenant compte de différentes contraintes
- Fonction à optimiser
- Choix d'une ou de plusieurs solutions optimales

Géométrie

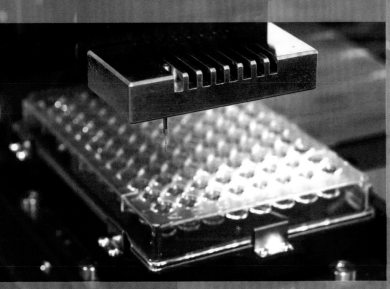

RÉPERTOIRE
DES SAÉ

L'optimisation et
l'ingénierie

Chronique du
passé

George Dantzig

Le
monde
du travail

Les ingénieurs
en intelligence artificielle

RÉACTIVATION | **1** | L'écluse

Une écluse est un ouvrage hydraulique qui permet aux navires de franchir les dénivellations d'un cours d'eau. L'écluse est équipée d'une vanne qui s'ouvre pour laisser passer l'eau d'un réservoir à l'autre.

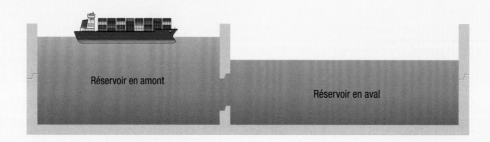

Réservoir en amont

Réservoir en aval

Le graphique ci-dessous fournit des renseignements sur le niveau d'eau dans les deux réservoirs d'une écluse depuis l'ouverture de la vanne.

a. Au début, quel est le niveau d'eau :

1) dans le réservoir en amont ?

2) dans le réservoir en aval ?

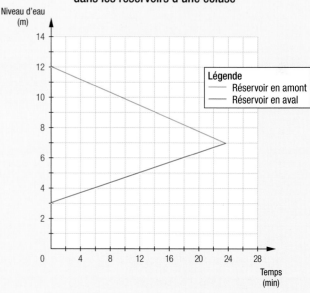

Évolution du niveau d'eau dans les réservoirs d'une écluse

Légende
Réservoir en amont
Réservoir en aval

b. Par quelle équation peut-on représenter l'évolution du niveau d'eau :

1) dans le réservoir en amont ?

2) dans le réservoir en aval ?

c. Six minutes après l'ouverture de la vanne, quel est le niveau d'eau :

1) dans le réservoir en amont ?

2) dans le réservoir en aval ?

d. Déterminez :

1) le moment où le niveau d'eau est le même dans les deux réservoirs ;

2) le niveau d'eau dans les deux réservoirs à ce moment.

On présente ci-dessous les schémas de quatre modèles d'écrans au plasma, où *x* représente la largeur des bordures colorées de l'écran.

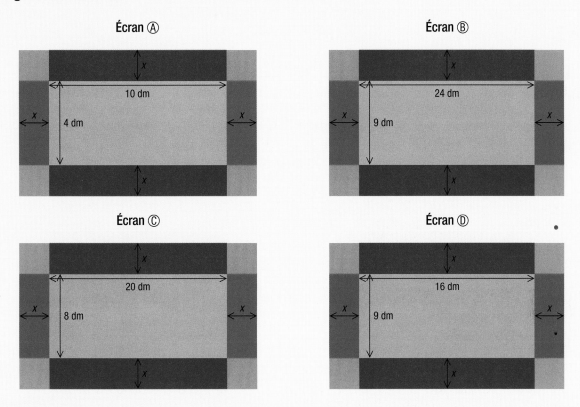

Écran Ⓐ

10 dm
4 dm
x
x
x
x

Écran Ⓑ

24 dm
9 dm
x
x
x
x

Écran Ⓒ

20 dm
8 dm
x
x
x
x

Écran Ⓓ

16 dm
9 dm
x
x
x
x

Voici quelques renseignements concernant ces écrans:

Écran	Ⓐ	Ⓑ	Ⓒ	Ⓓ
Description		L'aire des bordures rouges est supérieure d'au moins 35 dm² à l'aire des bordures bleues.	Le périmètre de l'écran, bordures incluses, est au plus de 76 dm.	La somme des aires des bordures rouges et des bordures bleues est inférieure ou égale à l'aire de l'écran.
Inéquation	$x < 1$	$2(24x) \geq 2(9x) + 35$		$144 - 50x \geq 0$

a. Complétez le tableau ci-dessus.

b. Transformez chacune des inéquations de ce tableau en une inéquation équivalente dans laquelle la variable *x* est isolée.

> Les écrans au plasma contiennent un mélange gazeux composé de néon, d'hélium et de xénon. Une impulsion électrique transforme ce mélange en plasma, qui émet alors une lumière aux points d'intersection d'une grille de fils métalliques.

c. Expliquez s'il est possible que la largeur des bordures colorées de:

   1) l'écran Ⓐ mesure 1 dm;   2) l'écran Ⓑ mesure 1,75 dm.

d. Quelle est la largeur maximale des bordures de l'écran Ⓒ?

e. Calculez le périmètre maximal de l'écran Ⓓ, bordures incluses.

Un champ agricole est délimité par la Montée Gagnon et le 9ᵉ Rang. On lui a superposé un plan cartésien, dont les graduations sont en kilomètres, de façon que l'axe des abscisses corresponde à la Montée Gagnon et l'axe des ordonnées, au 9ᵉ Rang.

Voici les résultats de l'analyse du sol de ce champ :

• La région définie par l'inéquation $y < -\frac{1}{2}x + 4{,}5$ est favorable à la culture du blé.

• La région définie par l'inéquation $-x + 5y - 30 \geq 0$ est favorable à la culture de l'avoine.

• La région représentée ci-dessous est favorable à la culture de l'orge.

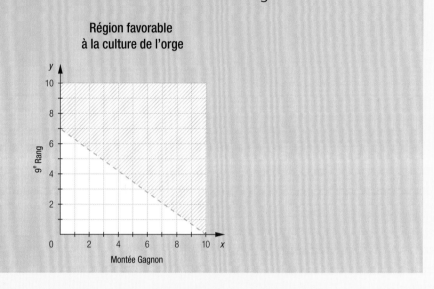

Région favorable à la culture de l'orge

a. Représentez graphiquement la région favorable à la culture de l'avoine.

b. Déterminez l'inéquation qui est associée à la région favorable à la culture de l'orge.

Un agriculteur exploite une portion de ce champ qui correspond au quadrilatère dont les sommets sont (4, 3), (4, 5), (7, 9) et (9, 9). Cette portion exploitée est en partie propre à l'une des cultures données, blé, avoine ou orge, si les coordonnées d'au moins un de ses sommets satisfont à l'inéquation correspondant à cette culture.

c. Démontrez algébriquement que l'agriculteur ne peut pas cultiver du blé sur la portion exploitée.

d. Démontrez graphiquement que l'agriculteur a avantage à cultiver de l'orge plutôt que de l'avoine sur la portion exploitée.

> Dans des conditions favorables, il faut environ 1000 ans pour que se crée une couche de sol arable de 5 cm d'épaisseur. Chaque année, la Terre perd des millions d'hectares de terres cultivables en raison notamment de l'urbanisation, de la désertification et de l'érosion.

savoirs en rappel

RÉSOLUTION DE SYSTÈMES D'ÉQUATIONS

Un système d'équations est un ensemble composé d'au moins deux équations. Différentes stratégies permettent de résoudre un système formé de deux équations du premier degré à deux variables, c'est-à-dire de déterminer les valeurs qui vérifient simultanément les deux équations du système.

Représentation graphique

Dans une représentation graphique, les coordonnées du point d'intersection de deux droites sécantes constituent la solution du système d'équations.

Ex.: $y = -0.5x + 6$
$y = 0.75x + 1$

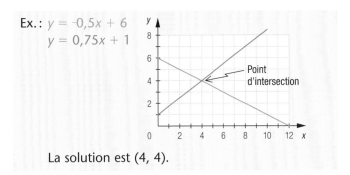

La solution est (4, 4).

Table de valeurs

Il est possible d'obtenir la solution d'un système d'équations en construisant une table de valeurs. On cherche alors une valeur de la variable indépendante pour laquelle les valeurs de la variable dépendante sont identiques.

Ex.: $y = 2x + 1$
$y = -4x + 7$

x	y	y
-1	-1	11
0	1	7
1	3	3
2	5	-1
3	7	-5

La solution est (1, 3).

Méthodes algébriques

Il existe plusieurs méthodes algébriques qui permettent de résoudre un système d'équations, dont les méthodes de comparaison, de substitution et de réduction.

Méthode de comparaison	Méthode de substitution	Méthode de réduction
Ex.: $y = 4x - 2$ $y = 3x + 4$	Ex.: $3x + 2y = 5$ $y = -x - 4$	Ex.: $-3x + 7y = 8$ $-4x + y = -6$
$4x - 2 = 3x + 4$ $x - 2 = 4$ $x = 6$	$3x + 2(-x - 4) = 5$ $3x - 2x - 8 = 5$ $x - 8 = 5$ $x = 13$	$\begin{array}{l}-3x + 7y = 8\\ -4x + y = -6\end{array} \Rightarrow \begin{array}{l}-3x + 7y = 8\\ -28x + 7y = -42\end{array}$ $\times 7$
$y = 4(6) - 2$ $y = 22$	$y = -(13) - 4$ $y = -17$	$\begin{array}{r}-3x + 7y = 8\\ -\ -28x + 7y = -42\\ \hline 25x = 50\\ x = 2\end{array}$
La solution est (6, 22).	La solution est (13, -17).	$-3(2) + 7y = 8$ $y = 2$
		La solution est (2, 2).

INÉGALITÉ

Une inégalité est un énoncé mathématique qui permet la comparaison entre deux expressions numériques à l'aide d'un symbole d'inégalité.

Symbole d'inégalité	Signification	Exemple
$<$	«est inférieur à» ou «est plus petit que»	$8 < 8,1$
$>$	«est supérieur à» ou «est plus grand que»	$7 > 4,99$
$\leq$	«est inférieur ou égal à» ou «est plus petit que ou égal à»	$-10 \leq -5$
$\geq$	«est supérieur ou égal à» ou «est plus grand que ou égal à»	$2^3 \geq 2 \times 3$

INÉQUATION

Une inéquation est un énoncé mathématique qui comporte une ou des variables et un symbole d'inégalité.

Ex. : 1) $a < 2$ 2) $6b > 17$ 3) $-8 \leq 2c + 1$ 4) $2d - 5 \geq e$

Règles de transformation des inéquations

Les règles de transformation des inéquations permettent d'obtenir des inéquations équivalentes, c'est-à-dire des inéquations ayant le même ensemble-solution.

	Exemples d'inéquations équivalentes	
• Additionner ou soustraire un même nombre aux deux membres d'une inéquation conserve le sens de cette inéquation.	$2a + 5 > 6$ $2a + 8 > 9$	$2a + 5 + 3 > 6 + 3$
	$5a + 6 < 16$ $5a + 2 < 12$	$5a + 6 - 4 < 16 - 4$
• Multiplier ou diviser les deux membres d'une inéquation par un même nombre strictement positif conserve le sens de cette inéquation.	$3a - 2 \geq -16$ $15a - 10 \geq -80$	$5 \times (3a - 2) \geq 5 \times -16$
	$4 - 14a \leq 3$ $2 - 7a \leq 1,5$	$(4 - 14a) \div 2 \leq 3 \div 2$
• Multiplier ou diviser les deux membres d'une inéquation par un même nombre strictement négatif inverse le sens de cette inéquation.	$-3a > 20$ $15a < -100$	$-5 \times -3a < -5 \times 20$
	$-2a + 4 \leq 12$ $a - 2 \geq -6$	$(-2a + 4) \div -2 \geq 12 \div -2$

INÉQUATION DU PREMIER DEGRÉ À DEUX VARIABLES

Pour traduire une information en une inéquation du premier degré à deux variables, on procède de la façon suivante.

1. Identifier la ou les variables dans la situation.	Ex. : La masse moyenne d'un homme est de 75 kg et celle d'une femme est de 60 kg. Combien d'hommes et de femmes peut contenir un ascenseur dont la charge maximale est de 1580 kg ? Les variables sont : • le nombre d'hommes : x; • le nombre de femmes : y.
2. Établir les expressions à comparer.	Expression représentant : • la masse des personnes dans l'ascenseur : $75x + 60y$; • la charge maximale de l'ascenseur : 1580.
3. Écrire l'inéquation en choisissant le symbole d'inégalité approprié. Une fois l'inéquation posée, il est possible de vérifier son exactitude en remplaçant la ou les variables par des valeurs numériques.	Inéquation : $75x + 60y \leq 1580$ Validation : L'ascenseur peut, par exemple, contenir 3 hommes et 5 femmes. En substituant 3 à x et 5 à y, on obtient $75 \times 3 + 60 \times 5 \leq 1580$, soit $525 \leq 1580$.

Une solution d'une inéquation à deux variables correspond à un couple de valeurs qui vérifient cette inéquation. L'ensemble de ces couples constitue l'ensemble-solution de l'inéquation.

Demi-plan

Il est possible de représenter graphiquement l'ensemble-solution d'une inéquation du premier degré à deux variables dans un plan cartésien.

• Tous les points dont les coordonnées vérifient une inéquation sont situés du même côté de la droite correspondant à l'équation formée à partir de cette inéquation. L'ensemble de ces points forme un **demi-plan** qui représente l'ensemble-solution de cette inéquation. Habituellement, on colorie ou on hachure ce demi-plan.

• La **droite frontière** d'un demi-plan correspond à un trait **plein** lorsque l'équation fait partie de l'inéquation ($\leq$ ou $\geq$) et à un trait en **pointillé** lorsque l'équation en est exclue ($<$ ou $>$).

Ex.: 1) Représentation de l'ensemble-solution de l'inéquation $y \leq x + 3$.

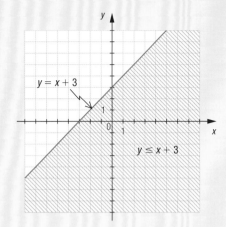

2) Représentation de l'ensemble-solution de l'inéquation $y > -0,5x + 6$.

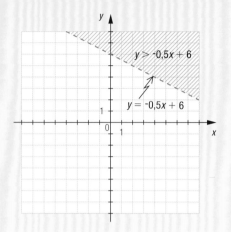

Il est possible de représenter graphiquement l'ensemble-solution d'une inéquation du premier degré à deux variables de la façon suivante.

1. Écrire l'inéquation sous la forme $y < ax + b$, $y > ax + b$, $y \leq ax + b$ ou $y \geq ax + b$.	Ex.: On désire représenter graphiquement l'ensemble-solution de l'inéquation $-x + 4y < -4$. $$-x + 4y < -4$$ $$4y < x - 4$$ $$y < 0,25x - 1$$
2. Tracer la droite frontière d'équation $y = ax + b$ d'un trait plein ou en pointillé selon que l'équation fait partie ou non de l'inéquation.	L'équation de la droite frontière est $y = 0,25x - 1$. 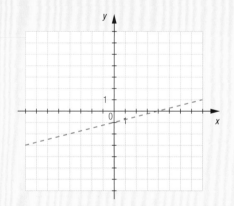
3. Colorier ou hachurer le demi-plan au-dessous de la droite si le symbole est $<$ ou $\leq$, ou au-dessus de la droite si le symbole est $>$ ou $\geq$.	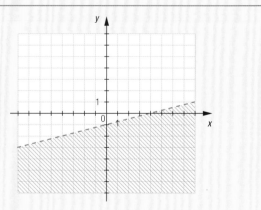

1 Résolvez les systèmes d'équations ci-dessous.

a) $y = 3x + 2$
$y = x - 7$

b) $3x + 6y = 180$
$y = 4x + 8$

c) $x + 2y = 240$
$x - 4y = 60$

d) $^-6x + 2y = 18$
$y = 3x - 16$

e) $3x + 5y = 30$
$2x - 7y = 60$

f) $4y = 7x + 9$
$2x - 5y = 100$

2 Résolvez chacune des inéquations suivantes.

a) $x + 9 \geq 3$

b) $2x - 7 < ^-2$

c) $^-3x + 9 \leq 21$

d) $\dfrac{25 - 3x}{^-4} > 13$

e) $^-2x + 3 \geq x - 4$

f) $^-\dfrac{x}{2} + 2 \leq x$

3 Pour chacune des inéquations suivantes, représentez graphiquement l'ensemble-solution dans un plan cartésien.

a) $x + y \geq 3$

b) $y < ^-2x + 10$

c) $2x + 5y \leq 40$

d) $y \geq 5$

e) $y > 2x$

f) $4x - 12y \geq 20$

g) $\dfrac{x}{2} + \dfrac{y}{3} \leq 2$

h) $x \leq 3$

4 Associez chaque inéquation de la colonne de gauche à l'inéquation de la colonne de droite qui lui est équivalente.

Ⓐ	$x - 2y > ^-3$	❶	$y < ^-0,5x + 1,5$
Ⓑ	$4x + 5y < ^-3y + 12$	❷	$y \geq 6x + 2$
Ⓒ	$^-3x - \dfrac{y}{2} \leq 1$	❸	$y > ^-1,5x - 0,5$
Ⓓ	$9x + 6y + 3 > 0$	❹	$y > 1,5x + 0,5$
Ⓔ	$^-\dfrac{3x}{2} + \dfrac{y}{4} \geq \dfrac{1}{2}$	❺	$y < 0,5x + 1,5$
Ⓕ	$0 > 3 + 9x - 6y$	❻	$y \geq ^-6x - 2$

5 Déterminez l'inéquation associée à chacun des demi-plans ci-dessous.

a)
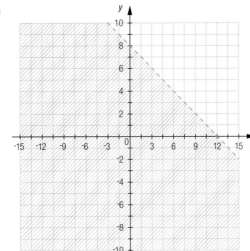

b)
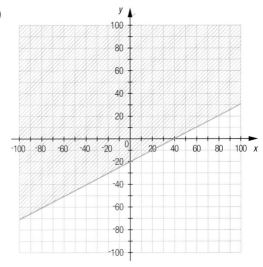

c)
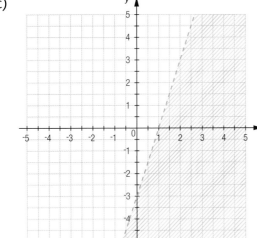

d)
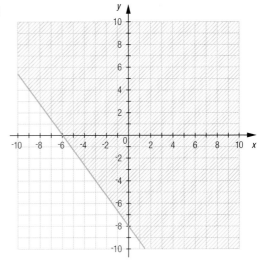

6 Dans chaque cas:

1) traduisez l'énoncé par une inéquation du premier degré à une ou à deux variables;

2) représentez dans un plan cartésien l'ensemble-solution de l'inéquation.

a) Six de plus que la moitié d'un nombre n'excède pas 27.

b) Le double de l'opposé d'un nombre est au plus égal à neuf de moins que les deux tiers de ce nombre.

c) Si l'on retranche le triple du salaire de Julie au double du salaire de Jeanne, le résultat ne dépasse pas 15 000 $.

d) La vitesse d'un piéton est au plus la moitié de celle d'un cycliste.

e) Si l'on retranche 10 °C au double de la température ambiante, on obtient une température supérieure à 0 °C.

f) Dans un restaurant qui dispose de tables à 4 ou à 6 places, il n'y a pas plus de 100 places disponibles.

7 Dans chacune des situations suivantes:

> 1) identifiez les deux inconnues et représentez-les par des variables différentes;
>
> 2) traduisez la situation par un système d'équations;
>
> 3) déterminez la solution.

a) Un ascenseur commence à descendre à une vitesse de 0,75 m/s à partir d'une hauteur de 23 m. Au même moment, un second ascenseur commence à monter à une vitesse de 0,5 m/s à partir d'une hauteur de 2 m. À quelle hauteur les deux ascenseurs se rencontrent-ils?

b) Deux liquides sont chauffés simultanément dans des contenants séparés. La température initiale du liquide A est de 40 °C, puis elle augmente de 0,1 °C/s. La température initiale du liquide B est de 20 °C, puis elle augmente de 0,3 °C/s. À quel moment les deux liquides sont-ils à la même température?

c) Deux mobiles se déplacent sur une même piste et dans le même sens. À un certain moment, la distance qui sépare les deux mobiles est de 100 m. La vitesse du premier mobile est alors de 8 m/s et celle du second est de 10 m/s. En combien de temps le second mobile rattrapera-t-il le premier?

> La formule 1, qui se court en voitures de type monoplace, est la plus prestigieuse des courses automobiles sur un circuit. Il existe cependant plusieurs autres catégories de courses automobiles, par exemple le NASCAR et l'IndyCar, aux États-Unis, et les Vingt-quatre heures du Mans, une épreuve d'endurance.

8 Déterminez les mesures possibles de l'angle B du triangle ci-dessous sachant que:

a) la mesure de l'angle B est supérieure d'au moins 30° au $\frac{1}{3}$ de la mesure de l'angle C;

b) la mesure de l'angle C est supérieure aux $\frac{2}{5}$ de la mesure de l'angle B.

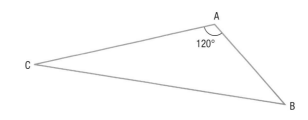

9 Le volume du prisme droit ci-contre est d'au moins 384 cm³ et son aire totale est d'au plus 476 cm².

a) En utilisant la variable *p*, écrivez les deux inéquations associées à cette situation.

b) Déterminez les valeurs possibles de *p*.

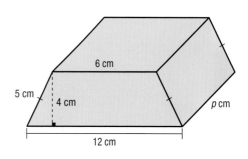

10 L'aire de ce losange est inférieure d'au moins 10 cm² à l'aire de ce trapèze.

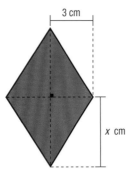

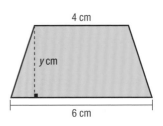

a) À l'aide des variables x et y, écrivez l'inéquation qui est associée à cette situation.

b) Représentez graphiquement l'ensemble-solution de cette inéquation.

c) Déterminez trois couples-solutions qui vérifient cette inéquation.

11 Deux mobiles se déplacent sur des rails perpendiculaires. L'un est attaché à l'autre par une corde de 12 dm. Voici deux situations possibles :

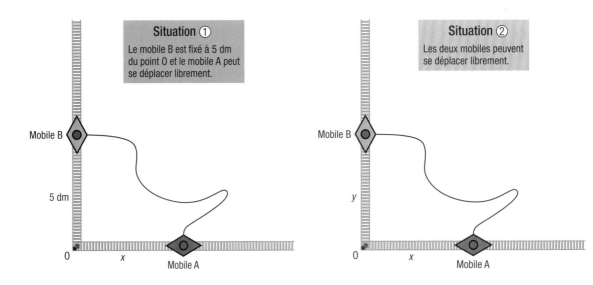

a) Pour la situation ① :

1) écrivez l'inéquation qui représente la distance x séparant le mobile A du point O;

2) calculez la distance maximale qui sépare le mobile A du point O.

b) Pour la situation ②, où sont situés, sur le graphique ci-contre, les points dont les coordonnées correspondent aux distances qui séparent les mobiles A et B du point O lorsque:

1) la corde est tendue?

2) la corde n'est pas tendue?

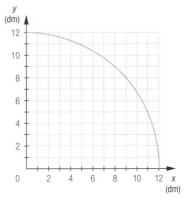

Distances séparant les mobiles A et B du point O lorsque la corde est tendue

Les systèmes d'inéquations et les polygones de contraintes

Cette section est en lien avec la SAÉ 3.

PROBLÈME   L'hygromètre à cheveu

L'une des caractéristiques des cheveux humains est de s'allonger ou de se contracter selon la quantité de vapeur d'eau contenue dans l'air. Un hygromètre à cheveu est un instrument qui utilise cette caractéristique afin de mesurer l'humidité relative de l'air. Cet instrument de mesure est très sensible aux conditions de température et de pression ambiantes. Voici quelques conditions d'utilisation d'un hygromètre à cheveu :

Condition ①	Condition ②	Condition ③
L'hygromètre ne fonctionne pas adéquatement si la température est inférieure à 0 °C.	La pression doit être comprise entre 90 kPa et 120 kPa.	Le taux $\dfrac{\text{pression}}{\text{température}}$ doit être d'au moins 3,75 kPa/°C et d'au plus 12,5 kPa/°C.

L'hygromètre à cheveu a été inventé par Horace Bénédict de Saussure, géologue et physicien suisse (1740-1799). Dans cet hygromètre, l'extrémité d'un cheveu est reliée à un fil métallique enroulé autour d'un axe qui supporte une aiguille devant un cadran gradué. Sous l'effet de l'humidité, le cheveu s'allonge ou se contracte, faisant ainsi pivoter l'aiguille.

À l'aide d'un plan cartésien, représentez graphiquement les limites de température et de pression pour l'utilisation de cet hygromètre.

L'hygromètre capacitif, qui fonctionne à l'aide de composants électroniques, est plus précis que l'hygromètre à cheveu pour mesurer l'humidité relative de l'air.

Les médecins utilisent des tests de dépistage pour déceler la présence de certaines maladies. Dans le cadre d'un dépistage effectué auprès de la population d'un village, une équipe médicale prélève plusieurs échantillons de sang et de salive en respectant les directives suivantes.

- Le nombre d'échantillons de salive doit être inférieur au tiers du nombre d'échantillons de sang.

- Le nombre total d'échantillons ne doit pas excéder 360.

On peut traduire cette situation à l'aide des inéquations $x < \frac{1}{3}y$ et $x + y \le 360$.

a. Que représentent les variables x et y dans chacune des inéquations précédentes?

b. Voici la représentation graphique des ensembles-solutions de ces inéquations. Associez chacun des graphiques à l'une des deux inéquations.

Graphique ①

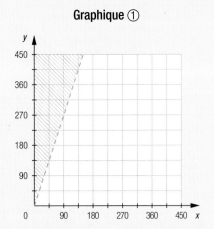

Graphique ②

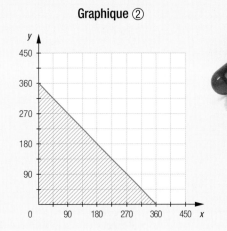

En général, les échantillons de sang permettent de poser des diagnostics plus fiables que les échantillons de salive, mais ils sont moins rapides et plus coûteux à prélever.

c. Pour chacune des inéquations du tableau ci-contre, indiquez si les couples de valeurs suggérés sont des solutions.

	$x < \frac{1}{3}y$	$x + y \le 360$
A(45, 180)		
B(90, 235)		
C(80, 290)		
D(135, 235)		

On a représenté les inéquations associées à cette situation dans un même plan cartésien. Les deux droites frontières partagent ce plan en quatre régions.

d. Laquelle ou lesquelles des régions du plan cartésien ci-contre regroupent les points dont les coordonnées satisfont:

1) à l'inéquation $x < \frac{1}{3}y$?

2) à l'inéquation $x + y \le 360$?

3) aux deux inéquations à la fois?

4) à aucune des inéquations?

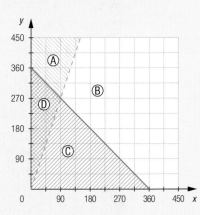

e. L'équipe médicale peut-elle prélever 90 échantillons de salive et 270 échantillons de sang? Expliquez votre réponse.

ACTIVITÉ 2 Un circuit électrique

Une électronicienne fabrique un circuit électrique composé notamment de résistances et de condensateurs. Ce circuit doit respecter les contraintes suivantes.

- Le nombre de résistances combiné au nombre de condensateurs doit être supérieur à 10.
- Le nombre de résistances combiné au nombre de condensateurs ne peut pas dépasser 30.
- Le nombre de résistances doit être au moins aussi élevé que le nombre de condensateurs.
- Le nombre de résistances doit être au plus égal au quadruple du nombre de condensateurs.

Un condensateur est un composant électrique qui permet d'accumuler de l'énergie. On l'utilise, entre autres, pour stabiliser les circuits électriques.

Dans cette situation, x représente le nombre de résistances et y, le nombre de condensateurs présents dans le circuit.

a. Exprimez ces quatre contraintes sous la forme d'inéquations.

b. En tenant compte du contexte, expliquez ce que signifie l'inéquation :
1) $x \geq 0$ 2) $y \geq 0$

c. Dans un même plan cartésien, représentez l'ensemble des contraintes dont l'électronicienne doit tenir compte lors de la fabrication du circuit.

d. Dans chaque cas, déterminez si la répartition des éléments proposée respecte l'ensemble des contraintes.
1) 16 résistances et 14 condensateurs.
2) 12 résistances et 18 condensateurs.

Voici la représentation graphique des contraintes de fabrication d'un autre circuit électrique.

e. Quel est le système d'inéquations associé à ce graphique ?

f. Exprimez en mots les contraintes relatives à cette situation.

g. Calculez les coordonnées des points A, B, C et D.

h. Pour chacun des points A, B, C et D, déterminez si les coordonnées font partie de l'ensemble-solution du système d'inéquations. Expliquez votre réponse.

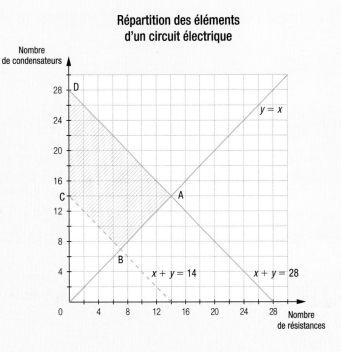

Répartition des éléments d'un circuit électrique

Techno math

Une calculatrice graphique permet de représenter dans un plan cartésien la région associée à l'ensemble-solution d'une ou de plusieurs inéquations.

Ces écrans permettent de représenter graphiquement l'ensemble-solution d'une inéquation en éditant d'abord l'équation de la courbe frontière, puis en hachurant la région située d'un côté ou de l'autre de cette courbe.

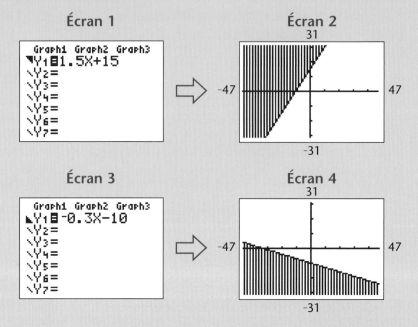

Écran 1

Écran 2

Écran 3

Écran 4

Il est également possible de représenter graphiquement l'ensemble-solution d'un système d'inéquations. En déplaçant le curseur sur l'écran graphique, il est possible d'afficher un couple de valeurs faisant partie ou non de l'ensemble-solution.

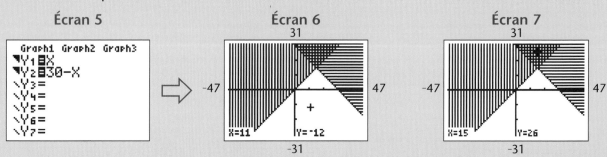

Écran 5

Écran 6

Écran 7

a. Aux écrans **1**, **3** et **5**, donnez la signification:

    1) du symbole ◤ ;   2) du symbole ◣.

b. Quelle est l'inéquation associée:

    1) aux écrans **1** et **2**?   2) aux écrans **3** et **4**?

c. Quel est le système d'inéquations associé aux écrans **5**, **6** et **7**?

d. Démontrez algébriquement que le couple de valeurs affichées:

    1) à l'écran **6** n'appartient pas à l'ensemble-solution du système d'inéquations;

    2) à l'écran **7** appartient à l'ensemble-solution du système d'inéquations.

e. À l'aide d'une calculatrice graphique, affichez l'ensemble-solution de chacun de ces systèmes d'inéquations.

    1) $y \geq 2x - 5$ et $y \leq 0,5x + 12$.   2) $y \geq -x - 17,5$ et $y \geq x - 9$.

savoirs 2.1

SYSTÈME D'INÉQUATIONS

Un système d'inéquations est un ensemble composé d'au moins deux inéquations. L'ensemble-solution d'un tel système:

- comprend tous les couples qui vérifient **simultanément** toutes les inéquations du système;
- correspond graphiquement à la région du plan commune aux ensembles-solutions de toutes les inéquations formant le système.

Ex.: Représentation de l'ensemble-solution du système d'inéquations:

$$2x > 3y \qquad x + 6y \leq 12$$

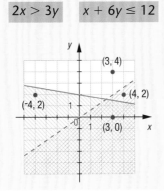

- Puisque le couple (3, 4) ne vérifie aucune des inéquations de ce système, il n'appartient pas à l'ensemble-solution.
- Puisque le couple (-4, 2) ne vérifie qu'une seule des deux inéquations de ce système, il n'appartient pas à l'ensemble-solution.
- Puisque le couple (4, 2) ne vérifie qu'une seule des deux inéquations de ce système, il n'appartient pas à l'ensemble-solution.
- Puisque le couple (3, 0) vérifie toutes les inéquations de ce système, il appartient à l'ensemble-solution.

Systèmes d'inéquations particuliers

Lorsque les droites frontières associées à un système d'inéquations du premier degré à deux variables sont parallèles, cela donne lieu à certains cas particuliers.

Ex.:

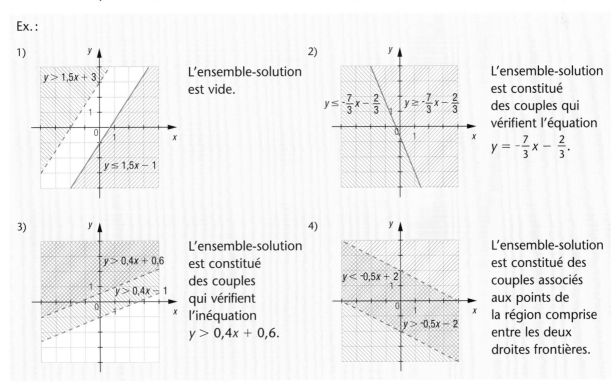

1) L'ensemble-solution est vide.

2) L'ensemble-solution est constitué des couples qui vérifient l'équation $y = -\frac{7}{3}x - \frac{2}{3}$.

3) L'ensemble-solution est constitué des couples qui vérifient l'inéquation $y > 0,4x + 0,6$.

4) L'ensemble-solution est constitué des couples associés aux points de la région comprise entre les deux droites frontières.

POLYGONE DE CONTRAINTES

Lorsqu'un système d'inéquations du premier degré à deux variables traduit un ensemble de contraintes, la représentation graphique de l'ensemble-solution est un **polygone de contraintes**. Le polygone est dit **borné** lorsque la figure qui lui est associée est fermée. Autrement, le polygone est dit **non borné**.

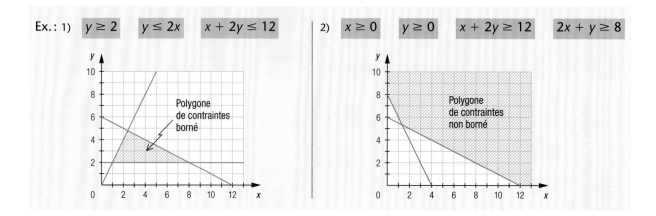

Dans la plupart des situations réelles, les variables ne peuvent pas être inférieures à 0. On ajoute donc au système deux inéquations appelées **contraintes de positivité**. Par exemple, dans une situation faisant intervenir les variables x et y, les contraintes de positivité sont $x \geq 0$ et $y \geq 0$.

Sommets d'un polygone de contraintes

Pour déterminer les coordonnées d'un sommet d'un polygone de contraintes, on doit résoudre le système formé des deux équations associées aux droites frontières qui forment ce sommet.

- Il est possible de déterminer les coordonnées du point d'intersection de deux droites frontières algébriquement, graphiquement ou à l'aide d'une table de valeurs.

- Un sommet d'un polygone de contraintes fait partie de la région-solution si toutes les droites frontières qui le forment sont tracées d'un trait plein.

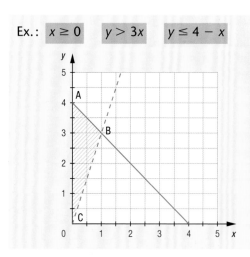

Ex. : $x \geq 0$ $y > 3x$ $y \leq 4 - x$

- Le sommet A fait partie de la région-solution, car toutes les droites qui le forment sont tracées d'un trait plein.

- Le sommet B ne fait pas partie de la région-solution, car une des droites qui le forment est tracée d'un trait en pointillé.

- Le sommet C ne fait pas partie de la région-solution, car une des droites qui le forment est tracée d'un trait en pointillé.

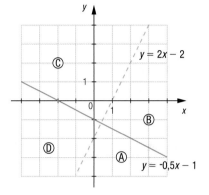

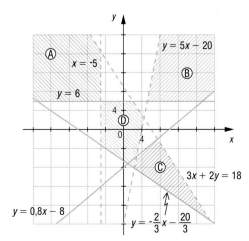

mise au point 2.1

1 Dans chaque cas, représentez graphiquement l'ensemble-solution du système d'inéquations.

a) $y < -2x + 3$

$y > x - 5$

b) $y \geq 0$

$y < -5x + 20$

c) $y \geq \frac{2}{3}x + 3$

$2x - 3y - 9 \geq 0$

d) $-2x + y \leq 0$

$8x - 2y > -6$

2 Le graphique ci-contre montre les droites frontières d'un système formé de deux inéquations.

a) Écrivez le système d'inéquations dont l'ensemble-solution correspond à :

1) la région Ⓐ ;

2) la région Ⓑ ;

3) la région Ⓒ ;

4) la région Ⓓ.

b) Le point d'intersection des deux droites frontières fait-il partie de l'une de ces régions-solutions ? Expliquez votre réponse.

3 Tracez le polygone de contraintes correspondant à l'ensemble-solution de chacun des systèmes d'inéquations.

a) $x \geq 0$
$y \geq 0$
$2x + y \leq 10$
$x + y \leq 6$

b) $x \geq 1$
$x \leq 8$
$y \geq x$
$y \leq 0{,}25x + 8$

c) $x \geq 0$
$y \geq 0$
$x + 3y \geq 12$
$x + y \geq 8$

d) $x \geq 2$
$y \geq 0$
$x + y \leq 9$
$y \geq 2x - 8$

e) $x \geq 0$
$x + y \leq 12$
$x + 2y \geq 12$

4 Pour chacun des systèmes d'inéquations ci-dessous, déterminez parmi les points A(0, 0), B(2, 3), C(-4, 4), D(3, -2), E(-3, 2) et F(-5, -6) ceux qui font partie de l'ensemble-solution.

a) $y > 3x - 3$

$y \leq -x + 2$

b) $y < \frac{1}{2}x$

$y < 4x - 5$

c) $2x + 3y \geq 0$

$2x - 3y < 0$

d) $y \geq -3x + 3$

$y \leq -x + 5$

5 À l'aide du graphique ci-contre, déterminez le système d'inéquations dont l'ensemble-solution peut être représenté par le polygone de contraintes :

a) Ⓐ

b) Ⓑ

c) Ⓒ

d) Ⓓ

6 Déterminez les coordonnées des sommets de chacun des polygones de contraintes.

a)

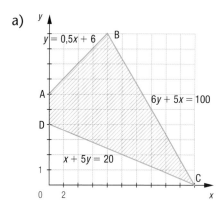

b)

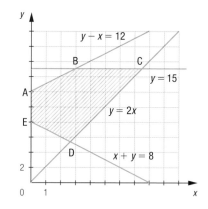

c)

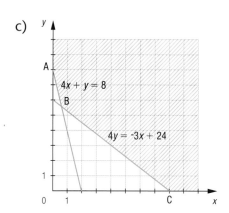

d)

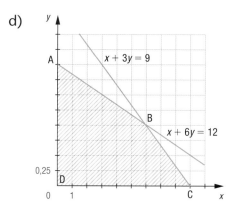

7 Dans chaque cas, représentez le système d'inéquations dans un plan cartésien et déterminez les coordonnées des sommets du polygone de contraintes.

a)
$x \geq 0$
$y \geq 0$
$x + y \geq 3$
$2x + y \leq 7$

b)
$x \geq 0$
$y \geq 0$
$y \leq 3x + 3$
$y \leq -3x + 9$
$y \geq -x + 3$

c)
$x \geq 0$
$y \geq 0$
$x + y \geq 120$
$y \leq 2x$
$y \geq x - 30$
$x + y \leq 180$

d)
$x \geq 0$
$y \geq 0$
$3x + y \geq 135$
$x + 5y \geq 150$
$x + y \geq 90$

8 En utilisant les variables x et y, écrivez le système d'inéquations dont la région-solution correspond à :

a) l'ensemble des points dont les abscisses sont strictement positives et dont les ordonnées sont au moins le double des abscisses ;

b) l'ensemble des points dont les ordonnées sont négatives et dont les abscisses sont au plus le tiers des ordonnées ;

c) l'ensemble des points dont les ordonnées sont supérieures aux abscisses, sans en excéder le quadruple ;

d) l'ensemble des points dont la somme des coordonnées est strictement positive sans excéder 12 ;

e) l'ensemble des points dont les ordonnées excèdent les abscisses d'au moins 5 et d'au plus 10.

9 Écrivez le système d'inéquations dont l'ensemble-solution est représenté ci-dessous.

a)
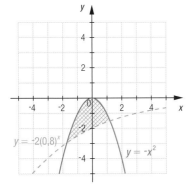

b)
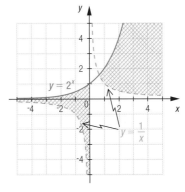

c)
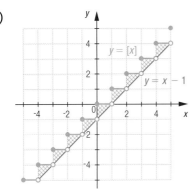

d)
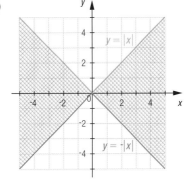

10 Une boutique de vêtements doit se doter de cabines d'essayage. Voici les contraintes qui sont associées à cette situation.

① Le nombre total de cabines doit être supérieur à 10.

② Le nombre total de cabines ne doit pas excéder 15.

③ Il doit y avoir au moins 5 cabines pour les femmes.

④ Il doit y avoir au moins 3 cabines pour les hommes.

⑤ Le nombre de cabines pour les femmes doit être supérieur au nombre de cabines pour les hommes.

Le polygone de contraintes ci-dessous représente cette situation.

a) Associez chaque contrainte à l'une des droites frontières.

b) L'une des contraintes de cette situation n'influe pas sur le choix du nombre de cabines. Laquelle?

c) La gérante de cette boutique affirme que les coordonnées des 24 points rouges dans le graphique constituent les solutions possibles.

1) Expliquez pourquoi elle a tort.

2) Déterminez le nombre exact de solutions.

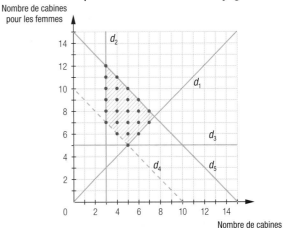

11 Voici deux situations qui font intervenir un système d'inéquations :

Situation ①

Dans un mélange, la quantité *x* de méthylène doit représenter au plus la moitié de la quantité *y* de glycérine. Le volume total du mélange doit être d'au moins 15 cL et d'au plus 26 cL.

Situation ②

Sur un terrain, le nombre *x* de sapins représente au plus la moitié du nombre *y* d'érables. Le nombre total d'arbres sur ce terrain est d'au moins 15, mais il n'excède pas 26.

a) Écrivez le système d'inéquations qui traduit chacune de ces situations. Que remarquez-vous ?

b) Le couple (7,5, 15,6) fait-il partie de l'ensemble-solution associé à :

   1) la situation ① ? Expliquez votre réponse.

   2) la situation ② ? Expliquez votre réponse.

c) À quel ensemble de nombres appartiennent *x* et *y* si :

   1) (*x*, *y*) est une solution de la situation ① ?

   2) (*x*, *y*) est une solution de la situation ② ?

12 Parmi les systèmes d'inéquations ci-contre, lequel ou lesquels ont un ensemble-solution qui est :

a) vide ?

b) représenté par un demi-plan ?

c) représenté par une droite ?

d) représenté par une région délimitée par deux droites parallèles non confondues ?

A $y > -x + 2$
$y + x < 2$

B $5y > 2x - 3$
$-y \leq -\frac{2}{5}x - 1$

C $y \geq \frac{3}{4}x$
$4y \leq 3x$

D $-2x - 3y \leq 2$
$-2x - 3y \geq 4$

E $-2x + 7y \leq 0$
$-4x + 14y + 6 > 0$

13 Pour chacune des situations ci-dessous :

1) définissez les deux variables ;

2) écrivez un système d'inéquations qui décrit les contraintes ;

3) représentez le polygone de contraintes ;

4) déterminez les coordonnées des sommets du polygone de contraintes ;

5) indiquez, pour chacun des sommets, s'il fait partie ou non de la région-solution ;

6) déterminez les coordonnées de trois points, autres que les sommets, qui font partie de la région-solution.

a) Il faut administrer à un patient au moins 3 mg de médicament A et 2 mg de médicament B. La quantité totale de médicaments administrés ne doit pas dépasser 20 mg et la quantité de médicament A doit représenter au moins la moitié de la quantité totale de médicaments administrés.

b) Dans une aile d'un hôpital, où les chambres disposent de 2 lits ou de 4 lits, il y a au moins 150 lits et au plus 200 lits. Le nombre de chambres à 2 lits représente au moins le tiers et au plus les deux tiers du nombre total de chambres.

14 Lors de la construction d'un édifice, il est nécessaire d'installer des tuyaux pour écouler l'eau de pluie. Deux types de tuyaux sont offerts. Le tableau ci-dessous fournit des renseignements à ce sujet.

Caractéristiques de tuyaux d'écoulement d'eau de pluie

Tuyau	Flexible	Rigide
Débit (L/min)	2	3,5
Coût d'installation d'un tuyau ($)	125	150

L'ensemble des tuyaux installés doit permettre un écoulement minimal de 22 L/min et le coût total de l'installation ne doit pas dépasser 850 $.

a) Représentez le polygone de contraintes associé à cette situation.

b) Les caractéristiques des tuyaux proposés permettent-elles de respecter ces contraintes ? Expliquez votre réponse.

c) Modifiez la contrainte relative à l'écoulement minimal de l'installation de façon que le polygone de contraintes comporte quatre couples-solutions.

15 Dans chaque cas, déterminez, si possible, trois couples qui satisfont :

a) à la fois à l'équation $y = -3x + 15$ et à l'inéquation $y \leq 10x - 30$;

b) à la fois à l'équation $y = x + 30$ et aux inéquations $x < -10$ et $y \geq -3x - 7$.

16 ENTRAÎNEMENT PHYSIQUE La formule d'Astrand permet de connaître la fréquence cardiaque maximale que le cœur d'une personne peut atteindre sans danger, selon son âge, au cours d'un effort physique. Cette formule est la suivante :

$$\text{Fréquence cardiaque maximale} = 220 - \text{âge}$$

Cette fréquence peut varier de plus ou moins 10 contractions/min selon la condition physique initiale de la personne.

On peut cibler une fréquence cardiaque à atteindre au cours d'un entraînement afin d'obtenir l'effet recherché. Le tableau ci-dessous fournit des renseignements à ce sujet, et le graphique illustre cette situation pour l'ensemble des personnes d'un âge donné.

Entraînement physique

Fréquence cardiaque atteinte (% de la fréquence maximale)	Effet recherché
[50, 60[	Maintien de la condition physique actuelle
[60, 65[	Diminution de la masse
[65, 85[	Amélioration des capacités cardiovasculaires
[85, 110[	Entraînement intensif

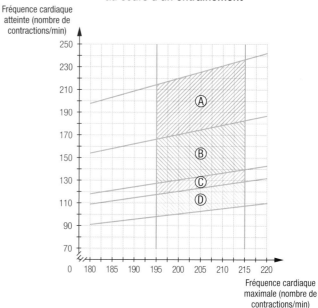

Fréquence cardiaque au cours d'un entraînement

a) Quel est l'âge des personnes auxquelles le graphique fait référence ?

b) Pour les personnes de cet âge :

1) associez chacune des zones Ⓐ, Ⓑ, Ⓒ et Ⓓ à l'effet recherché ;

2) écrivez le système d'inéquations qui correspond à la zone associée à une diminution de la masse.

c) La fréquence cardiaque maximale d'une personne de cet âge est de 200 contractions/min. Celle-ci désire rester dans la zone associée à la diminution de la masse. Quelles sont les fréquences cardiaques qui lui permettent d'obtenir l'effet recherché ?

> La musculation est une activité sportive qui repose sur le concept de mouvement. Il s'agit de faire travailler un muscle ou un groupe de muscles par la répétition d'un mouvement bien contrôlé. L'effort physique accroît l'endurance et développe la force musculaire.

Cette section est en lien avec la SAÉ 3.

PROBLÈME Une bonne structure

La construction d'un pont nécessite des plaques d'acier ayant la forme d'un prisme droit à base rectangulaire. Voici quelques renseignements à ce sujet:

Format d'une plaque d'acier

	Aire de la base	Épaisseur
Mesure minimale permise	6 m²	12 cm
Mesure maximale permise	10 m²	22 cm

De plus, afin d'éviter la déformation d'une plaque d'acier, une équipe d'ingénieurs établit que le taux $\frac{\text{aire de la base}}{\text{épaisseur}}$ doit être d'au moins 0,4 m²/cm et d'au plus 0,6 m²/cm.

Lorsque ces conditions sont respectées, chaque centimètre d'épaisseur permet à une plaque d'acier de supporter une masse de 2,5 tonnes et chaque mètre carré de sa base lui permet de supporter une masse supplémentaire de 3,5 tonnes. L'équipe d'ingénieurs s'interroge sur le format de la plaque d'acier qui permet de supporter la plus grande masse possible.

CHAQUE PLAQUE DOIT AVOIR UNE ÉPAISSEUR DE 16 CM ET UNE BASE DONT L'AIRE EST DE 9,5 M².

NOUS DEVRIONS PRENDRE DES PLAQUES DE 18 CM D'ÉPAISSEUR ET DONT L'AIRE DE LA BASE EST DE 8 M².

JE SUGGÈRE PLUTÔT UNE PLAQUE D'UNE ÉPAISSEUR DE 20 CM ET DONT L'AIRE DE LA BASE EST DE 7 M².

MES CALCULS INDIQUENT QUE LES PLAQUES DOIVENT AVOIR UNE ÉPAISSEUR DE 18,8 CM ET UNE BASE DONT L'AIRE EST DE 7,8 M².

Déterminez un format de plaque plus efficace que les formats proposés par ces ingénieurs.

ACTIVITÉ 1 Les centrales électriques hybrides

Une organisation veut construire une centrale électrique hybride à l'énergie solaire et au gaz naturel dans le but de fournir une puissance minimale de 15 MW. Il en coûte 1,5 M$ pour fabriquer une turbine solaire et 0,5 M$ pour une turbine à gaz. Une turbine solaire génère une puissance électrique de 0,5 MW alors qu'une turbine à gaz génère 3 MW. Les normes environnementales exigent que les turbines à gaz représentent moins des deux tiers du nombre total de turbines et que la centrale ne contienne pas plus de 15 turbines.

Dans cette situation, on associe la variable x au nombre de turbines solaires et la variable y, au nombre de turbines à gaz.

a. 1) Quelle équation permet de calculer le coût C (en M$) engendré par l'achat des turbines?

   2) Cette équation constitue-t-elle une contrainte dans cette situation? Expliquez votre réponse.

b. Traduisez l'ensemble des contraintes par un système d'inéquations.

Dans le plan cartésien ci-dessous, on a représenté quelques points et le polygone de contraintes associés à cette situation.

Calcul du coût d'achat des turbines

Point	Coût (M$)
A(2, 3)	$1,5 \times 2 + 0,5 \times 3 = 4,5$
B(3, 6)	
C(4, 5)	
D(5, 10)	
E(6, 8)	
F(7, 5)	
G(10, 4)	

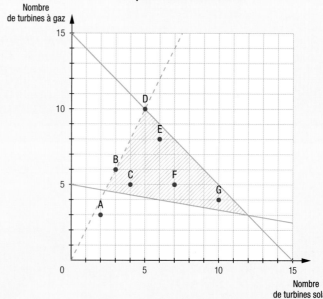

Répartition des turbines

c. Complétez le tableau ci-dessus.

d. Étant donné que l'objectif de l'organisation est de minimiser les coûts d'achat des turbines, parmi les couples proposés dans ce tableau:

1) lequel ou lesquels ne doivent pas être pris en compte? Expliquez votre réponse.

2) lequel ou lesquels offrent la solution la moins avantageuse? Expliquez votre réponse.

3) lequel ou lesquels offrent la solution la plus avantageuse? Expliquez votre réponse.

Une centrale hybride est une centrale électrique qui fonctionne à partir d'au moins deux sources d'énergie différentes. La plus grande centrale hybride thermosolaire du monde est située à Aïn Beni Mathar, au Maroc.

Techno math

Une calculatrice graphique permet de visualiser des couples-solutions d'un système d'inéquations et d'effectuer des calculs qui font intervenir ces couples.

Écran 1   Écran 2

Voici les équations des droites frontières d'un système d'inéquations, ainsi que leur représentation graphique.

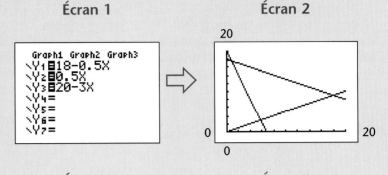

Écran 3   Écran 4

Voici des couples-solutions du système d'inéquations.

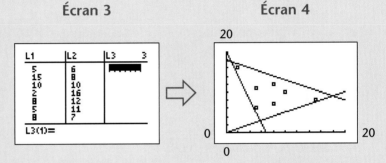

Écran 5   Écran 6

Il est possible d'effectuer des calculs qui font intervenir ces couples et de stocker les résultats dans une liste.

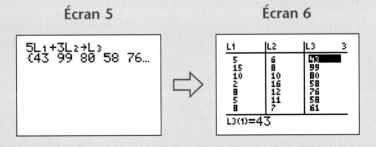

a. Écrivez le système d'inéquations qui est associé à la région dans laquelle sont situés les points à l'écran **4**.

b. Les valeurs entrées dans les listes L_1 et L_2 des écrans **3** et **6** définissent des couples (x, y). Quelle expression algébrique permet d'obtenir les valeurs affichées dans la liste L_3 des écrans **5** et **6**?

c. Parmi les couples de l'écran **6**, quel est celui qui engendre :
1) la valeur maximale?   2) la valeur minimale?

d. 1) À l'aide d'une calculatrice graphique, affichez les droites frontières qui sont associées au système d'inéquations ci-contre et les points dont les coordonnées sont (2, 4), (18, 7), (7, 10), (6, 5), (5, 12), (12, 8) et (4, 7).

$$y \geq 0{,}4x + 2$$
$$y \leq 4x$$
$$y \leq \text{-}0{,}8x + 18$$

2) Parmi ces sept points, quel est celui dont les coordonnées engendrent :
   i) la valeur maximale de l'expression $8x - 3y$?
   ii) la valeur minimale de l'expression $4x - 0{,}5y$?

FONCTION À OPTIMISER

Dans certaines situations faisant intervenir un ensemble de contraintes, l'objectif visé se traduit par la recherche de la solution la plus avantageuse. Cette solution peut correspondre à la valeur la plus élevée, appelée **maximum,** ou à la valeur la moins élevée, appelée **minimum.** Cette valeur optimale s'obtient à l'aide de la règle d'une fonction appelée **fonction à optimiser.**

Ex. : Une entreprise fabrique des fenêtres de deux formats et cherche à maximiser son profit. Chaque semaine, elle doit fabriquer au moins 200 fenêtres, et le nombre de fenêtres de format A ne doit pas excéder le double du nombre de fenêtres de format B. Chaque fenêtre de format A génère un profit de 85 $ et chaque fenêtre de format B génère un profit de 150 $.

Dans cette situation :

- l'objectif de l'entreprise est de maximiser son profit ;

- si x représente le nombre de fenêtres de format A et y, le nombre de fenêtres de format B, la règle de la fonction à optimiser qui permet de calculer le profit P hebdomadaire (en $) est $P = 85x + 150y$.

SOLUTIONS AVANTAGEUSES

Une fonction à optimiser dont la règle s'écrit $z = ax + by + c$ permet de comparer des couples (x, y) et de déterminer parmi ces couples celui qui constitue la solution la plus avantageuse en tenant compte de l'objectif visé. La règle d'une fonction à optimiser peut aussi s'écrire $f(x, y) = ax + by + c$, où x et y sont les variables indépendantes de la fonction f.

Ex. : Voici un polygone de contraintes et les coordonnées de certains points. La règle de la fonction à optimiser est $z = 4x + 2y$.

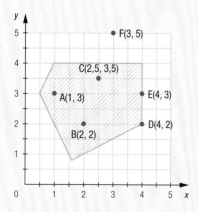

Point	$z = 4x + 2y$
A(1, 3)	$z = 4 \times 1 + 2 \times 3 = 10$
B(2, 2)	$z = 4 \times 2 + 2 \times 2 = 12$
C(2,5, 3,5)	$z = 4 \times 2,5 + 2 \times 3,5 = 17$
D(4, 2)	$z = 4 \times 4 + 2 \times 2 = 20$
E(4, 3)	$z = 4 \times 4 + 2 \times 3 = 22$

Parmi ces points :

- le point F(3, 5) n'appartient pas au polygone de contraintes. Il n'est donc pas pris en compte ;

- si l'objectif visé est de maximiser la fonction à optimiser, les coordonnées du point E(4, 3) constituent la solution la plus avantageuse ;

- si l'objectif visé est de minimiser la fonction à optimiser, les coordonnées du point A(1, 3) constituent la solution la plus avantageuse.

mise au point 2.2

1 Dans chaque cas, déterminez parmi les couples suggérés celui qui engendre :

1) le maximum de la fonction à optimiser ; 2) le minimum de la fonction à optimiser.

a)

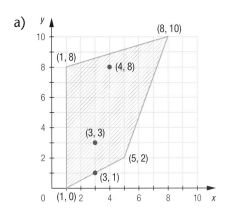

Couple	$z = 4x - 2y$
(1, 0)	
(1, 8)	
(3, 1)	
(3, 3)	
(4, 8)	
(5, 2)	
(8, 10)	

b)

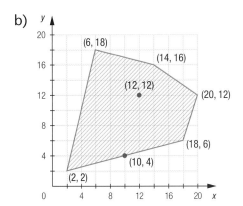

Couple	$z = 7x + 9y$
(2, 2)	
(6, 18)	
(10, 4)	
(12, 12)	
(14, 16)	
(18, 6)	
(20, 12)	

c)

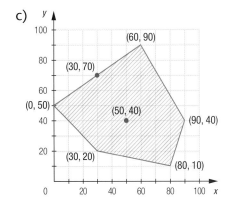

Couple	$z = {^-}1{,}2x + 0{,}4y + 2$
(0, 50)	
(30, 20)	
(30, 70)	
(50, 40)	
(60, 90)	
(80, 10)	
(90, 40)	

2 Dans chacune des situations suivantes:

1) déterminez un système d'inéquations qui traduit les contraintes;
2) décrivez l'objectif visé;
3) écrivez la règle de la fonction à optimiser.

a) On cherche à minimiser le coût de production d'un bulletin d'informations qui comporte des nouvelles du sport et des nouvelles nationales. Le temps consacré au sport représente plus de 5% et moins de 20% de la durée totale du bulletin. Le temps consacré aux nouvelles nationales dure plus de 20 min et n'excède pas 35 min. Un maximum de 75 min est alloué au bulletin. Les nouvelles du sport coûtent 25 $/min à produire et les nouvelles nationales, 15 $/min.

b) Une entreprise doit produire des avions le plus rapidement possible. Un avion de type A coûte 200 M$ à produire et un avion de type B, 125 M$. L'entreprise dispose d'au plus 5000 M$ pour produire les avions, et il doit y avoir au moins 5 avions de type A de plus que le double des avions de type B. L'entreprise ne peut pas produire plus de 30 avions. Il faut 3 semaines pour construire un avion de type A et 5 semaines pour construire un avion de type B.

3 L'organisme humain a besoin de lipides et de glucides pour fonctionner normalement. Il utilise ces substances pour produire du glycogène. Chaque gramme de glucides fournit une énergie de 4 kcal et chaque gramme de lipides, 9 kcal. Il est recommandé de consommer chaque jour au moins 50 g de lipides et 200 g de glucides. L'énergie fournie par ces deux substances devrait être d'au moins 1400 kcal sans excéder 2300 kcal. Chaque gramme de lipides engendre 0,01 g de glycogène et chaque gramme de glucides engendre 0,04 g de glycogène.

a) Tracez le polygone de contraintes associé à cette situation.

b) Établissez la règle qui permet de calculer la quantité quotidienne de glycogène produite par l'organisme.

Voici quelques suggestions de consommation quotidienne de ces deux substances:

A 210 g de glucides et 180 g de lipides.

B 350 g de glucides et 50 g de lipides.

C 300 g de glucides et 122 g de lipides.

D 220 g de glucides et 130 g de lipides.

c) Parmi ces suggestions, déterminez celle qui, tout en respectant les contraintes, permet de:

1) minimiser la production de glycogène;
2) maximiser la production de glycogène.

4 Une imprimerie doit se doter de nouvelles presses afin d'imprimer un journal. Une presse thermique imprime 75 pages/min et une presse laser imprime 100 pages/min. Afin de pourvoir à la demande dans les délais, le rythme d'impression de la totalité des presses doit être supérieur à 750 pages/min. Il faut au moins 2 presses thermiques et 3 presses laser, et le nombre total de presses ne doit pas excéder 13. Une presse thermique coûte 150 000 $ et une presse laser coûte 225 000 $. Voici le polygone de contraintes associé à cette situation.

Les journaux peuvent aussi être imprimés sur des presses rotatives. Ce type de presse, inventé en 1865, est composé de deux cylindres, un qui porte la forme à imprimer et l'autre qui donne la pression. Le papier, fourni en bobine, passe entre les deux rouleaux. Dans le domaine de l'imprimerie, on continue de nommer « presses » tous les types de machines à imprimer.

a) Déterminez la règle qui permet de calculer les coûts engendrés par l'achat de ces presses.

b) Parmi les points identifiés sur le polygone de contraintes ci-dessus, déterminez celui dont les coordonnées engendrent les coûts les moins élevés.

5 Voici un polygone de contraintes.

a) Parmi les points indiqués, quel est celui dont les coordonnées engendrent :

   1) la valeur maximale de la fonction à optimiser dont la règle est $f(x, y) = 4x + y$?

   2) la valeur minimale de la fonction à optimiser dont la règle est $g(x, y) = x - y$?

b) Déterminez la règle d'une fonction à optimiser telle que, parmi tous les points identifiés :

   1) les coordonnées du point A engendrent la valeur la plus élevée ;

   2) les coordonnées du point A engendrent la valeur la moins élevée ;

   3) les coordonnées des points C et D engendrent la même valeur.

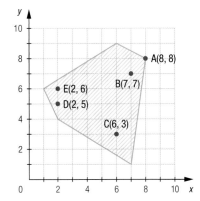

6 Dans un centre de recherche, la cotisation hebdomadaire à la caisse de retraite est de 40 $ pour chaque employé à temps plein et de 15 $ pour chaque employé à temps partiel. La règle qui permet de calculer les revenus hebdomadaires de cette caisse de retraite est $z = 40x + 15y$.

a) Que représentent x et y dans cette situation ?

b) Si les revenus hebdomadaires de la caisse de retraite sont de 500 $, indiquez trois répartitions possibles des employés de cette entreprise selon leur statut.

c) Est-il possible pour cette caisse d'enregistrer des revenus hebdomadaires de 130 $? Expliquez votre réponse.

7 Un manufacturier de matériel informatique fabrique des claviers et des souris d'ordinateur. Chaque clavier coûte 12 $ à produire et se vend 20 $, tandis que chaque souris coûte 18 $ à produire et se vend 25 $. Ce fabricant doit produire au moins 75 claviers et 125 souris. Le nombre total de souris produites doit excéder d'au moins 10 % le nombre de claviers, et le nombre total d'éléments produits doit être inférieur à 350. Le polygone de contraintes ci-dessous illustre cette situation.

a) En associant c au nombre de claviers et s au nombre de souris, déterminez la règle de la fonction qui permet de calculer :

1) les coûts de production ;

2) les revenus générés par la vente des deux produits ;

3) les profits générés par la vente des deux produits.

b) Parmi les quatre points identifiés sur le polygone de contraintes, déterminez celui dont les coordonnées :

1) minimisent les coûts de production ;

2) maximisent les revenus ;

3) maximisent les profits.

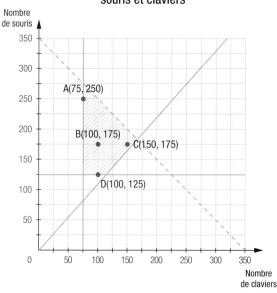

Fabrication de matériel informatique : souris et claviers

L'ancêtre de la souris est la boule de commande dont les rotations effectuées à l'aide des doigts engendrent des mouvements du pointeur à l'écran. La souris telle qu'on la connaît aujourd'hui a été inventée en 1968 par Douglas Englebart. L'usage de la boule de commande est encore privilégié dans certains domaines d'activité liés à l'informatique.

8 Une entreprise fabrique deux formats de bouteilles en plastique. Chaque petite bouteille et chaque grande bouteille fabriquées génèrent respectivement un profit de 0,50 $ et 0,90 $. La fabrication d'une petite bouteille nécessite 150 cm² de plastique et la fabrication d'une grande bouteille en nécessite 250 cm². L'entreprise désire faire un profit hebdomadaire d'au moins 110 $ tout en minimisant la quantité de plastique utilisée. Elle peut produire un maximum de 200 bouteilles/semaine, dont un minimum de 40 petites bouteilles. Les variables p et g représentent respectivement le nombre de petites bouteilles et le nombre de grandes bouteilles fabriquées chaque semaine.

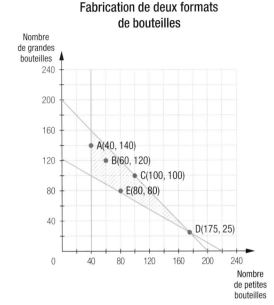

Fabrication de deux formats de bouteilles

a) Quel est l'objectif visé dans cette situation ?

b) Quelle est la règle de la fonction à optimiser ?

c) Parmi les couples indiqués sur le polygone de contraintes ci-dessus, lequel constitue la solution la plus avantageuse ?

9 Un laboratoire veut se procurer deux types de spectromètres pour analyser des échantillons. Voici quelques renseignements à ce sujet :

Caractéristiques de deux types de spectromètres

Type de spectromètre	Infrarouge	Ultraviolet
Rendement (nombre d'échantillons traités/h)	14	15
Puissance nécessaire (kW)	5	8
Coût d'achat (k$)	13	15

Les spectromètres sont souvent utilisés pour déterminer la composition chimique d'un échantillon en analysant la façon dont il absorbe la lumière.

Le laboratoire compte 4 techniciens qui travaillent simultanément et chaque technicien ne peut pas contrôler plus de 3 spectromètres. La puissance disponible pour faire fonctionner tous les spectromètres est de 78 kW. Ce laboratoire ne peut pas débourser plus de 162 k$ pour l'achat des spectromètres et cherche à acquérir un ensemble de spectromètres qui fournirait un rendement maximal.

a) Représentez le polygone de contraintes associé à cette situation.

b) Dans ce contexte, est-ce que les coordonnées de tous les points du polygone de contraintes sont des solutions valables ? Expliquez votre réponse.

c) On suggère à ce laboratoire de se procurer 6 spectromètres à infrarouge et 5 spectromètres à ultraviolet. Quel est le rendement de cet ensemble de spectromètres ?

d) Proposez un ensemble de spectromètres qui, tout en respectant les contraintes données, permet d'obtenir un rendement plus élevé que celui obtenu en c).

10 Lors de la mise en marché d'un nouveau produit, la publicité permet aux entreprises d'augmenter les ventes. Voici quelques renseignements concernant la mise en marché d'un produit.

- L'investissement en publicité est d'au moins 30 k$.

- L'investissement en publicité est d'au plus 60 k$.

- Chaque millier de dollars investis en publicité permet de vendre au moins 600 unités.

- Chaque millier de dollars investis en publicité permet de vendre au plus 1200 unités.

- Le produit se vend 6 $/unité.

- Le profit de l'entreprise se calcule en soustrayant l'investissement en publicité des revenus engendrés par les ventes.

Le polygone de contraintes ci-dessous illustre cette situation.

**Mise en marché
d'un nouveau produit**

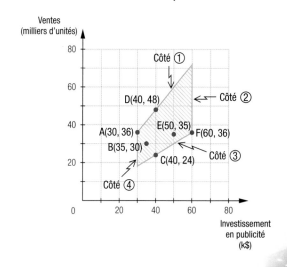

a) Associez chaque côté du polygone à l'une des contraintes énoncées.

b) Parmi les points identifiés, quel est celui :

   1) qui correspond à l'effet le plus optimiste d'un investissement en publicité de 40 k$ sur les ventes ?

   2) dont les coordonnées engendrent un profit maximal ?

c) Déterminez un prix de vente pour le produit afin que les coordonnées du point F engendrent un profit supérieur aux coordonnées du point E.

> Certaines villes d'Amérique du Nord ont choisi de bannir les enseignes lumineuses et les affiches commerciales voyantes afin de contrer ce que plusieurs appellent maintenant la pollution publicitaire.

11 La règle d'une fonction à optimiser est $z = ax + by$, où $a > b > 0$. Les points $A(x_1, y_1)$, $B(x_2, y_2)$ et $C(x_3, y_3)$, où $x_1 < x_2 < x_3$ et $y_1 < y_3 < y_2$, appartiennent à un polygone de contraintes.

Parmi les points A, B et C :

a) quel est celui dont les coordonnées engendrent la valeur minimale de la fonction ?

b) est-il possible de déduire celui dont les coordonnées engendrent la valeur maximale de la fonction ? Expliquez votre réponse.

12 Chaque jour, une athlète combine l'entraînement cardiovasculaire avec l'entraînement musculaire. Elle doit passer au moins les deux tiers de son temps à l'entraînement cardiovasculaire et au moins 15 min à l'entraînement musculaire. Son horaire ne lui permet pas de s'entraîner plus de 90 min. Une minute d'entraînement cardiovasculaire lui permet de brûler 10 calories et 1 min d'entraînement musculaire lui permet de brûler 6 calories. Afin de brûler le plus de calories possible, elle prévoit faire 60 min d'entraînement cardiovasculaire et 30 min d'entraînement musculaire.

a) Donnez une répartition plus avantageuse du temps d'entraînement de cette athlète.

Elle désire maintenant brûler au moins 700 calories tout en effectuant l'entraînement le plus court possible.

b) Quelle est la règle de la fonction à optimiser ?

c) Quelle région du graphique ci-dessous représente le polygone de contraintes ?

d) Décrivez un entraînement que peut faire cette athlète tout en respectant les contraintes.

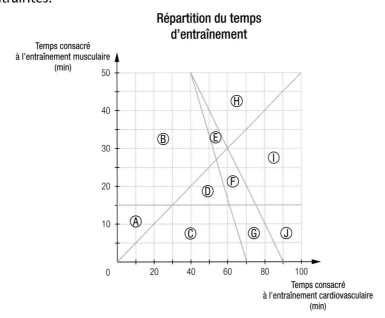

Répartition du temps d'entraînement

Temps consacré à l'entraînement musculaire (min)

Temps consacré à l'entraînement cardiovasculaire (min)

Cette section est en lien avec la SAÉ 4.

PROBLÈME La tonalité d'une trompette

Un accordeur est un appareil qui permet de mesurer la tonalité d'une note émise par un instrument de musique. Cette mesure est exprimée en cents. Par exemple, si l'accordeur affiche +5 cents, cela signifie que la tonalité de la note émise est trop aiguë de 5 unités par rapport à la tonalité de la note pure.

La tonalité d'une note émise par une trompette est de -15 cents. Il est possible de modifier la tonalité de cette note en insérant un tube en métal dans la trompette. Voici des données sur les dimensions possibles de ce tube.

Caractéristiques du tube en métal

Dimension	Longueur	Diamètre
Valeur minimale	2,4 cm	10 % de la longueur
Valeur maximale	5,2 cm	25 % de la longueur
Effet du tube sur la tonalité d'une note émise	Augmentation de 8 cents/cm	Diminution de 4 cents/mm

Déterminez la longueur et le diamètre du tube le plus court que l'on peut insérer dans cette trompette pour que la tonalité de la note émise corresponde à celle de la note pure.

Il est possible de représenter des phénomènes musicaux par des objets mathématiques. Plusieurs compositeurs modernes ont d'ailleurs utilisé les mathématiques pour composer leurs pièces. Par exemple, la musique stochastique, développée par l'ingénieur et architecte Iannis Xenakis, est une méthode de composition musicale régie par les lois de la statistique.

ACTIVITÉ 1 Consommer avec modération

La consommation de kérosène d'un avion varie selon son altitude de vol x et selon la résistance de l'air y.

Lorsque cet avion vole à 680 km/h et respecte les contraintes représentées par le polygone de contraintes ci-contre, sa consommation C de kérosène (en L/km) peut être calculée à l'aide de la règle $C = 0{,}32x + 7{,}2y$.

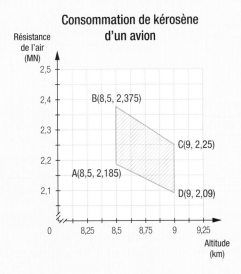

Consommation de kérosène d'un avion

a. Dans chaque cas, donnez la signification de l'équation en tenant compte du contexte.

   1) $17{,}7 = 0{,}32x + 7{,}2y$ 2) $18{,}5 = 0{,}32x + 7{,}2y$

   3) $19{,}3 = 0{,}32x + 7{,}2y$ 4) $20{,}1 = 0{,}32x + 7{,}2y$

Dans le graphique ci-contre, on a représenté par une droite chacune des équations données en **a**. Ces droites peuvent être considérées comme des traces parallèles laissées par une droite baladeuse qui se déplace de d_1 vers d_4.

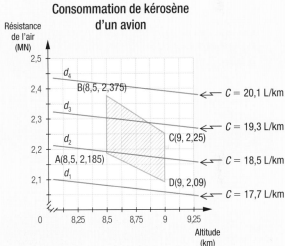

Consommation de kérosène d'un avion

b. Expliquez ce que représentent les coordonnées des points qui appartiennent à la droite d_3 et qui sont situés sur le polygone de contraintes.

c. Déterminez la pente de la droite baladeuse.

d. Décrivez comment varie la consommation de kérosène de l'avion au fur et à mesure que la droite baladeuse se déplace de d_1 vers d_4.

e. Expliquez s'il est possible pour cet avion, tout en respectant les contraintes, de consommer:

   1) 17,7 L/km   2) 20,1 L/km

f. Complétez le tableau ci-dessous.

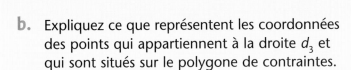

Sommet	$0{,}32x + 7{,}2y$	C
A(8,5, 2,185)		
B(8,5, 2,375)		
C(9, 2,25)		
D(9, 2,09)		

g. Déterminez les coordonnées du point du polygone de contraintes qui engendrent :

1) une consommation maximale de kérosène ;

2) une consommation minimale de kérosène.

Un autre modèle d'avion réagit différemment à l'altitude et à la résistance de l'air. Lorsqu'il vole à 680 km/h, sa consommation de kérosène est calculée à l'aide de la règle $C = 0{,}95x + 5y$.

h. Complétez le tableau ci-dessous.

Consommation de kérosène (L/km)	$C = 0{,}95x + 5y$	$y = \rule{2cm}{0.3cm}$
19	$19 = 0{,}95x + 5y$	$d_5 : y = \rule{2cm}{0.3cm}$
19,3	$\rule{2cm}{0.3cm}$	$d_6 : y = \rule{2cm}{0.3cm}$
19,6	$\rule{2cm}{0.3cm}$	$d_7 : y = \rule{2cm}{0.3cm}$
20	$\rule{2cm}{0.3cm}$	$d_8 : y = \rule{2cm}{0.3cm}$

Dans le graphique suivant, on a représenté les droites associées aux équations obtenues ci-dessus.

i. Quelles sont les coordonnées du point du polygone de contraintes qui engendrent une consommation maximale de kérosène ?

j. Sur le polygone de contraintes, où sont situés les points dont les coordonnées engendrent une consommation minimale de kérosène ?

k. Lorsque la solution optimale est engendrée par :

1) les coordonnées d'un seul point, quelle conjecture pouvez-vous émettre concernant la position de ce point sur le polygone de contraintes ?

2) les coordonnées de plusieurs points, quelle conjecture pouvez-vous émettre concernant la position de ces points sur le polygone de contraintes ?

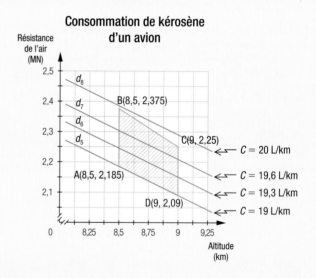

Consommation de kérosène d'un avion

La force de frottement exercée sur un aéronef en mouvement dépend de sa vitesse, de sa géométrie et de la densité de l'air. Cette densité diminue généralement lorsque l'altitude augmente. Afin de battre les records de vitesse, les ingénieurs cherchent donc à concevoir des avions qui volent à une très haute altitude et qui possèdent une géométrie le plus aérodynamique possible.

Techno math

Une calculatrice graphique permet de concevoir et d'utiliser des programmes afin d'effectuer certaines simulations.

Cet écran permet d'exécuter, de modifier ou de créer un nouveau programme.

Écran 1   Écran 2

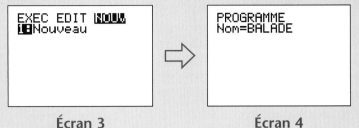

Ces deux écrans permettent de choisir certaines instructions de dessin ou de programmation. Par exemple, l'instruction Ligne permet de tracer un segment à partir de ses deux extrémités.

Écran 3

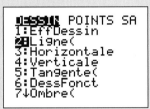

Écran 4

Écran 5

Cet écran montre les commandes d'un programme qui permet de visualiser un polygone de contraintes ainsi que le déplacement d'une droite baladeuse.

Ces écrans montrent l'exécution du programme à partir de valeurs qu'on a entrées.

Écrans 6 et 7

Écran 8

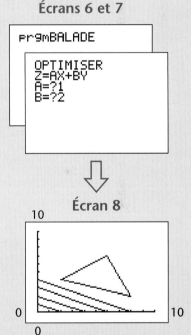

a. D'après le programme de l'écran **5**, déterminez les coordonnées des sommets du polygone de contraintes à l'écran **8**.

b. D'après les écrans **5** à **8**, déterminez :
1) la règle de la fonction à optimiser ;
2) les pentes des droites à l'écran **8** ;
3) le couple qui engendre le maximum ;
4) le couple qui engendre le minimum.

c. À l'écran **7**, quelles doivent être les valeurs saisies pour que la droite baladeuse soit parallèle au côté du polygone de contraintes qui est le plus éloigné de l'origine ?

d. En exécutant le programme BALADE, déterminez le couple qui engendre :
1) le maximum de la fonction dont la règle est $z = 3x + 2y$;
2) le minimum de la fonction dont la règle est $z = 5x - 4y$.

PROGRAMMATION LINÉAIRE ET SOLUTIONS OPTIMALES

La programmation linéaire est un domaine d'étude qui s'intéresse aux problèmes d'optimisation faisant intervenir des inéquations et des équations du premier degré.

Résoudre un problème d'optimisation, c'est chercher la solution qui engendre un maximum ou un minimum de la fonction à optimiser en tenant compte de diverses contraintes et de l'objectif visé. Il existe deux cas possibles :

- les coordonnées d'un seul point du polygone de contraintes engendrent la solution optimale. Ce point correspond généralement à un sommet.
- les coordonnées de plusieurs points du polygone de contraintes engendrent la solution optimale. Ces points constituent généralement un côté.

RÉSOLUTION D'UN PROBLÈME D'OPTIMISATION

Il existe différentes façons de résoudre un problème d'optimisation. Pour une fonction à optimiser dont la règle est $z = ax + by + c$:

- la droite dont la pente est $-\dfrac{a}{b}$ et qui balaie le plan cartésien est appelée droite baladeuse.

  L'utilisation de cette droite permet de repérer graphiquement le ou les points du polygone de contraintes dont les coordonnées engendrent la valeur optimale.

- l'évaluation de cette fonction en chacun des sommets du polygone de contraintes permet de déterminer celui ou ceux dont les coordonnées engendrent la valeur optimale.

Ex. : 1)

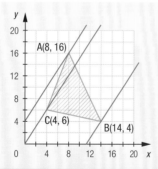

Sommet	$z = 3x - 2y$
A(8, 16)	$z = 3 \times 8 - 2 \times 16 = \text{-}8$
B(14, 4)	$z = 3 \times 14 - 2 \times 4 = 34$
C(4, 6)	$z = 3 \times 4 - 2 \times 6 = 0$

- Les coordonnées du point A minimisent la fonction à optimiser.
- Les coordonnées du point B maximisent la fonction à optimiser.

2)

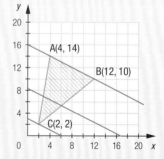

Sommet	$z = 3x + 6y$
A(4, 14)	$z = 3 \times 4 + 6 \times 14 = 96$
B(12, 10)	$z = 3 \times 12 + 6 \times 10 = 96$
C(2, 2)	$z = 3 \times 2 + 6 \times 2 = 18$

- Puisque les coordonnées des sommets A et B engendrent la valeur maximale de la fonction à optimiser, les coordonnées de tous les points situés sur le côté AB maximisent la fonction.
- Les coordonnées du point C minimisent la fonction à optimiser.

Il est possible de résoudre un problème d'optimisation de la façon suivante.

	Ex. : Un constructeur d'automobiles qui produit des voitures compactes et des minifourgonnettes désire maximiser son profit hebdomadaire. Les profits générés sont de 4 k$ pour chaque voiture compacte et de 10 k$ pour chaque minifourgonnette. Sa capacité de production hebdomadaire est au plus de 2100 véhicules, et il doit produire chaque semaine au moins 1000 voitures compactes et au moins 200 minifourgonnettes. Le nombre de voitures compactes produites doit être au moins 2 fois plus grand que le nombre de minifourgonnettes.
1. Définir les deux variables.	On associe le nombre de voitures compactes à la variable x et le nombre de minifourgonnettes à la variable y.
2. Déterminer l'objectif visé et établir la règle de la fonction à optimiser.	L'objectif visé par le constructeur est de maximiser le profit P hebdomadaire (en k$) et la règle de la fonction à optimiser est $P = 4x + 10y$.
3. Traduire les contraintes par un système d'inéquations en tenant compte, au besoin, des contraintes de positivité.	$$x + y \leq 2100$$ $$x \geq 1000$$ $$y \geq 200$$ $$x \geq 2y$$
4. Représenter le polygone de contraintes dans un plan cartésien.	Répartition de la production d'un constructeur d'automobiles
5. Déterminer les coordonnées du ou des points qui engendrent la valeur optimale.	En utilisant une droite baladeuse ou en substituant les coordonnées de chacun des sommets aux variables x et y de la fonction à optimiser, on déduit que les coordonnées du sommet A(1400, 700) engendrent le profit maximal.
6. Donner le ou les couples-solutions et la valeur optimale en tenant compte du contexte.	Le constructeur doit produire chaque semaine 1400 voitures compactes et 700 minifourgonnettes, ce qui génère un profit maximal de 12 600 k$.

1 Dans chacun des graphiques ci-dessous, on a représenté un polygone de contraintes ainsi qu'une droite baladeuse. Dans chaque cas, déterminez le ou les points dont les coordonnées engendrent :

1) la valeur minimale de la fonction à optimiser ;
2) la valeur maximale de la fonction à optimiser.

a) Fonction à optimiser :
$$z = x + y$$

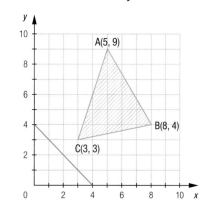

b) Fonction à optimiser :
$$z = 3x - 10y$$

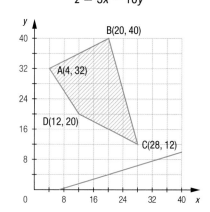

c) Fonction à optimiser :
$$z = x - 2y$$

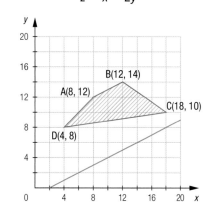

d) Fonction à optimiser :
$$z = 2x + y$$

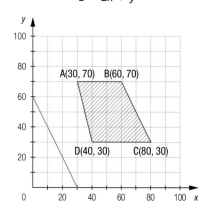

2 Les sommets d'un polygone de contraintes sont A(11, 13), B(41, 61), C(63, 55) et D(51, 16). Déterminez le sommet dont les coordonnées engendrent :

a) le maximum de la fonction à optimiser dont la règle est $z = x + 4y$;

b) le minimum de la fonction à optimiser dont la règle est $z = 2,4x - 6y$.

3 Voici un polygone de contraintes et les règles de deux fonctions à optimiser.

① $f(x, y) = 2x + 3y$
Objectif: maximiser

② $g(x, y) = 5x - 4y$
Objectif: minimiser

Dans chaque cas:

a) déterminez le ou les points dont les coordonnées engendrent la valeur optimale de la fonction;

b) déterminez cette valeur optimale.

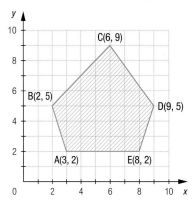

4 En tenant compte du polygone de contraintes ci-contre, déterminez, dans chaque cas:

1) le maximum de la fonction à optimiser;
2) le minimum de la fonction à optimiser.

a) $z = 6x - 8y$ b) $z = x + 2y$

c) $z = 22x - 4y$ d) $z = {}^-2x - 0,2y$

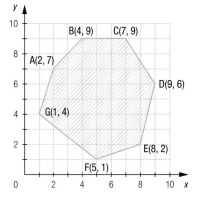

5 Dans chacun des cas, déterminez les coordonnées du ou des points qui engendrent le maximum de la fonction à optimiser.

a) Fonction à optimiser:
$z = 0,5x - 0,1y$

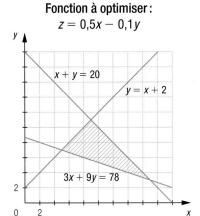

b) Fonction à optimiser:
$z = 3x + 4y$

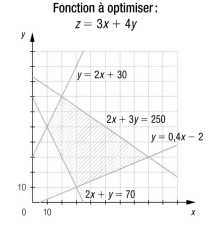

c) Fonction à optimiser:
$z = 0,3x + 0,5y$

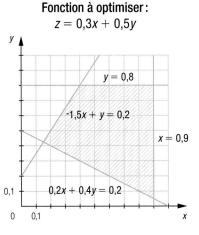

d) Fonction à optimiser:
$z = 13x - 10y$

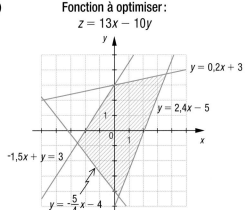

6 Dans chaque cas, déterminez les coordonnées du ou des points qui permettent d'atteindre l'objectif indiqué.

a) Fonction à optimiser: $z = 2x + 3y$
Objectif: maximiser
Contraintes:
$x \geq 0$
$y \geq 0$
$x + y \leq 5$
$y \leq x$

b) Fonction à optimiser: $z = 10x - 4y$
Objectif: minimiser
Contraintes: $x \geq 1$
$y \geq 20$
$y \leq 2x + 5$
$y \leq -0,6x + 50$

7 Chacun des polygones de contraintes ci-dessous est associé à une situation dans laquelle il ne faut tenir compte que des points dont les coordonnées sont entières. Dans chaque cas, déterminez les coordonnées du ou des points qui minimisent la fonction à optimiser.

a) Fonction à optimiser:
$$z = 3x - 2,5y$$

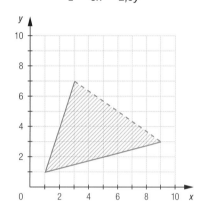

b) Fonction à optimiser:
$$z = 2x + 3y$$

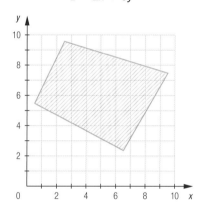

8 Une acéricultrice recueille annuellement de 28 000 L à 40 000 L d'eau d'érable. Il lui faut 35 L de cette eau pour produire 1 L de sirop et 40 L d'eau d'érable pour produire 1 kg de tire. Quotidiennement, elle peut produire un maximum de 60 L de sirop, si elle ne fait que du sirop, et un maximum de 45 kg de tire, si elle ne fait que de la tire. L'acéricultrice peut consacrer au plus 15 jours complets à cette production. La vente de sirop lui rapporte un profit de 3 $/L et la vente de tire, 8 $/kg.

a) Définissez chacune des variables.

b) Établissez la règle de la fonction à optimiser.

c) Traduisez les contraintes par un système d'inéquations.

d) Représentez le polygone de contraintes.

e) Quelle quantité de sirop et quelle quantité de tire cette acéricultrice doit-elle produire pour maximiser son profit?

f) Quel profit peut-elle escompter?

9 La règle d'une fonction à optimiser est :

$$f(x, y) = ax + by$$

En tenant compte du polygone de contraintes non borné ci-contre, expliquez s'il est possible de trouver le maximum pour cette fonction si a et b sont :

a) de même signe ;

b) de signes contraires.

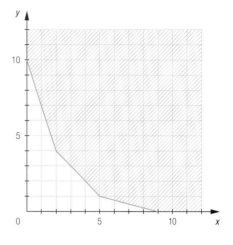

10 Le régiment d'une armée procède à un exercice au cours duquel il faut déplacer le plus grand nombre de soldats possible ainsi qu'un minimum de 1240 kg d'équipement sur une distance de 750 km. Pour cet exercice, seulement 660 L de diesel sont disponibles. Certaines caractéristiques des deux types de véhicules utilisés par ce régiment sont données dans le tableau suivant.

Caractéristiques de deux types de véhicules militaires

Type de véhicule	Blindé	Camion
Nombre de passagers	20	12
Chargement d'équipement (kg)	90	140
Consommation (L/100 km)	10	6

a) Représentez le polygone de contraintes.

b) Déterminez la règle de la fonction à optimiser.

c) Expliquez pourquoi, dans ce contexte, il faut tenir compte uniquement des couples-solutions formés de nombres entiers.

d) Combien y a-t-il de couples-solutions qui permettent à ce régiment d'atteindre son objectif ?

e) Quel est le nombre maximal de soldats que peut déplacer ce régiment ?

f) Quelle répartition de véhicules permet non seulement de transporter le plus de soldats possible, mais, également, le plus d'équipement possible ?

11 À l'aide du polygone de contraintes ci-contre, déterminez la règle d'une fonction à optimiser telle que :

a) les coordonnées du point B engendrent le minimum de cette fonction ;

b) les coordonnées des points situés sur le segment AD engendrent le maximum de cette fonction.

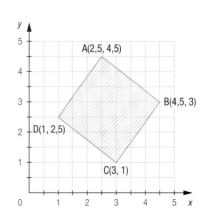

12 Une entreprise fabrique des vis et des boulons dans deux ateliers A et B. Voici des renseignements à ce sujet.

- Le temps d'usinage d'une vis est de 3 min dans l'atelier A et de 6 min dans l'atelier B.
- Le temps d'usinage d'un boulon est de 4,5 min dans l'atelier A et de 4 min dans l'atelier B.
- L'atelier A est disponible 180 h/mois.
- L'atelier B est disponible 220 h/mois.
- Chaque atelier fabrique le même nombre de vis.
- Chaque atelier fabrique le même nombre de boulons.

Le profit engendré est de 0,20 $/vis et de 0,15 $/boulon. Combien de vis et de boulons cette entreprise doit-elle produire chaque mois afin de maximiser ses profits?

13 **SUPERORDINATEUR** La vitesse de calcul d'un superordinateur se mesure en flops. Par exemple, un superordinateur qui gère 5 téraflops peut effectuer 5 milliers de milliards d'opérations par seconde. Un département de recherche veut se procurer un ensemble de superordinateurs. Voici les caractéristiques de deux modèles:

Caractéristiques de deux modèles de superordinateurs

Modèle	A	B
Coût (M$)	20	24
Vitesse de calcul (téraflops)	40	60
Superficie du plancher requise (m^2)	5	10

La superficie disponible pour l'entreposage de ces ordinateurs est de 240 m^2. Combien d'ordinateurs de chaque modèle ce département devrait-il se procurer si l'objectif visé est de:

a) maximiser la vitesse de calcul tout en respectant un budget maximal de 800 M$?

b) minimiser les dépenses tout en obtenant une vitesse de calcul minimale de 480 téraflops?

Le premier supercalculateur, le Cray-1, a été conçu en 1976. Il pouvait effectuer 100 millions d'opérations/s. Le Roadrunner d'IBM, conçu en 2008, peut gérer un pétaflops (flops est l'acronyme de *floating-point operations per second*, ou opérations en virgule flottante par seconde), soit une capacité de calcul un million de fois plus élevée que celle du Cray-1. Les supercalculateurs sont utilisés principalement dans le domaine de la recherche, comme en climatologie et en biologie moléculaire.

14 Afin de soigner un patient, un médecin décide de lui administrer un traitement qui combine deux médicaments A et B. Les effets secondaires de ces médicaments obligent ce médecin à respecter les contraintes suivantes.

- La dose x du médicament A doit être d'au moins 5 mg sans excéder 15 mg.
- La dose y du médicament B doit être d'au moins 8 mg sans excéder 25 mg.
- La dose totale des médicaments ne peut pas excéder 35 mg.
- La dose du médicament A doit représenter au plus 40 % de la dose totale des médicaments.

Les effets désirés de ce traitement sont quantifiables par un indice d'efficacité z compris entre 0 et 1, qui se calcule à l'aide de la fonction $z = 0,0305x + 0,025y$.

a) 1) Déterminez la dose de chaque médicament à prendre pour que l'indice d'efficacité soit le plus élevé possible.

2) Calculez la valeur de l'indice d'efficacité dans ce cas.

b) Si le médicament A ne peut être administré que sous la forme de comprimés de 2,5 mg et que le médicament B ne peut se prendre que sous la forme de comprimés de 5 mg :

1) déterminez le nombre de comprimés de chaque médicament à prendre pour que l'indice d'efficacité soit le plus élevé possible ;

2) calculez la valeur de l'indice d'efficacité dans ce cas.

15 La salle de séchage d'une papetière est maintenue à une pression de 101,3 kPa et à une température de 298 K. Afin d'optimiser le procédé de séchage, on établit que certaines contraintes de température T (en K) et de pression P (en kPa) doivent être maintenues dans la salle de séchage pour que les employés puissent y travailler en sécurité.

- La température ambiante doit être d'au moins 288 K et d'au plus 303 K.
- La pression ambiante ne doit pas excéder 105 kPa et doit être supérieure ou égale à 90 kPa.
- La pression minimale est donnée par la règle $P = 0,31T$ et la pression maximale, par la règle $P = 0,35T$.

La diminution D du temps de séchage (en min) nécessaire pour une certaine quantité de pâtes et papiers est donnée par la règle $D = 0,6(T - 298) - 0,4(P - 101,3)$.

Déterminez les conditions de température et de pression qui devraient être maintenues dans cette salle pour que le temps de séchage soit minimum.

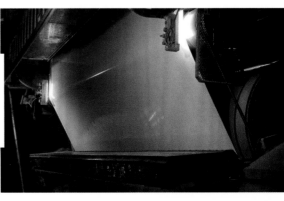

Détail d'une machine à papier dans une salle de séchage. Après sa formation à partir de la pâte, le papier contient encore beaucoup d'eau. Un kilogramme d'eau par kilogramme de papier sec est retiré du papier au cours de son passage sur des cylindres sécheurs.

Chronique du passé

George Dantzig

George Dantzig
(1914–2005)

Sa jeunesse

Né aux États-Unis le 8 novembre 1914, George Bernard Dantzig est le fils du mathématicien russe Tobias Dantzig. Alors qu'il était étudiant au secondaire, George Dantzig était fasciné par la géométrie. Son père encourageait cette passion en lui proposant fréquemment des problèmes de géométrie complexes à résoudre.

Une anecdote peu banale

On raconte que Dantzig, arrivé en retard à un cours, constate que deux problèmes sont posés au tableau. Croyant que ces problèmes constituent un devoir à faire, il les remet, résolus, à son professeur quelques jours plus tard. Ce n'est qu'à ce moment qu'il réalise qu'il s'agissait en réalité de deux exemples de problèmes statistiques jusqu'à ce jour irrésolus. Cette anecdote a inspiré l'une des scènes du film américain *Good Will Hunting*.

Des études interrompues par la guerre

À mi-chemin de ses études doctorales, la Deuxième Guerre mondiale force Dantzig à interrompre ses études, le temps de servir au Bureau du contrôle statistique de l'aviation américaine. Après le conflit, il complète et obtient son doctorat en 1946.

La programmation linéaire

En tant que conseiller auprès de la Federal Aviation Administration (FAA), George Dantzig reçoit le mandat de rendre plus rapide et efficace la planification du déploiement, de l'entraînement et de l'approvisionnement logistique des unités de combat. À cette époque, le terme « programmation » faisait référence à l'organisation de telles opérations militaires.

Voici un exemple simplifié de ce qui pouvait être présenté à Dantzig. Une situation nécessite le déploiement de 3500 à 5000 soldats. De ceux-ci, certains sont des fantassins et les autres sont des artilleurs. Au moins 2000 fantassins et au moins 1000 artilleurs doivent être déployés et le nombre d'artilleurs ne doit pas excéder le nombre de fantassins. Sachant que le déploiement de fantassins et d'artilleurs ne peut se faire simultanément, Dantzig devait alors trouver les moyens pour mener ce déploiement avec le minimum de temps et de ressources.

C'est en remplissant ses fonctions à la FAA que Dantzig développe une méthode, nommée « méthode du simplexe », qui permet de résoudre à l'aide de matrices des problèmes faisant intervenir un très grand nombre de contraintes et de variables pouvant se traduire par un système d'inéquations du premier degré. Aujourd'hui, Dantzig est considéré comme le père de la programmation linéaire, c'est-à-dire l'optimisation qui fait intervenir des inéquations et des équations du premier degré.

L'optimisation en 3D

Lorsque le nombre de variables intervenant dans un problème de programmation linéaire est égal à 3, la représentation graphique du système d'inéquations correspond à un polyèdre de contraintes. Lorsque le nombre de variables dépasse 3, on fait appel à un hyperpolyèdre ou un polytope de contraintes.

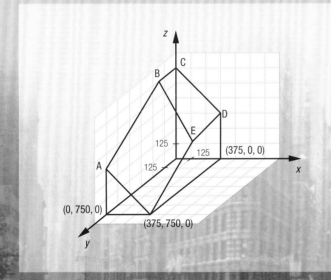

1. Dans l'exemple du déploiement de soldats, si le déploiement de 500 fantassins prend 24 h et celui de 500 artilleurs prend 48 h :

a) combien de fantassins et d'artilleurs peut-on déployer en un minimum de temps ?

b) en combien de jours, au minimum, peut-on mener le déploiement ?

c) quel est le maximum de temps que l'on peut allouer à cette opération ?

d) combien de fantassins et d'artilleurs déploie-t-on en allouant à l'opération un maximum de temps ?

2. Concernant le polyèdre de contraintes :

a) donnez les contraintes de positivité ;

b) déterminez les coordonnées :

1) du sommet A ;

2) du sommet C ;

3) du sommet D.

L'intelligence artificielle

L'intelligence artificielle (IA) peut se définir comme l'ensemble des méthodes permettant de programmer des machines de façon qu'elles puissent raisonner et réfléchir d'une manière comparable à l'être humain.

Le terme *intelligence artificielle* a été créé en 1956 par l'Américain John McCarthy qui a défini les bases de cette nouvelle discipline scientifique.

Grâce à son intelligence artificielle, le robot Adam de l'Université d'Aberystwyth, au Pays de Galles, est capable de traiter automatiquement plusieurs étapes de recherches, notamment d'émettre des hypothèses et de les tester. Il a fait des découvertes sur le génome de la levure.

Le métier

Les ingénieurs en intelligence artificielle conçoivent des systèmes informatiques ou robotiques aptes à prendre des décisions de manière autonome. Ils modélisent le plus adéquatement possible le comportement humain, dans un contexte précis, par des algorithmes mathématiques et informatiques, et le retransmettent à un ordinateur ou à un robot afin que celui-ci puisse reproduire ce comportement.

Les ingénieurs en IA tentent d'appliquer les différentes découvertes faites en IA à des domaines pratiques et sont principalement recrutés par des sociétés utilisatrices de systèmes informatiques complexes. Ainsi, ils peuvent travailler pour des entreprises de télécommunication, de production d'énergie, pour des gouvernements, des centres de recherche appliquée ou pour des sociétés de transport.

Traitement automatique des langues

Pour élaborer des systèmes de reconnaissance vocale ou des moteurs de recherche Internet intelligents, on peut faire appel à un ingénieur ou une ingénieure en IA. Il ou elle peut, par exemple, créer un programme informatique permettant d'analyser le contenu d'une page Web et d'en « comprendre » le sens pour ensuite en apprécier la pertinence. Pour cela, l'ordinateur doit être capable de traiter le langage d'une manière semblable à celle de l'être humain.

Il existe des logiciels qui mettent à profit certaines connaissances en IA, particulièrement celles du traitement automatique des langues, et qui permet à une personne d'interagir vocalement avec son ordinateur. Ainsi, on peut dicter ses textes et ses courriels, surfer sur Internet ou afficher des images uniquement par commandes vocales.

Les systèmes experts

Certains ingénieurs en IA conçoivent des systèmes experts, c'est-à-dire des outils informatiques capables de reproduire la démarche intellectuelle d'un expert ou d'une experte dans le but de prendre une décision. Par exemple, les ingénieurs en IA peuvent être amenés à concevoir un programme médical interactif qui, à l'aide de mesures biométriques et des réponses données par un patient ou une patiente à une série de questions, serait capable de poser un diagnostic similaire à celui d'un ou une véritable médecin.

Le graphique et le tableau fournissent des renseignements sur la façon dont un système expert interprète les mesures de température corporelle et l'indice de bruit respiratoire de patients qui le consultent pour une grippe.

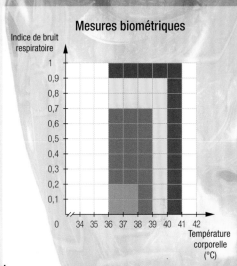

Mesures biométriques

Traitements suggérés par le système expert

Zone colorée	Dose quotidienne de médicament A (mg)	Dose quotidienne de médicament B (mg)	Suivi médical
Verte	Aucun traitement		Consultation dans 15 jours
Bleue	$D_A = 0{,}23x + 10{,}4y$	$D_B = 0{,}45x + 5{,}5y$	Consultation dans 10 jours
Jaune	$D_A = 0{,}35x + 13y$	$D_B = 0{,}5x + 7{,}2y$	Consultation dans 48 h
Rouge	$D_A = 1{,}5x + 5{,}2y$	$D_B = 3x - 12{,}5y$	Hospitalisation recommandée

Si les données biométriques du patient ou de la patiente sont situées sur la frontière entre deux zones, prescrire les doses calculées à partir de la zone la moins grave et devancer la prochaine consultation de 48 h.

Les systèmes experts et les systèmes d'IA doivent généralement traiter un grand nombre de contraintes et appliquer des fonctions complexes dont les résultats amènent ces systèmes à prendre des décisions semblables à celles d'un être humain.

1. Écrivez un système d'inéquations associé à la zone verte du graphique.

2. Déterminez le suivi médical ainsi que les doses de médicaments prescrites par ce système d'IA pour un patient ayant :

a) une température corporelle de 37 °C et un indice de bruit respiratoire de 0,92 ;

b) une température corporelle de 39,5 °C et un indice de bruit respiratoire de 0,5 ;

c) une température corporelle de 37,8 °C et un indice de bruit respiratoire de 0,2.

3. Calculez la dose quotidienne maximale de médicament B qui peut être prescrite à une patiente dont l'état est associé à un point de la zone :

a) bleue ; b) jaune ; c) rouge.

vue d'ensemble

1 Représentez graphiquement chacun des systèmes d'inéquations suivants.

a) $y > 3x - 2$
$y > -2x - 5$

b) $y \geq 2$
$y < 4x + 2$

c) $y \geq -\dfrac{3}{2}x - 3$
$5x - 4y + 7 \geq 0$

d) $-4x + 7y > 2$
$12x - 8y \leq 1$

2 Dans chaque cas, représentez le système d'inéquations dans un plan cartésien en y indiquant les coordonnées des sommets du polygone de contraintes.

a) $x \geq 0$
$y \geq 0$
$-x + 2y \leq 0$
$2x + y \geq 6$
$x + 2y \leq 7$

b) $x \geq 0$
$y \geq 0$
$y \geq -x + 2$
$y \leq -3x + 6$
$y \leq 2x + 2$

c) $x \geq 0$
$y \geq 0$
$2x + 3y \geq 20$
$4x + y \geq 10$
$x - 4y \leq 0$

d) $x \geq 20$
$y \geq 0$
$12x + 20y \geq 800$
$y \geq 1,5x - 80$
$x + y \leq 100$

3 Dans chaque cas :

1) écrivez le système d'inéquations associé au polygone de contraintes ;

2) déterminez les coordonnées du sommet D du polygone de contraintes ;

3) nommez le ou les sommets dont les coordonnées sont des solutions du système d'inéquations.

a)

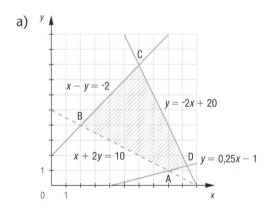

b)

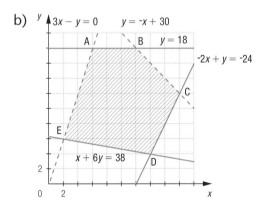

4 Parmi les points A(-1, -6), B(2, 7), C(3, 4), D(-10, -20) et E(1, -16), déterminez ceux dont les coordonnées constituent des solutions :

a) du système d'inéquations ① ;

b) du système d'inéquations ② ;

c) des systèmes d'inéquations ① et ②.

Système d'inéquations ①
$x \leq 4$
$y \geq -12$
$-3x + 4y \leq 15$
$2x - y \leq 7$

Système d'inéquations ②
$x \geq y$
$y \leq 2x + 7$
$-2x + y < 0$

5 Dans chacune des situations suivantes :

1) traduisez l'ensemble des contraintes par un système d'inéquations ;

2) établissez la règle de la fonction à optimiser.

a) Une entreprise fabrique des chaises et des tabourets en bois. Chaque chaise rapporte 20 $ et chaque tabouret, 12 $. Chaque semaine, l'entreprise fabrique au moins 150 chaises, au moins 100 tabourets et au moins deux fois plus de chaises que de tabourets. Le nombre total de chaises et de tabourets fabriqués est inférieur ou égal à 1000. L'entreprise veut maximiser son profit.

b) Une galerie d'art engage un maximum de 14 employés à temps partiel ou à temps plein. Chaque employé à temps partiel travaille 14 h/semaine et chaque employé à temps plein travaille 30 h/semaine. Le total des heures travaillées par tous les employés est au moins de 400 h. Chaque employé à temps partiel gagne 12 $/h et chaque employé à temps plein, 14 $/h. La galerie d'art veut minimiser ses dépenses.

Peinture haïda sur bois qui servait de façade à une maison traditionnelle, exposée au Musée canadien des civilisations, à Gatineau. Le peuple haïda est établi sur l'île Graham, au large de la côte septentrionale de la Colombie-Britannique.

6 Pour chacune des fonctions à optimiser suivantes :

1) déterminez le ou les points du polygone de contraintes ci-contre dont les coordonnées engendrent le maximum ;

2) déterminez sa valeur maximale.

a) $f(x, y) = x + 2y$

b) $g(x, y) = 4x - 6y$

c) $h(x, y) = 1,05x + 1,35y$

d) $i(x, y) = 1,8x + 1,4y$

7 Complétez le tableau suivant.

Système d'inéquations traduisant des contraintes	①	②	③
	$y \leq -x + 15$ $y \leq 2x - 6$ $-x + 3y \geq -60$	$x \geq 0$ $y \geq 0$ $y \leq 15$ $x \leq 14$ $y \leq 2x + 4$	$y \geq -x - 2$ $y \leq x + 4$ $y \leq -3x + 8$
Règle de la fonction à optimiser	$z = 0,5x + 2y$	$z = y - 3x$	$z = -10x - 14y$
Objectif visé	Maximiser	Minimiser	Maximiser
Couple-solution			
Valeur optimale			

8 Deux machines permettent de produire une même pièce métallique. La machine A produit 9 pièces/min et la machine B, 7 pièces/min. La machine A coûte 200 k$ et la machine B coûte 120 k$. Une usine qui alloue une somme maximale de 1840 k$ pour l'achat de ces machines veut se procurer moins de 12 machines tout en obtenant la vitesse de production maximale.

a) Parmi les graphiques suivants, lequel illustre adéquatement le polygone de contraintes et une droite baladeuse associés à cette situation?

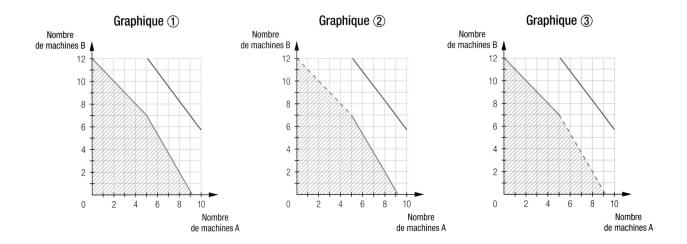

b) Expliquez pourquoi le sommet dont les coordonnées sont (5, 7) ne constitue pas la solution optimale.

c) Calculez:
   1) le nombre de machines A et le nombre de machines B qui constituent la solution optimale;
   2) la vitesse de production maximale.

9 Un sac ayant un volume de 1 m³ ne peut pas supporter une masse supérieure à 2650 g. On y place des petits cubes en métal et d'autres en bois dont les caractéristiques sont illustrées ci-dessous.

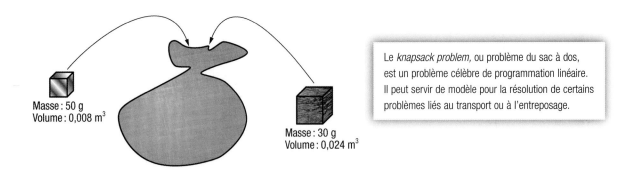

Masse: 50 g
Volume: 0,008 m³

Masse: 30 g
Volume: 0,024 m³

Le *knapsack problem*, ou problème du sac à dos, est un problème célèbre de programmation linéaire. Il peut servir de modèle pour la résolution de certains problèmes liés au transport ou à l'entreposage.

S'il n'y a aucune perte d'espace lorsque les cubes sont dans le sac, calculez le nombre maximal de cubes que l'on peut y placer.

10 Avant d'entreprendre la construction d'un hôtel, le propriétaire d'une chaîne hôtelière s'interroge sur la répartition des chambres qui engendrera un profit annuel maximal. Voici quelques renseignements à ce sujet:

- Il y a 2 types de chambres, soit des chambres pouvant accueillir de 1 à 3 personnes et des chambres pouvant accueillir de 4 à 6 personnes.
- L'hôtel doit contenir un minimum de 10 chambres de chaque type.
- L'hôtel doit contenir un minimum de 50 chambres et un maximum de 65 chambres.
- L'hôtel ne pourra pas accueillir plus de 300 personnes.
- Annuellement, une petite chambre engendre un profit de 15 000 $ et une grande chambre, un profit de 21 000 $.
- Le pourcentage d'occupation est de 70 % pour les petites chambres et de 55 % pour les grandes chambres.

a) Définissez chacune des variables.

b) Établissez la règle de la fonction à optimiser.

c) Traduisez les contraintes par un système d'inéquations.

d) Représentez le polygone de contraintes.

e) Combien de chambres de chaque type l'hôtel doit-il contenir pour atteindre l'objectif?

f) Quel profit annuel maximal le propriétaire peut-il escompter?

11 Le Service de transport en commun d'une ville veut se procurer deux modèles de trains pour son métro. Le tableau suivant fournit des renseignements à ce sujet.

Caractéristiques de deux modèles de trains

Modèle	Train A	Train B
Coût (M$)	50	60
Nombre de voitures	7	6
Nombre de passagers par voiture	40	50

Sachant que le réseau ne peut pas supporter plus de 32 trains qui circulent simultanément, déterminez le nombre de trains de chaque modèle que doit se procurer cette ville si:

a) l'objectif est de maximiser le nombre de passagers qui peuvent emprunter simultanément le métro en respectant le budget de 1700 M$ alloué à ce projet;

b) l'objectif est de minimiser les coûts pour le transport simultané d'au moins 9400 passagers.

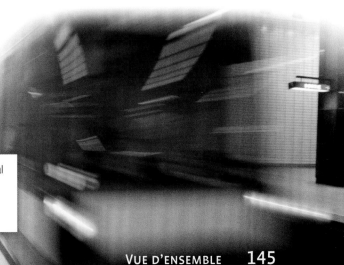

Les 759 voitures qui composent les trains du réseau de métro de Montréal permettent d'assurer plus de 700 000 déplacements les jours ouvrables. Un train de 9 voitures correspond exactement à la longueur des quais des stations et peut transporter jusqu'à 1200 passagers.

12 Une compagnie aérienne doit se procurer de nouveaux avions. Voici les caractéristiques de chacun des modèles d'avions qu'elle peut acheter.

Caractéristiques des avions

Modèle	A	B
Nombre de places	365	445
Distance moyenne parcourue par l'appareil en une semaine (km)	20 000	28 000
Consommation de kérosène (L/km)	17,9	13,5
Prix de vente (M$)	145	225

La compagnie, qui dispose d'un budget maximum de 2685 M$ pour ces achats, prévoit que le nombre total de places offertes sur ces appareils doit être d'au moins 5545. De plus, les normes environnementales exigent des compagnies aériennes qu'elles minimisent leurs émissions de CO_2 en réduisant le plus possible leur consommation de kérosène.

a) Établissez la règle de la fonction à optimiser.

b) Trouvez la solution optimale.

c) Pour la solution optimale trouvée en b) :

    1) quel est le coût d'achat des avions ?

    2) quel est le nombre total de places offertes ?

    3) quelle est la consommation hebdomadaire totale de kérosène ?

13 Dans chacun des graphiques ci-dessous, les courbes orange délimitent la région-solution d'un ensemble de contraintes et la courbe verte représente une courbe baladeuse associée à une fonction à optimiser.

Fonction à optimiser :
$$z_1 = 3x + 2y$$

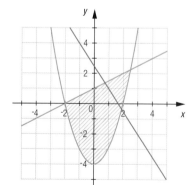

Fonction à optimiser :
$$z_2 = x^2 + y$$

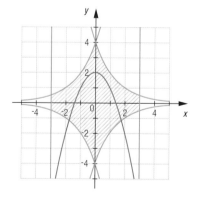

Déterminez graphiquement les coordonnées du ou des points qui engendrent la valeur :

a) maximale;   b) minimale.

> On parle de programmation non linéaire lorsque au moins une des contraintes ne se traduit pas par une inéquation linéaire ou lorsque la fonction à optimiser ne se traduit pas par une équation linéaire.

14 L'aire totale A et le volume V d'un cylindre circulaire droit de hauteur h et de rayon r sont donnés par $A = 2\pi r^2 + 2\pi rh$ et $V = \pi r^2 h$. Dans le graphique ci-contre :

- la région verte est associée à un cylindre dont le rayon est d'au plus 1 m, la hauteur, d'au plus 1 m, et le volume, d'au moins 1 m³ et d'au plus 2 m³ ;

- les courbes en orange peuvent être considérées comme des traces laissées par une courbe baladeuse.

a) Au fur et à mesure que la courbe baladeuse s'éloigne de l'origine, quelles sont :

1) les coordonnées du premier point de la région verte touché par la courbe ?

2) les coordonnées du dernier point de la région verte touché par la courbe ?

b) Déterminez les dimensions de ce cylindre s'il possède une aire :

1) minimale ;   2) maximale.

Dimensions, aires et volumes de cylindres

15 Lors de la fabrication d'écrans à cristaux liquides, on pose une bordure tout le tour de l'écran comme le montre l'illustration suivante.

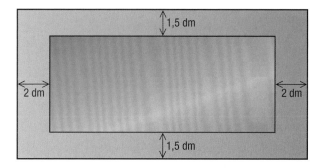

Les dimensions de l'écran, sans la bordure, doivent respecter les contraintes suivantes.

- Le rapport de la base à la hauteur doit être d'au plus 16 : 9 et d'au moins 4 : 3.

- La base doit être d'au moins 24 dm et d'au plus 35 dm.

Déterminez les dimensions de l'écran sans la bordure qui engendreront l'utilisation d'une quantité minimale de plastique pour fabriquer la bordure.

La nouvelle génération d'écrans ressemble à des feuilles de plastique souple dont on peut se servir pour fabriquer, entre autres, des livres numériques. Un nouveau procédé permet de les produire en masse à partir de rouleaux de plastique sur lesquels on imprime les pixels à l'aide d'une imprimante à jet d'encre spécialement conçue pour cette tâche.

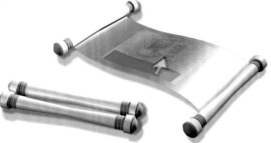

16 La propriétaire d'un entrepôt se procure des structures en aluminium et des structures en acier pour ranger des boîtes. Chaque structure en aluminium lui permet d'entreposer 40 boîtes et chaque structure en acier lui permet d'entreposer 60 boîtes. Une structure en aluminium coûte 250 $ et une structure en acier coûte 300 $. Le nombre de structures de chaque type doit respecter l'ensemble des contraintes illustrées par le polygone de contraintes ci-contre.

Répartition des structures d'entreposage

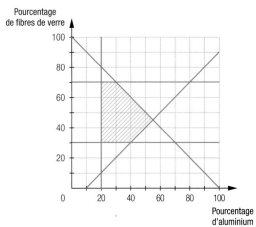

Déterminez :

a) le coût de l'ensemble des structures qui permet de maximiser le nombre de boîtes qu'il est possible d'entreposer ;

b) le nombre de boîtes qu'il est possible d'entreposer avec l'ensemble de structures qui coûte le moins cher ;

c) le nombre de structures de chaque type qui permet de minimiser le coût d'entreposage d'une boîte.

17 MATÉRIAU COMPOSITE Un certain matériau composite est constitué, entre autres, de fines couches d'aluminium et de fibres de verre. Le graphique ci-contre illustre les contraintes en lien avec la fabrication de ce matériau.

a) Décrivez en mots les contraintes relatives au pourcentage x d'aluminium et au pourcentage y de fibres de verre contenus dans ce matériau.

La rigidité r de ce matériau (en GPa) se calcule à l'aide de la règle $r = 0,65x + 0,72y$ et sa masse volumique m (en g/cm^3) se calcule à l'aide de la règle $m = 0,027x + 0,026y$.

Composition d'un matériau composite

b) Déterminez :

1) la composition et la masse volumique du matériau composite le plus rigide possible ;

2) la composition et la rigidité du matériau composite le plus léger possible ;

3) la rigidité maximale du matériau composite dont la masse volumique est d'au plus 2,39 g/cm^3 ;

4) la masse volumique minimale du matériau composite dont la rigidité est d'au moins 48,3 GPa.

c) Si ce matériau composite est composé uniquement d'aluminium et de fibres de verre, déterminez :

1) sa rigidité maximale ;   2) sa masse volumique minimale.

18 INCERTITUDE L'incertitude sur une mesure effectuée lors d'une expérience se répercute sur les calculs qui font intervenir cette mesure.

On mesure la tension u (en V) et la résistance r (en Ω) d'un circuit électrique dans lequel on fait circuler un courant de 5 A. On obtient $u = 12,5$ V $\pm$ 0,2 V et $r = 0,4$ Ω $\pm$ 0,1 Ω.

La puissance restante p (en W) de ce circuit est calculée à l'aide de la règle $p = 5u - 25r$.

a) Écrivez un système de quatre inéquations pouvant être associé aux mesures de tension et de résistance.

b) Dans un plan cartésien, représentez ce système d'inéquations.

c) L'incertitude sur la puissance correspond à la moitié de l'écart entre la plus haute et la plus faible estimation de cette puissance. Déterminez l'incertitude sur la puissance restante du circuit.

19 Une entreprise fabrique des goujons à partir de pièces de bois offertes en deux formats dont certaines des caractéristiques sont données ci-dessous.

Caractéristiques des pièces de bois

Format	A	B
Coût ($)	28	30
Nombre de goujons fabriqués à partir d'une seule pièce de bois	150	190
Pertes de matières premières (cm^3)	13	22

Cette entreprise fabrique quotidiennement un minimum de 9800 goujons, mais ne peut pas en fabriquer plus de 13 600. Chaque goujon vendu engendre un revenu de 0,50 $.

a) Calculez le profit maximal que cette entreprise peut espérer réaliser si elle doit limiter ses pertes quotidiennes de matières premières à 1400 cm^3.

b) Déterminez le nombre de pièces de bois de chaque format que doit utiliser cette entreprise pour minimiser les pertes de matières premières, tout en réalisant un profit quotidien minimal de 3000 $.

L'écoconception est une démarche qui consiste à prendre en compte les impacts environnementaux de la fabrication et de l'utilisation d'un produit donné au moment de sa conception, afin de réduire ces impacts au minimum. L'optimisation des matières premières est un des aspects essentiels de cette démarche.

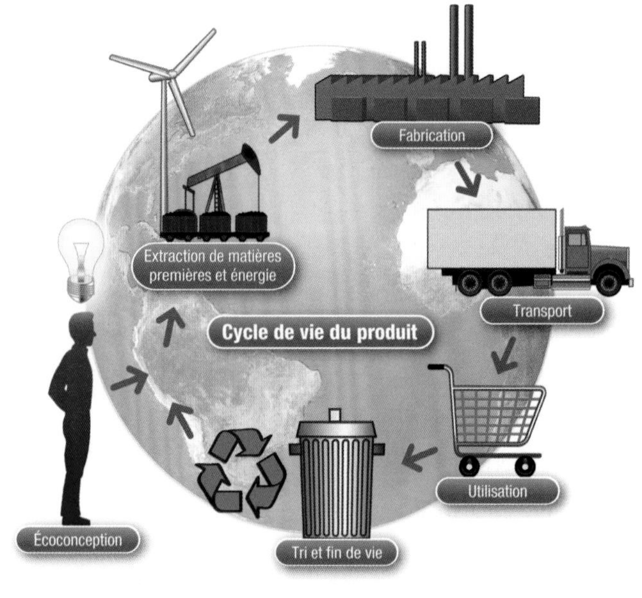

Extraction de matières premières et énergie

Fabrication

Transport

Cycle de vie du produit

Utilisation

Tri et fin de vie

Écoconception

20 Le prix d'un produit est généralement fixé d'après la loi de l'offre et de la demande. Voici quelques renseignements à ce sujet pour un produit donné :

- La demande pour le produit est d'au moins 20 000 unités et d'au plus 25 000 unités.

- L'offre est supérieure à la demande d'au moins 5000 unités, sans excéder 7000 unités.

- Dans ces conditions, la loi de l'offre et de la demande stipule que, pour que le nombre de transactions entre les acheteurs et les vendeurs soit maximal, le prix de vente p (en $) de ce produit est donné par la règle $p = 0,5y - 0,3x$, où x et y représentent respectivement l'offre et la demande, en milliers d'unités.

Quelle est la marge de manœuvre de l'entreprise productrice sur le prix de vente à fixer pour ce produit ?

21 Une entreprise fabrique deux types de cartouches d'encre pour imprimantes, une qui peut contenir 8 mL d'encre et une autre, 14 mL. Les contraintes de production de cette entreprise sont traduites par le système d'inéquations ci-contre et représentées par le polygone de contraintes ci-dessous.

$$x \geq 500$$
$$y \geq 1000$$
$$x + y \leq 2500$$
$$6x + 9y \leq 19\,000$$

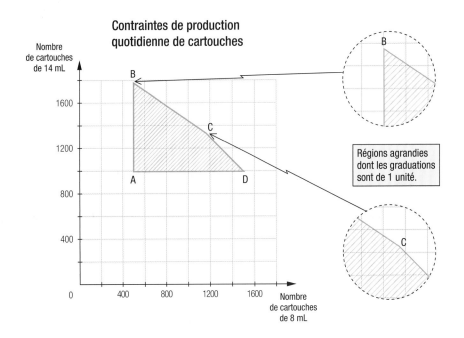

Contraintes de production quotidienne de cartouches

Nombre de cartouches de 14 mL

Régions agrandies dont les graduations sont de 1 unité.

Nombre de cartouches de 8 mL

Le revenu r de cette entreprise est donné par la règle $r = 9x + 12y$, où x et y représentent respectivement le nombre de cartouches de 8 mL et de 14 mL produites quotidiennement.

a) Déterminez les coordonnées des sommets B et C du polygone de contraintes.

b) Expliquez pourquoi le revenu maximal ne peut pas être engendré par les coordonnées des sommets B ou C.

c) Combien de cartouches de chaque type cette entreprise doit-elle produire quotidiennement afin d'obtenir un revenu maximal ?

22 Une piscine à vagues ne peut pas accueillir plus de 150 personnes, dont un maximum de 90 enfants. Le rapport $\frac{\text{nombre d'adultes}}{\text{nombre d'enfants}}$ ne doit pas être inférieur à $\frac{1}{2}$. Le nombre N de sauveteurs est donné par la règle $N = \frac{x}{10} + \frac{y}{15}$, où x représente le nombre d'enfants et y représente le nombre d'adultes qui s'y baignent.

a) Déterminez le nombre d'enfants et le nombre d'adultes qui requièrent la présence d'un nombre maximal de sauveteurs.

b) Déterminez ce nombre maximal de sauveteurs.

23 Au cours d'une réaction chimique, les substances initiales, appelées réactifs, réagissent entre elles pour former d'autres substances appelées produits. La manière dont se déroule cette réaction dépend, entre autres, de l'énergie E_r (en joules) contenue dans les réactifs et de l'énergie E_p (en joules) contenue dans les produits. Pour que cette réaction chimique se produise spontanément, il faut que :

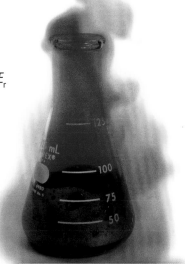

$$E_r \geq 0$$

$$E_p \geq 0$$

$$E_p - E_r < 0$$

$$E_r - E_p < 300$$

$$\frac{E_r}{E_p} \leq 3$$

Une réaction chimique est l'action réciproque de plusieurs corps chimiques ayant pour effet de modifier leurs structures atomiques, ioniques ou moléculaires.

a) Traduisez en mots chacune des contraintes ci-dessus.

b) De E_r ou E_p, laquelle de ces variables est associée à la plus haute énergie dans cette réaction chimique ?

c) Dans cette réaction chimique, y a-t-il une valeur maximale permise pour E_p et E_r ? Expliquez votre réponse.

24 Voici un système d'inéquations :

$$y \leq ax + b$$

$$y \geq cx + b$$

$$dx + ey < f$$

Sachant que a > c > 0, d > 0, e > 0 et $\frac{f}{e}$ > b :

a) déterminez les expressions algébriques qui représentent les coordonnées des sommets du polygone de contraintes ;

b) indiquez pour chaque sommet s'il fait partie ou non de la région-solution.

banque de problèmes

1 Un agriculteur s'interroge sur la meilleure façon d'ensemencer ses champs. Il veut en ensemencer une partie avec du blé et une autre avec du maïs. Voici quelques renseignements à ce sujet:

Cultures du blé et du maïs

Type de culture	Blé	Maïs
Quantité d'engrais nécessaire (kg/hectare)	119	102
Coût d'ensemencement ($/hectare)	31	62
Rendement de la semence (tonnes/hectare)	1	0,75
Profit engendré par la vente de la céréale ($/tonne)	106,25	205

Sachant que la superficie totale de ces champs est de 225 hectares, que la quantité d'engrais disponible est de 25 000 kg et que le financement disponible pour l'ensemencement est de 12 400 $, déterminez le nombre d'hectares à ensemencer avec chaque type de semence afin que cet agriculteur obtienne un profit maximal.

2 Une menuisière fabrique des tabourets et des chaises. Le polygone de contraintes ci-dessous représente les contraintes de production de ces deux articles.

Répartition des tabourets et des chaises

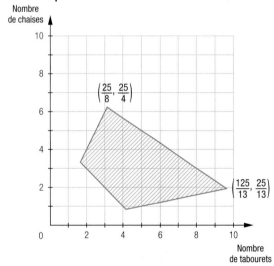

Chaque tabouret nécessite 5 h de travail, tandis que chaque chaise requiert 9 h de travail. Le profit réalisé par la vente d'un tabouret est de 60 $ et celui réalisé par la vente d'une chaise est de 90 $.

Si cette menuisière est en mesure de vendre tous les tabourets et toutes les chaises qu'elle fabrique, conseillez-la sur la répartition la plus avantageuse du nombre de tabourets et du nombre de chaises à produire.

3 La règle d'une fonction à optimiser est:

$$f(x, y) = ax + by, \text{ où } a > 0 \text{ et } b > 0.$$

Les coordonnées de deux des sommets d'un polygone de contraintes sont:

$$A(x_1, y_1) \text{ et } B(x_2, y_2), \text{ où } x_1 < x_2.$$

Les coordonnées du sommet A engendrent une plus grande valeur de la fonction f que les coordonnées du sommet B si $ax_1 + by_1 > ax_2 + by_2$. On peut manipuler cette inéquation de la façon suivante.

$$ax_1 + by_1 > ax_2 + by_2$$
$$ax_1 + by_1 - (ax_2 + by_2) > 0$$
$$ax_1 - ax_2 + by_1 - by_2 > 0$$
$$ax_1 - ax_2 > {}^-(by_1 - by_2)$$
$$a(x_1 - x_2) > {}^-b(y_1 - y_2)$$
$$a < {}^-b\left(\frac{y_1 - y_2}{x_1 - x_2}\right)$$
$$-\frac{a}{b} > \frac{y_1 - y_2}{x_1 - x_2}$$

Puisque la pente de la droite baladeuse associée à la fonction f est $-\frac{a}{b}$, on en déduit que, pour que les coordonnées du sommet A engendrent une plus grande valeur de la fonction f que les coordonnées du sommet B, la pente du segment AB doit être inférieure à la pente de la droite baladeuse.

D'une façon semblable, démontrez que pour $g(x, y) = cx - dy$, où $c > 0$ et $d > 0$, les coordonnées du sommet B engendrent une plus petite valeur de la fonction g que les coordonnées du sommet A si la pente du segment AB est supérieure à la pente de la droite baladeuse.

4 Un mélange est constitué de deux liquides A et B. Voici des renseignements à ce sujet:

Composition des liquides

	Sucre	Sel	Caféine	Impuretés
Concentration dans le mélange (g/L)	Au plus 0,7	Au moins 32	Au moins 10	Indéterminée
Concentration dans le liquide A (g/L)	0,2	40	1	23
Concentration dans le liquide B (g/L)	1	20	25	12

Dans quel rapport faut-il mélanger les liquides A et B pour obtenir un mélange qui a la composition voulue et dont la concentration en impuretés est minimale?

5 Des logisticiens spécialisés dans l'aide humanitaire reçoivent les données suivantes concernant les besoins de la population d'un village victime d'une catastrophe naturelle.

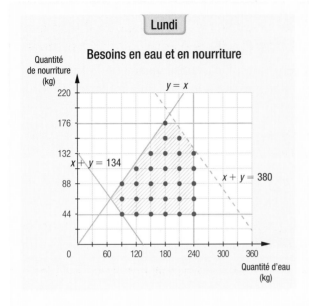

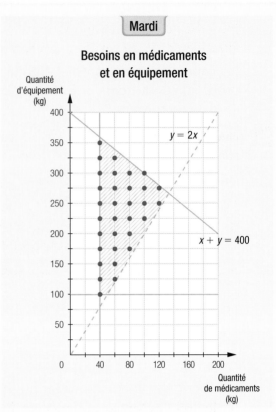

- L'eau est transportée dans des bidons identiques, la nourriture, dans des boîtes identiques, les médicaments, dans des sacs identiques, et l'équipement, dans des caissons identiques.

- Seules les coordonnées des points bleus constituent des solutions possibles.

Expliquez à ces logisticiens les contraintes associées aux besoins et au transport de marchandises pour les journées de lundi et de mardi.

6 Voici des renseignements en lien avec la fabrication de deux types d'appareils de laboratoire:

Fabrication d'appareils de laboratoire

Type d'appareil	Centrifugeuse	Spectromètre
Production hebdomadaire minimale	100 unités	40 unités
Coût de production d'un appareil ($)	c	s
Prix de vente d'un appareil ($)	4000	5250
Production hebdomadaire maximale	180 unités	

Sachant que le prix de vente de chaque appareil est supérieur à son coût de production, montrez que la solution qui engendre les revenus maximums engendre le profit maximal seulement si $c > s - 1250$.

7 Il en coûte a \$ pour produire un article A et b \$ pour produire un article B. L'objectif est de minimiser le coût moyen de production d'un article tout en respectant un ensemble de contraintes.

Montrez que la solution optimale est associée au point du polygone de contraintes pour lequel la pente du segment qui relie ce point à l'origine du plan cartésien se rapproche le plus de $-\dfrac{a}{b}$.

8 Une entreprise souhaite investir une somme x (en \$) dans un portefeuille A et une somme y (en \$) dans un portefeuille B. Une analyste financière établit que :

① la somme totale de l'investissement doit être d'au moins 140 000 \$ et d'au plus 180 000 \$;

② la somme maximale à investir dans le portefeuille A est de 120 000 \$ et la somme maximale à investir dans le portefeuille B est de 100 000 \$;

③ le risque r de perte annuelle (en \$) pour chaque portefeuille est calculé de la façon suivante :

$$r_A = 0{,}3\frac{25}{100}x$$

$$r_B = 0{,}1\frac{15}{100}y$$

④ le profit potentiel p annuel (en \$) pour chaque portefeuille est calculé de la façon suivante :

$$p_A = 0{,}4\frac{10}{100}x + 0{,}2\frac{15}{100}x + 0{,}1\frac{20}{100}x$$

$$p_B = 0{,}5\frac{10}{100}y + 0{,}1\frac{15}{100}y + 0{,}3\frac{20}{100}y$$

Afin d'équilibrer les effets du risque et du profit, l'analyste financière établit que l'investissement (x, y) à effectuer doit être la moyenne de l'investissement qui minimise le risque et de celui qui maximise les profits. Déterminez la somme d'argent à investir dans chacun des portefeuilles.

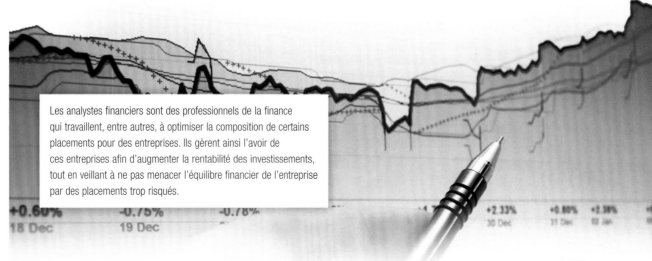

Les analystes financiers sont des professionnels de la finance qui travaillent, entre autres, à optimiser la composition de certains placements pour des entreprises. Ils gèrent ainsi l'avoir de ces entreprises afin d'augmenter la rentabilité des investissements, tout en veillant à ne pas menacer l'équilibre financier de l'entreprise par des placements trop risqués.

+0.60%   -0.75%   -0.78%   +2.33% +0.80% +2.38%
18 Dec   19 Dec   30 Dec 11 Dec 12 Jan

VISI3N

Les fonctions exponentielles et logarithmiques

Comment prévoir la valeur d'un placement à long terme ? En quoi le calcul de la demi-vie d'un élément radioactif peut-il nous renseigner sur la genèse de notre planète ? À quel modèle mathématique l'évolution d'une population bactérienne peut-elle être associée ? Comment fait-on pour dater un artefact découvert sur un site archéologique ? Dans *Vision 3*, vous analyserez plusieurs situations qui peuvent être décrites à l'aide de fonctions exponentielles et logarithmiques. Vous mobiliserez des concepts liés à la réciproque d'une fonction afin de découvrir la relation qui existe entre ces deux fonctions. Finalement, vous utiliserez des équivalences du calcul logarithmique afin de résoudre des équations et des inéquations.

Arithmétique et algèbre

- Exposants et logarithmes
- Fonctions exponentielles et logarithmiques
- Recherche de la règle d'une fonction ou de sa réciproque
- Résolution d'équations et d'inéquations à une variable
- Modélisation de situations

Géométrie

RÉACTIVATION 1 Concentration plasmatique

Le plasma sanguin est le constituant liquide du sang qui sert à transporter les cellules sanguines et les hormones à travers le corps. Lorsqu'un médicament est administré à un patient ou une patiente, ce médicament est acheminé par le plasma sanguin.

La table de valeurs ci-contre fournit des renseignements sur la concentration d'un médicament dans le plasma sanguin d'un patient.

Concentration d'un médicament dans le plasma sanguin d'un patient selon le temps

Temps (h)	Concentration (ppm)
0	5088
1	2544
2	1272
3	636
4	318

a. Quelle est la concentration initiale de ce médicament?

b. Quelle est la concentration de ce médicament:

1) 5 h après son administration?

2) 10 h après son administration?

3) 1 jour après son administration?

c. Déterminez le temps requis pour que la concentration de ce médicament soit de 79,5 ppm.

On considère que ce médicament n'a plus d'effet lorsque sa concentration est 128 fois moins élevée que sa concentration initiale.

d. 1) À quel moment ce médicament n'a-t-il plus d'effet?

2) Quelle est alors sa concentration?

Le plasma sanguin constitue 55 % du volume du sang. On peut l'extraire après avoir fait précipiter, par centrifugation, les globules rouges, les globules blancs et les plaquettes qui se trouvent en suspension dans le plasma.

Le bioréacteur

Les bioréacteurs servent à la multiplication de microorganismes utilisés dans divers domaines, tels que l'industrie alimentaire et l'industrie biomédicale.

Voici des données concernant le nombre de cellules d'une culture de levures dans un bioréacteur :

Évolution du nombre de cellules dans un bioréacteur depuis son démarrage

Temps (jours)	1	2	3	4
Nombre de cellules par millilitre de culture	15 600	31 200	62 400	124 800

a. Décrivez l'évolution du nombre de cellules d'une journée à l'autre.

b. Déterminez le nombre initial de cellules.

c. Quel est le nombre de cellules :
   1) 72 h après le démarrage du bioréacteur ?
   2) 10 jours après le démarrage du bioréacteur ?
   3) 20 jours après le démarrage du bioréacteur ?

d. À quel moment cette culture compte-t-elle 1 996 800 cellules par millilitre de culture ?

e. Une autre culture de levures évolue de telle sorte que le nombre de cellules triple chaque jour.
   1) Complétez la table de valeurs suivante.

Évolution du nombre de cellules dans un bioréacteur depuis son démarrage

Temps (jours)	0	1	2	3	4
Nombre de cellules par millilitre de culture	7800	▬	▬	▬	▬

   2) À quel moment cette culture compte-t-elle 5 686 200 cellules par millilitre de culture ?

Certaines entreprises de biotechnologie utilisent des bioréacteurs dans lesquels des bactéries produisent des molécules destinées à la fabrication de vaccins.

NOTATION EXPONENTIELLE

L'exponentiation est l'opération qui consiste à affecter une base d'un exposant afin d'obtenir une puissance : base^{exposant} = puissance. Par exemple, dans l'expression $4^5 = 1024$, la base est 4, l'exposant est 5 et la puissance est 1024.

Notation et signification	Exemple
Pour une base a et un exposant entier $m > 1$: $$a^m = \underbrace{a \times a \times a \times \ldots \times a}_{m \text{ fois}}$$ L'exposant m indique le nombre de fois que la base a apparaît comme facteur dans un produit.	$2^5 = 2 \times 2 \times 2 \times 2 \times 2 = 32$
Pour une base a et l'exposant 1 : $$a^1 = a$$	$1{,}03^1 = 1{,}03$
Pour une base $a \neq 0$ et l'exposant 0 : $$a^0 = 1$$	$0{,}57^0 = 1$
Pour une base $a \neq 0$ et un exposant entier $m \geq 0$: $$a^{-m} = \frac{1}{a^m}$$	$4^{-3} = \frac{1}{4^3} = \frac{1}{64}$
Pour une base $a \geq 0$ et l'exposant $\frac{1}{2}$: $$a^{\frac{1}{2}} = \sqrt{a}$$	$64^{\frac{1}{2}} = \sqrt{64} = 8$
Pour une base a et l'exposant $\frac{1}{3}$: $$a^{\frac{1}{3}} = \sqrt[3]{a}$$	$8^{\frac{1}{3}} = \sqrt[3]{8} = 2$

LOIS DES EXPOSANTS

Les lois des exposants permettent d'effectuer des opérations faisant intervenir des expressions écrites sous la forme exponentielle.

Loi	Exemple
Produit de puissances Pour $a \neq 0$: $\qquad a^m \times a^n = a^{m+n}$	$3^4 \times 3^5 = 3^{4+5} = 3^9 = 19\ 683$
Quotient de puissances Pour $a \neq 0$: $\qquad \dfrac{a^m}{a^n} = a^{m-n}$	$\dfrac{5^8}{5^6} = 5^{8-6} = 5^2 = 25$
Puissance d'un produit Pour $a \neq 0$ et $b \neq 0$: $\qquad (ab)^m = a^m b^m$	$(3 \times 8)^2 = 3^2 \times 8^2 = 9 \times 64 = 576$
Puissance d'une puissance Pour $a \neq 0$: $\qquad (a^m)^n = a^{mn}$	$(2^3)^5 = 2^{15} = 32\ 768$
Puissance d'un quotient Pour $a \neq 0$ et $b \neq 0$: $\qquad \left(\dfrac{a}{b}\right)^m = \dfrac{a^m}{b^m}$	$\left(\dfrac{6}{5}\right)^2 = \dfrac{6^2}{5^2} = \dfrac{36}{25} = 1{,}44$

1 Exprimez chacun des produits suivants en utilisant la notation exponentielle dans laquelle les bases sont des nombres premiers.

a) $2 \times 2 \times \text{-}2 \times \text{-}2 \times 2 \times \text{-}2$

b) $3 \times 2 \times 2 \times 3 \times 3 \times 2 \times 1$

c) $\text{-}2 \times \text{-}4 \times 8 \times 2 \times \text{-}16$

d) $2 \times 4 \times 6 \times 8 \times 10 \times 12$

e) $6 \times 5 \times 4 \times 3 \times 2 \times \text{-}1$

f) $\text{-}18 \times 1 \times \text{-}2 \times 4 \times \text{-}9$

2 Évaluez les expressions suivantes.

a) 3^3

b) 2^5

c) 15^2

d) $1{,}2^2$

e) $0{,}3^3$

f) 0^1

g) 1^0

h) 1^1

3 Exprimez chacune des expressions suivantes sous la forme d'une seule puissance d'une même base.

a) $2^3 \times 2^6$

b) $(9^4)^2$

c) $3^0 \times 3^{-1} \times 3^5$

d) $(4^4)^{\frac{1}{2}}$

e) $\left(\dfrac{1}{4^3}\right)^8$

f) $\left(\dfrac{3^5}{3^2}\right)^{-7}$

g) $6^5 \times 6^{-5}$

h) $12\left(\dfrac{12^{-2}}{12}\right)^3$

4 Exprimez chacune des expressions algébriques suivantes sous la forme d'une seule puissance d'une même base.

a) $a^2 \times a^5$

b) $a(a^3)^2$

c) $2^a \times 2^{2a}$

d) $\dfrac{a^5}{a^7}$

e) $3^a \times 3^4$

f) $a^b \times a^{b+1}$

g) $a\left(\dfrac{a^2}{a^0}\right)$

h) $a^7 \times a^{-7}$

5 Associez chacune des expressions de la première ligne à l'expression de la seconde ligne qui lui est équivalente.

1 $3^6 \times 3^{-2}$ **2** $\text{-}(5^2)^{-4}$ **3** $\left(\dfrac{1}{7}\right)^{-3}$ **4** $4^0 \times 4^{-2} \times 4^3$ **5** $\left(\dfrac{2^3}{2^{-1}}\right)^{-2}$

A 7^3 **B** 3^4 **C** $\dfrac{1}{2^8}$ **D** $\text{-}\dfrac{1}{5^8}$ **E** 4

6 Dans chaque cas, trouvez la ou les valeurs de x.

a) $3^x = 27$

b) $x^2 = 36$

c) $2^5 = x$

d) $x^3 = 64$

e) $2^x = 16$

f) $7^4 = x$

7 Dans chaque cas, récrivez l'expression à l'aide d'un radical.

a) $3^{\frac{1}{2}}$

b) $\left(5^{\frac{1}{3}}\right)^2$

c) $4^{\frac{2}{5}}$

d) $7^{\frac{5}{2}}$

e) $(3^6)^{\frac{1}{4}}$

f) $\left(36^{\frac{1}{2}}\right)^{\frac{1}{2}}$

8 À l'aide de la notation exponentielle, récrivez chacune des expressions suivantes sans utiliser de radical.

a) $\sqrt{3}$

b) $\sqrt[3]{9}$

c) $\sqrt[5]{5^2}$

d) $\sqrt{\dfrac{2^3}{3^3}}$

e) $\sqrt{5} \times \sqrt[3]{5^{-2}}$

f) $\left(\dfrac{\sqrt[4]{8}}{\sqrt{8}}\right)^{-1}$

9 Simplifiez les expressions suivantes.

a) $\left(\sqrt[3]{a}\right)^3$

b) $b^8 \div b^2$

c) $2c^{\frac{1}{3}} \times 4\sqrt[3]{c}$

d) $\dfrac{4^{2d}}{2^{4d}}$

e) $\dfrac{12 \times \sqrt{3e} \times (4e)^{\frac{1}{2}}}{(-12e)^2}$

10 Dans chaque cas, trouvez la valeur de x.

a) $7^2 \times 7^3 = 7^x$

b) $13^{-5} \times 13 = 13^x$

c) $4^x \times 4^2 = 4^8$

d) $(5^x)^2 = 5^{\frac{1}{2}}$

e) $\left(\dfrac{2}{3}\right)^x \times \left(\dfrac{2}{3}\right)^4 = \left(\dfrac{2}{3}\right)^{-5}$

f) $(2^4)^x = \dfrac{1}{2}$

11 Parmi les énoncés suivants, déterminez ceux qui sont vrais.

A $a^5 \times a^2 = a^{10}$

B $\dfrac{a^6}{a^4} = a^2$

C $(ab)^7 = a^7 b^7$

D $(a^3)^4 = a^7$

E $\left(\dfrac{a}{b}\right)^5 = \dfrac{a^5}{b}$

F $a^0 = 1$

12 Dans une culture bactérienne, le nombre de bactéries quadruple toutes les heures. Il y a une seule bactérie au départ.

a) Combien y a-t-il de bactéries :
   1) 2 h plus tard ?
   2) 5 h plus tard ?

b) À quel moment y a-t-il :
   1) 64 bactéries ?
   2) 2048 bactéries ?

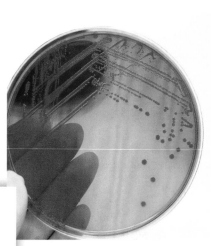

> Les boîtes de Petri sont des boîtes cylindriques plates et transparentes munies d'un couvercle qu'on utilise pour la culture de microorganismes. Elles tirent leur nom du bactériologiste allemand Julius Richard Petri (1852-1951) qui les a inventées.

13 Écrivez chacune des expressions suivantes sous la forme d'une expression exponentielle ne comportant que des exposants positifs.

a) $9^2 \times 81^{-3}$

b) $\left(\dfrac{2^{-2}}{16}\right)^{\frac{1}{2}}$

c) $\left(\dfrac{3^2 \times 9}{243}\right)^{-3}$

d) $\left(\dfrac{\sqrt{5}}{25}\right)^{-2}$

e) $-\left(-\left(\dfrac{16}{256}\right)^2\right)^2$

f) $\sqrt{\left(\dfrac{25}{625}\right)^{-3}}$

14 Dans chaque cas, trouvez la ou les valeurs de a.

a) $3^a \times 3^a = 3^8$

b) $\dfrac{2^{4a}}{2^a} = 2^6$

c) $(5^a)^a = 5^9$

d) $2^a \times 2^a = 16$

e) $\dfrac{3^{3a}}{3^a} = 81$

f) $(5^a)^a = 625$

15 Derek affirme que les deux pyramides régulières ci-dessous ont la même aire totale. A-t-il raison? Expliquez votre réponse.

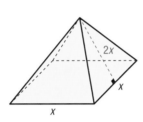 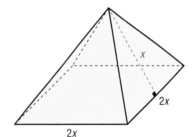

16 Lors d'une étude sur la clarté de l'eau d'un lac, on évalue que 98,5 % de la lumière du jour se rend à 50 cm de profondeur.

a) Complétez le tableau suivant.

Pourcentage de lumière selon la profondeur d'un lac

Profondeur (cm)	Pourcentage de lumière
0	100
50	98,5
100	97,0225
150	
200	

Le lac à l'Eau Claire, dans le Nunavik, aurait été formé par deux impacts météoriques s'étant produits simultanément il y a environ 290 millions d'années.

b) Quel est le pourcentage de lumière à une profondeur de 50 m?

c) On considère que la visibilité à une certaine profondeur est nulle lorsque le pourcentage de lumière est inférieur à 5 %. Que peut-on dire de la visibilité à une profondeur de:

1) 90 m?   2) 95 m?   3) 100 m?

17 Expliquez pourquoi il est:

a) impossible d'extraire la racine carrée d'un nombre inférieur à 0;

b) possible d'extraire la racine cubique d'un nombre inférieur à 0.

18 La demi-vie d'un élément radioactif est le temps requis pour que la moitié de ses atomes se désintègrent. Le tableau suivant indique la demi-vie de quelques-uns de ces éléments.

Demi-vie de quelques éléments radioactifs

Élément	Symbole chimique	Demi-vie (années)
Krypton 85	^{85}Kr	10,7
Plutonium 239	^{239}Pu	24 000
Iode 129	^{129}I	$1,7 \times 10^7$
Uranium 235	^{235}U	$7,1 \times 10^8$
Uranium 238	^{238}U	$4,5 \times 10^9$

Pour chacun des éléments du tableau, calculez le temps requis pour obtenir 51,25 g de cet élément si sa masse initiale est de 410 g.

19 Un virus informatique se propage de telle sorte que le nombre d'ordinateurs infectés double toutes les heures.

a) Complétez le tableau ci-contre.

b) Combien d'ordinateurs sont infectés:

1) 10 h après l'infection du premier ordinateur?

2) 24 h après l'infection du premier ordinateur?

3) 3 jours après l'infection du premier ordinateur?

4) *n* heures après l'infection du premier ordinateur?

Nombre d'ordinateurs infectés selon le temps

Temps (h)	Nombre d'ordinateurs infectés
0	1
1	2
2	4
3	8
4	
5	
6	

Le premier virus informatique, nommé Creeper, qui signifie «plante rampante», a été créé en 1971. Il se propageait par le biais d'ARPANET, le prédécesseur d'Internet. Le premier antivirus créé pour l'éradiquer se nommait Reaper, qui signifie «moissonneuse».

20 Chaque année suivant l'achat d'une voiture, sa valeur diminue de 15 % par rapport à l'année précédente.

a) Complétez la table de valeurs suivante pour une voiture dont la valeur d'achat est de 35 000 $.

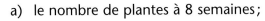

Valeur d'une voiture selon le temps écoulé depuis l'achat

Temps (années)	Valeur ($)
0	35 000
1	■■■■
2	■■■■
3	■■■■
4	■■■■
5	■■■■

b) Quelle est la valeur de la voiture :

1) 15 ans après l'achat ?   2) 20 ans après l'achat ?

21 Le nombre de plantes aquatiques d'un étang double chaque semaine. La superficie de l'étang est de 100 m² et une plante couvre une surface qui mesure 1 cm². Sachant qu'il y a une seule plante au départ, déterminez :

a) le nombre de plantes à 8 semaines ;

b) la superficie occupée par les plantes à 10 semaines ;

c) la superficie de l'étang inoccupée par les plantes à 13 semaines.

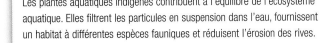

Les plantes aquatiques indigènes contribuent à l'équilibre de l'écosystème aquatique. Elles filtrent les particules en suspension dans l'eau, fournissent un habitat à différentes espèces fauniques et réduisent l'érosion des rives.

22 On laisse tomber une balle d'une hauteur de 10 m. Après chaque rebond, la balle atteint une hauteur qui correspond aux $\frac{4}{5}$ de la hauteur atteinte précédemment.

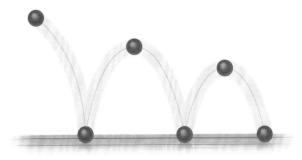

Quelle est la hauteur atteinte par la balle après :

a) le 1er rebond ?   b) le 4e rebond ?   c) le n^e rebond ?

Cette section est en lien avec la SAÉ 5.

PROBLÈME   Une explosion d'énergie

Le plutonium est un métal lourd radioactif qui a l'apparence du fer. Le plutonium 239 (^{239}Pu) est un des isotopes du plutonium qui peut servir de combustible dans les réacteurs nucléaires. Le schéma suivant commence avec la fission nucléaire du noyau d'un atome de ^{239}Pu.

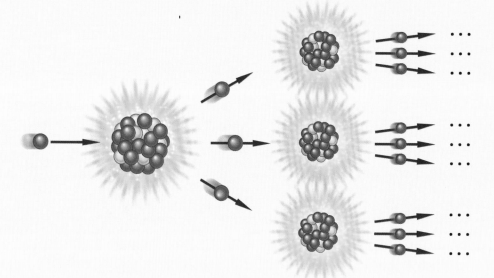

Voici quelques renseignements à propos de cette fission :

- La quantité d'énergie dégagée par la fission d'un atome de ^{239}Pu est de $2,88 \times 10^{-11}$ J.

- Le temps requis pour que se produise une fission est de 10^{-7} s.

- La quantité d'énergie nécessaire pour porter 1 L d'eau à ébullition est de $\frac{1}{3}$ MJ.

À quel moment le nombre de fission simultanée produit suffisamment d'énergie pour porter 3 L d'eau à ébullition ?

Pastille de plutonium éclairée par sa radioactivité. La fission d'un gramme de plutonium équivaut à la combustion d'une tonne de pétrole.

ACTIVITÉ 1 Le cobalt 60

Le cobalt 60 (^{60}Co) est un isotope radioactif fabriqué dans des réacteurs nucléaires spécialisés. On se sert du ^{60}Co comme source de rayons bêta pour la radiothérapie dans le traitement des tumeurs cancéreuses. Le graphique ci-contre représente la variation d'une quantité de ^{60}Co dans un réacteur selon le temps.

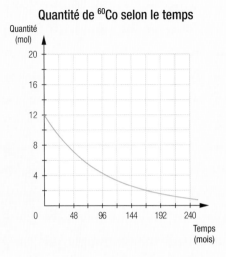

Quantité de ^{60}Co selon le temps

a. Quelle est la quantité initiale de ^{60}Co?

b. Décrivez en mots l'évolution de la quantité de ^{60}Co.

c. Complétez le tableau ci-dessous.

Quantité de ^{60}Co selon le temps

Temps (mois)	Calculs	Quantité de ^{60}Co (mol)
0	$12 \times 0,5^0$	12
64	$12 \times 0,5 = 12 \times 0,5^1 = 12 \times 0,5^{\frac{64}{64}}$	6
128	$12 \times 0,5 \times 0,5 = 12 \times 0,5^2 = 12 \times 0,5^{\frac{128}{64}}$	3
192	$12 \times 0,5 \times 0,5 \times 0,5 = 12 \times 0,5^3 = 12 \times 0,5^{\frac{192}{64}}$	
256		
320		
384		
...	...	...
n		

d. Par quel nombre doit-on multiplier la quantité initiale de ^{60}Co pour connaître la quantité restante à 2048 mois?

e. Dans la représentation graphique, que pouvez-vous dire à propos de la distance entre la courbe et l'axe des abscisses lorsque le temps augmente de plus en plus?

Les radiations du cobalt 60 brisent le matériel génétique des cellules cancéreuses, ce qui les empêche de se développer. Pour atténuer l'effet des rayonnements sur les tissus sains, on utilise un appareil qui se déplace, mais dont le faisceau reste pointé sur la tumeur.

ACTIVITÉ 2 L'éruption volcanique

Lors d'une éruption volcanique, il se produit parfois des écoulements de roches en fusion. Cette lave est souvent éjectée par la cheminée volcanique, située au sommet du volcan, ou par des ouvertures latérales qui se forment au pied du volcan ou sur ses flancs.

Lors d'une éruption volcanique, une équipe de géologues étudie deux sources de lave : l'une terrestre et l'autre sous-marine. Les renseignements suivants portent sur l'évolution de la température de la lave à ces deux sources.

> **Lave terrestre**
>
> La température initiale de la lave est de 1200 °C.
> À toutes les périodes de 30 min, la température de la lave diminue de 10 %
> par rapport à la période précédente.

> **Lave sous-marine**
>
> La température initiale de la lave est de 1200 °C.
> À toutes les périodes de 15 min, la température de la lave diminue de 20 %
> par rapport à la période précédente.

a. Complétez la table de valeurs suivante.

Évolution des températures des deux types de laves

Temps (h)	0	1	2	3	4
Température de la lave terrestre (°C)	■	■	■	■	■
Température de la lave sous-marine (°C)	■	■	■	■	■

b. Au bout de 1 h, de quel pourcentage de la température initiale :
   1) la température de la lave terrestre a-t-elle diminué ?
   2) la température de la lave sous-marine a-t-elle diminué ?

c. Sachant que la température T (en °C) de la lave terrestre est donnée par la règle $T = 1200(0,9)^{2x}$, où x correspond au temps (en h), déterminez la règle de la fonction associée à la lave sous-marine.

d. À la suite de certaines observations, un des géologues déduit que la règle de la fonction associée à la lave terrestre peut aussi s'écrire $T = 1200(0,81)^x$. A-t-il raison ? Expliquez votre réponse.

e. À l'aide des lois des exposants, montrez que la règle de la fonction associée à la lave sous-marine peut aussi s'écrire $T = 1200(0,4096)^x$.

ACTIVITÉ **3** Une constante d'intérêt

Un placement engendre des intérêts composés lorsque, à la fin de chaque période, les intérêts sont ajoutés au placement afin de générer de nouveaux intérêts. C'est en étudiant un problème d'intérêts composés que Jacob Bernoulli Iᵉʳ a découvert un nombre aux propriétés intéressantes.

a. Complétez le tableau suivant.

Valeur d'un placement selon la période de calcul des intérêts

Nombre de périodes par année	Intérêts calculés à chaque période (%)	Calcul	Valeur du placement à la fin de l'année ($)
1 (annuellement)	100	1×2	2
2 (semestriellement)	50	$1 \times 1{,}5^2$	2,25
4 (trimestriellement)	25	$1 \times 1{,}25^4$	☐
12 (mensuellement)	☐	☐	☐
52 (chaque semaine)	☐	☐	☐
365 (chaque jour)	☐	☐	☐
8760 (chaque heure)	☐	☐	☐
n	$\dfrac{100}{n}$		$1 \times \left(1 + \dfrac{1}{n}\right)^n$

b. Évaluez $\left(1 + \dfrac{1}{n}\right)^n$ lorsque :

1) $n = 1$ 2) $n = 2$ 3) $n = 4$ 4) $n = 12$

5) $n = 52$ 6) $n = 365$ 7) $n = 8760$

c. Comparez les résultats obtenus en **b** avec ceux de la dernière colonne du tableau ci-dessus. Que remarquez-vous ?

d. Vers quelle valeur se rapproche $\left(1 + \dfrac{1}{n}\right)^n$ lorsque celle de n est de plus en plus grande ?

e. Repérez la touche e^x sur votre calculatrice et calculez e^1. Que remarquez-vous ?

f. Si l'on place une somme de 1$ à un taux d'intérêt annuel de 100 % et que les intérêts sont calculés de façon continue, quelle est la valeur de ce placement à la fin de l'année ?

Techno math

Une calculatrice graphique permet de déterminer la règle d'une fonction pouvant servir de modèle mathématique à une situation donnée.

x	y
1	90
2	50
3	22
4	18
5	8
6	6

Voici la table de valeurs qui traduit les données recueillies lors d'une expérience mettant en relation deux variables.

Cet écran permet d'éditer chacun des couples de la table de valeurs.

Écran 1

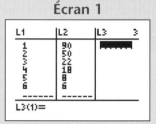

Cet écran permet de définir l'affichage d'un nuage de points.

Écran 2

La tendance graphique décrite par les points correspond à celle d'une fonction exponentielle.

Écran 3

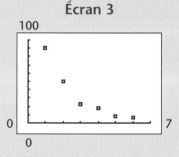

Ce choix permet de déterminer la règle de la fonction exponentielle dont la courbe est la mieux ajustée au nuage de points.

Écran 4

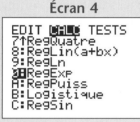

Ces deux écrans permettent d'obtenir la règle d'une fonction exponentielle et d'inscrire le résultat dans l'éditeur de règles.

Écrans 5 et 6

RegExp L₁,L₂,Y₁

RegExp
y=a+b^x
a=143.7306783
b=.5771366719

Écran 7

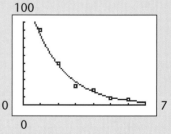

Cet écran permet d'afficher la courbe de la fonction exponentielle à même le nuage de points.

a. À l'écran **6**, que représentent les valeurs de a et de b?

b. À l'aide d'une calculatrice graphique et des données ci-contre :

1) affichez un nuage de points;

2) déterminez la règle d'une fonction exponentielle pouvant servir de modèle mathématique à cette situation;

3) tracez la courbe à même le nuage de points.

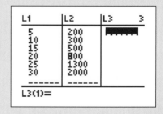

savoirs 3.1

FONCTION EXPONENTIELLE

Une fonction définie par une règle dans laquelle la **variable indépendante** apparaît **en exposant** est appelée fonction exponentielle.

La règle d'une fonction exponentielle peut s'écrire sous la forme $f(x) = ac^{b(x-h)} + k$, où $a \neq 0$, $b \neq 0$ et où la base c est un nombre supérieur à 0 et différent de 1. Toutefois, les lois des exposants permettent de transformer cette règle et de l'écrire sous la forme canonique $f(x) = ac^x + k$.

$$\text{Ex.:} \; f(x) = 5(3)^{2(x+1)} + 7$$
$$= 5(3^2)^{x+1} + 7$$
$$= 5(9)^{x+1} + 7$$
$$= 5 \times 9^x \times 9^1 + 7$$
$$= 45(9)^x + 7$$

Dans la représentation graphique d'une fonction exponentielle dont la règle s'écrit $f(x) = ac^x + k$, la courbe passe par le point de coordonnées $(0, a + k)$ et l'une de ses extrémités se rapproche de plus en plus d'une asymptote horizontale d'équation $y = k$.

Ex.:

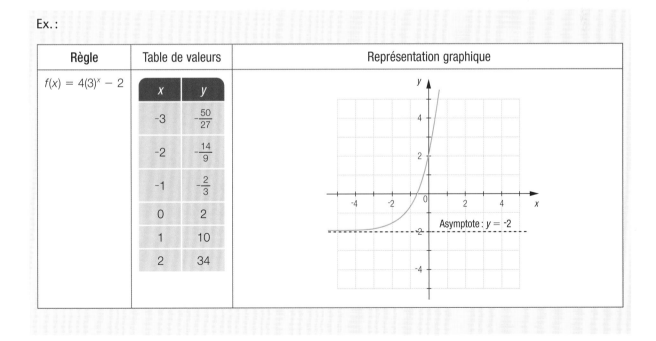

Règle	Table de valeurs		Représentation graphique
$f(x) = 4(3)^x - 2$	x	y	
	-3	$-\frac{50}{27}$	
	-2	$-\frac{14}{9}$	
	-1	$-\frac{2}{3}$	
	0	2	
	1	10	
	2	34	

La constante de Néper, nombre irrationnel symbolisé par la lettre **e** et dont la valeur est environ 2,7183, est souvent utilisée comme base de fonctions exponentielles.

RECHERCHE DE LA RÈGLE D'UNE FONCTION EXPONENTIELLE

Il est possible de déterminer la règle d'une fonction exponentielle, qui s'écrit $f(x) = ac^x + k$, de la façon suivante.

1. Trouver l'équation de l'asymptote horizontale, l'ordonnée à l'origine de la courbe et les coordonnées d'un point autre que celui associé à l'ordonnée à l'origine.	Ex. : 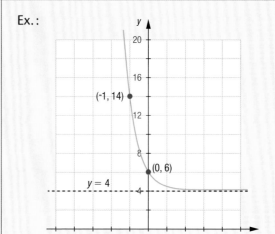 L'équation de l'asymptote horizontale est $y = 4$, l'ordonnée à l'origine est 6 et la courbe passe par le point (-1, 14).
2. Déterminer la valeur du paramètre k et celle du paramètre a.	Puisque l'équation de l'asymptote horizontale est $y = 4$, on déduit que $k = 4$. $\quad$ Puisque l'ordonnée à l'origine est égale à $a + k$, on a : $6 = a + 4$ $\qquad a = 2$
3. Substituer les coordonnées du point à x et à $f(x)$ dans la règle $f(x) = ac^x + k$.	$14 = 2c^{-1} + 4$
4. Résoudre l'équation formée afin de déterminer la base de la fonction.	$14 = 2c^{-1} + 4$ $10 = 2c^{-1}$ $5 = c^{-1}$ $c = 0{,}2$
5. Écrire la règle de la fonction obtenue.	$f(x) = 2(0{,}2)^x + 4$

1 Complétez le tableau ci-dessous.

	Règle de la fonction	Domaine	Codomaine	Valeur initiale	Variation	Équation de l'asymptote
a)	$y_1 = 3\left(\dfrac{1}{5}\right)^x$					
b)	$y_2 = 2{,}5^x$					
c)	$y_3 = 3(5)^{x-3} + 1$					
d)	$y_4 = 4(0{,}3)^{-(x-4)} + 2$					
e)	$y_5 = 2{,}5(1{,}01)^{12x}$					
f)	$y_6 = 3000(0{,}95)^{\frac{x}{6}}$					

2 a) Dans chaque cas, représentez graphiquement les fonctions f et g dans un même plan cartésien.

1) $f(x) = 3^x$ $\qquad$ $g(x) = \left(\dfrac{1}{3}\right)^x$

2) $f(x) = 6^x + 4$ $\qquad$ $g(x) = 6^{-x} + 4$

3) $f(x) = 3(2)^x$ $\qquad$ $g(x) = -3(2)^x$

b) Pour chacun des graphiques construits en a), indiquez la transformation géométrique qu'il faut appliquer à la courbe de la fonction f pour obtenir celle de la fonction g.

3 Dans chaque cas, indiquez si la fonction est croissante ou décroissante.

a) $f(x) = 2(0{,}2)^x$ $\qquad$ b) $g(x) = 0{,}5(3)^{x-4}$ $\qquad$ c) $h(x) = -2(3)^x + 5$

d) $i(x) = 38\left(\dfrac{1}{5}\right)^{3-x} + 1$ $\qquad$ e) $j(x) = -7(0{,}3)^x$ $\qquad$ f) $k(x) = 0{,}5(0{,}5)^{7-x}$

4 Pour chacune des fonctions ci-dessous, déterminez:

1) le domaine et le codomaine; $\qquad$ 2) la valeur initiale;

3) la variation; $\qquad$ 4) l'équation de l'asymptote.

a) $f(x) = 2\left(\dfrac{1}{5}\right)^{x+8} - 250$ $\qquad$ b) $g(x) = -3{,}2(0{,}4)^{x+1} + 1{,}28$

c) $h(x) = 120(1{,}2)^{2x} - 207{,}36$ $\qquad$ d) $i(x) = -100\left(\dfrac{3}{2}\right)^{x-5} + 337{,}5$

e) $j(x) = 10\,500(1{,}01)^{\frac{x}{3}} - 10\,711{,}05$ $\qquad$ f) $k(x) = 32(0{,}5)^{x-7} - 32$

5 Déterminez la règle de chacune des fonctions exponentielles représentées ci-dessous.

a)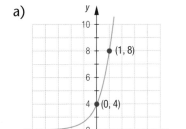

b)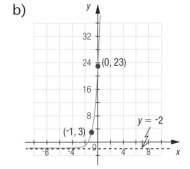

c)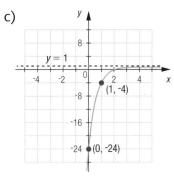

d)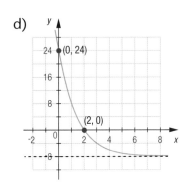

e)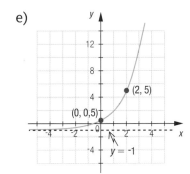

f)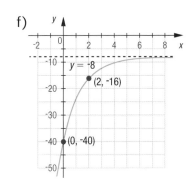

6 Émile utilise la méthode ci-dessous pour déterminer la règle d'une fonction exponentielle de la forme $f(x) = a(c)^x$ et dont la courbe passe par les points (3, 54) et (5, 486).

1. J'écris deux équations à partir des points donnés. $486 = a(c)^5$ et $54 = a(c)^3$	3. À l'aide d'une racine carrée, je détermine la base. $c = 3$
2. Je forme une proportion à l'aide de ces deux équations et je simplifie. $\dfrac{486}{54} = \dfrac{a(c)^5}{a(c)^3}$ $9 = c^2$	4. En remplaçant la base et les coordonnées d'un point dans la règle $f(x) = a(c)^x$, j'obtiens la valeur de a. $486 = a(3)^5$ $486 = 243a$ $a = 2$
	5. La règle de la fonction exponentielle est $f(x) = 2(3)^x$.

a) Chacune des paires de couples suivantes appartient à la courbe d'une fonction exponentielle dont la règle est de la forme $f(x) = ac^x$. Déterminez la règle de chacune de ces fonctions à l'aide de la méthode présentée ci-dessus.

1) (1, 24) et (4, 5184).

2) (3, 10,125) et (-1, 2).

3) (4, -81) et (7, -2187).

4) (-3, 16) et (2, 0,5).

b) À l'aide de la même méthode, déterminez la règle de la fonction exponentielle, écrite sous la forme $f(x) = ac^x + k$, ayant les caractéristiques suivantes.

	Équation de l'asymptote	Points appartenant à la courbe
1)	$y = 7$	A(1, 13) et B(4, 55)
2)	$y = -15$	A(3, 1235) et B(-1, -13)
3)	$y = 300\ 000$	A(7, 5 300 000) et B(6, 800 000)
4)	$y = -5$	A(5, 3067) et B(0, -2)

7 Les fonctions f et g sont décrites par les règles $f(x) = 2^{3x}$ et $g(x) = -0,25(2)^{x+5}$.

a) Déterminez la règle de la fonction qui correspond à :

1) $f \times g$ 2) $\dfrac{f}{g}$

b) Déterminez le domaine et le codomaine de la fonction qui correspond à :

1) $f \times g$ 2) $\dfrac{f}{g}$

8 **SUITE ARITHMÉTIQUE ET SUITE GÉOMÉTRIQUE** Dans une suite arithmétique, la différence entre un terme et celui qui le précède est toujours la même. Dans une suite géométrique, c'est le rapport entre un terme et celui qui le précède qui est toujours le même. Le tableau ci-dessous présente une suite arithmétique et une suite géométrique.

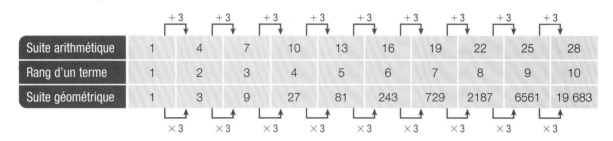

a) Dans un même plan cartésien, représentez la relation entre le rang d'un terme et la valeur de ce terme pour chacune des suites.

b) Déterminez le type de fonction associé à chacune des suites.

c) Pour chacune des suites, établissez la règle de la fonction qui permet de déterminer la valeur d'un terme d'après son rang.

9 a) Représentez graphiquement la fonction dont la règle est $f(x) = e^x$.

b) Établissez l'équation de l'asymptote de la courbe.

c) Pour cette fonction, déterminez :

1) le domaine et le codomaine ;

2) la variation ;

3) la valeur initiale.

10 Une personne investit 5400 $ dans un certificat de placement garanti offrant un taux d'intérêt annuel de 3,6 %. Si les intérêts sont composés annuellement, quelle sera la valeur de ce placement au bout de 10 ans ?

11 Un couple veut investir 25 000 $.

VOICI, NOUS AVONS DEUX PRODUITS DE PLACEMENT À MOYEN TERME, SOIT LE PLAN A, À UN TAUX D'INTÉRÊT ANNUEL DE 6 % COMPOSÉ ANNUELLEMENT, PUIS LE PLAN B, À UN TAUX D'INTÉRÊT ANNUEL DE 6 %, MAIS LES INTÉRÊTS SONT COMPOSÉS TOUS LES SIX MOIS.

a) D'après le plan A, quelle sera la valeur du placement au bout d'une année ?

b) À quel pourcentage de la somme initiale investie correspond la somme calculée en a) ?

c) D'après le plan B, quelle sera la valeur du placement au bout d'une année ?

d) À quel pourcentage de la somme initiale investie correspond la somme calculée en c) ?

e) Complétez le tableau suivant.

Plan A				Plan B			
Temps (mois)	Temps (années)	Calcul	Valeur du placement ($)	Temps (mois)	Temps (années)	Calcul	Valeur du placement ($)
0	0	25 000(1,06)⁰	25 000	0	0	25 000(1,03)⁰	25 000
12	1	☐	☐	6	0,5	25 000(1,03)¹	☐
				12	1	25 000(1,03)²	☐
24	2	☐	☐	18	1,5	☐	☐
				24	2	☐	☐
36	3	☐	☐	30	2,5	☐	☐
				36	3	☐	☐
48	4	☐	☐	42	3,5	☐	☐
				48	4	☐	☐
...	...	...	...	...	...	...	...
	x		☐		x		☐

En cellules avec exposants : $25\,000(1,06)^0$, $25\,000(1,03)^0$, $25\,000(1,03)^1$, $25\,000(1,03)^2$.

f) Lequel des deux placements est le plus avantageux ? Expliquez votre réponse.

12 *SUITSAT-1* Le 3 février 2006, les astronautes de la Station spatiale internationale ont mis en orbite une ancienne combinaison spatiale russe, sur laquelle était fixé un émetteur radioamateur qui transmettait en continu le message : *This is SuitSat-1RSORS* ainsi que plusieurs messages enregistrés en cinq langues différentes par des écoliers provenant de plusieurs pays. Le message a été capté par des milliers de radioamateurs dans le monde.

La règle $T = 13{,}5\mathrm{e}^{-\frac{9x}{100}}$ permet de calculer la tension T (en volts) de la batterie de *SuitSat-1*, selon le temps écoulé x (en jours) depuis la mise en orbite.

a) Quelle est la tension de la batterie :

   1) au moment de la mise en orbite ?

   2) 15 jours après la mise en orbite ?

b) La fonction associée à cette situation est-elle croissante ou décroissante ?

c) *SuitSat-1* s'est désintégré dans l'atmosphère le 7 septembre 2006. En tenant compte du contexte, déterminez le domaine et le codomaine de cette fonction.

13 La température moyenne T (en °C) à l'intérieur d'un congélateur varie selon la règle $T = 19{,}5(0{,}65)^{\frac{x}{60}} - 10{,}5$, où x correspond au temps écoulé (en min) depuis la mise en marche du congélateur.

a) Représentez graphiquement la température en fonction du temps.

b) Dans la représentation graphique obtenue en a) :

   1) déterminez l'équation de l'asymptote ;

   2) expliquez, en tenant compte du contexte, ce que représente l'asymptote.

c) Quel est le codomaine de cette fonction ?

d) Quelle est la température du congélateur avant qu'il ne soit mis en marche ?

14 DENSITÉ OPTIQUE La densité optique est utilisée en photographie pour mesurer l'opacité d'une pellicule photographique. Voici des données provenant d'une expérience sur la densité optique :

Variation de la densité optique

Densité optique d	0	0,1	0,2	0,3	0,4	0,5	0,6	0,7	0,8	0,9	1
Opacité p	1	1,26	1,58	2	2,51	3,16	3,98	5	6,3	7,94	10

a) Déterminez la règle de la fonction exponentielle qui permet de calculer l'opacité p d'une pellicule en fonction de sa densité optique d.

b) Quelle est l'opacité d'une pellicule dont la densité optique est de 2,5 ?

c) D'après cette expérience, l'opacité d'une pellicule peut-elle être nulle ? Expliquez votre réponse.

15 Un ballon se dégonfle graduellement. Le volume d'air qu'il renferme est donné par la règle $N = N_0(e)^{-\frac{7x}{20}}$, où N représente le volume d'air (en L) x jours après avoir été gonflé et N_0 représente le volume d'air initial. Quel pourcentage du volume d'air initial le ballon a-t-il perdu au bout de:

a) 1 jour?   b) 2 jours?   c) 5 jours?

16 On prévoit que, tous les 4 mois, la valeur d'un placement augmentera de 0,5 % par rapport à la période précédente. Établissez la règle qui permet de calculer la valeur V (en $) de ce placement selon le temps x (en années).

17 Chaque année, la population de grenouilles d'un petit boisé est réduite de 5 % par rapport à l'année précédente. Si le boisé compte actuellement 2000 grenouilles, combien restera-t-il de grenouilles dans 10 ans?

Étant donné la semi-perméabilité de leur peau, les grenouilles sont extrêmement sensibles à la pollution. Les fluctuations de leur population sont un bon indicateur des changements qui ont lieu dans l'environnement.

18 Grâce à la conscientisation et à la recherche, de plus en plus de personnes connaissent les dangers associés au tabagisme. L'une des méthodes qui permettent de cesser de fumer consiste à espacer le temps entre deux cigarettes fumées consécutivement. Afin d'arrêter de fumer, une personne décide d'augmenter de 2% par jour l'intervalle de temps entre chaque cigarette fumée. Elle considère que lorsque l'intervalle de temps entre chaque cigarette fumée sera supérieur à 24 h, elle aura alors vaincu son combat contre le tabac.

a) Sachant que cette personne a l'habitude de fumer une cigarette toutes les heures, établissez la règle qui permet de calculer l'intervalle de temps entre chaque cigarette fumée selon le nombre de jours écoulés depuis le début du processus.

b) Déterminez l'intervalle de temps entre chaque cigarette fumée:

1) 1 semaine après le début du processus;

2) 30 jours après le début du processus;

3) 150 jours après le début du processus.

Il existe de nombreuses méthodes pour cesser de fumer. Certaines préconisent de cesser progressivement la consommation de cigarettes et d'autres, de cesser de fumer d'un seul coup.

Cette section est en lien avec la SAÉ 6.

PROBLÈME L'échelle de Richter

La Californie est une région du Sud-Ouest américain propice aux activités sismiques. En 1935, Charles Richter et Beno Gutenberg mettent au point une échelle qui permet de quantifier l'intensité des séismes de cette région. La magnitude d'un séisme est basée sur l'amplitude du mouvement du sol mesurée à l'aide d'un sismomètre.

La table de valeurs ci-dessous permet de comparer la magnitude d'un séisme sur l'échelle de Richter et l'énergie qu'il libère.

Énergie libérée par un séisme en fonction de sa magnitude sur l'échelle de Richter

Magnitude	Énergie libérée (joules)
1	$4,2 \times 10^6$
2	$1,323 \times 10^8$
3	$4,167 \times 10^9$
4	$1,313 \times 10^{11}$

Un séisme de magnitude 10 sur l'échelle de Richter libère combien de fois plus d'énergie qu'un séisme de magnitude 6?

Alors que des séismes de magnitude inférieure à 2 se produisent sur notre planète environ 8000 fois par année et sont à peine perceptibles, un séisme de magnitude supérieure à 9 se produit quelques fois par siècle et peut dévaster une région entière. La magnitude la plus haute jamais enregistrée, soit 9,5, est celle du séisme qui a secoué le Chili, le 22 mai 1960.

ACTIVITÉ 1 Le carbone 14

Dans un organisme vivant, le carbone apparaît sous plusieurs formes dont le carbone 12 (^{12}C), le carbone 13 (^{13}C) et le carbone 14 (^{14}C). Le ^{14}C représente 10^{-10} % du carbone présent dans tout organisme vivant. À partir de la mort d'un organisme, ce pourcentage diminue.

a. Complétez la table de valeurs ci-contre.

b. Décrivez en mots la façon dont le pourcentage de ^{14}C varie selon le temps écoulé depuis la mort d'un organisme.

c. À quel type de fonction cette table de valeurs correspond-elle ?

d. Quel est le pourcentage de ^{14}C dans un organisme mort depuis :

1) 45 840 ans ?

2) 57 300 ans ?

Évolution du pourcentage de ^{14}C dans un organisme depuis sa mort

Temps (années)	Pourcentage de ^{14}C
0	10^{-10}
5 730	5×10^{-11}
11 460	$2,5 \times 10^{-11}$
17 190	$1,25 \times 10^{-11}$
22 920	▄▄▄▄▄▄
28 650	▄▄▄▄▄▄
34 380	▄▄▄▄▄▄

e. Depuis combien de temps un organisme est-il mort s'il contient :

1) $7,8125 \times 10^{-13}$ % de ^{14}C ?   2) $3,906\ 25 \times 10^{-13}$ % de ^{14}C ?

Le graphique ① correspond à la fonction associée à la table de valeurs précédente et le graphique ②, à la réciproque de cette fonction.

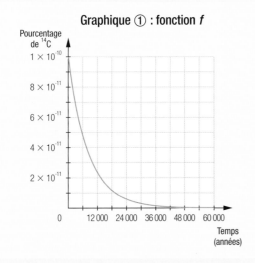

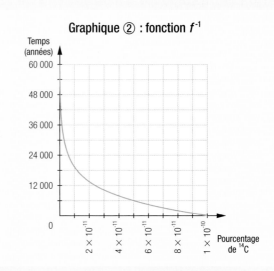

f. Vérifiez que ces deux graphiques représentent des fonctions réciproques entre elles.

g. De f ou de f^{-1}, laquelle des deux fonctions devrait-on utiliser pour :

1) calculer le temps écoulé depuis la mort d'un organisme d'après le pourcentage de ^{14}C qu'il contient ?

2) calculer le pourcentage de ^{14}C qu'un organisme contient d'après le temps écoulé depuis sa mort ?

Techno math

Une calculatrice graphique permet d'afficher dans un même plan cartésien les courbes de plusieurs fonctions. Voici une exploration qui permet d'observer certaines caractéristiques graphiques d'une fonction dont la règle s'écrit sous la forme $y = \log b(x - h)$.

Voici les règles de trois fonctions logarithmiques ainsi que leur représentation graphique.

Écran 1

Écran 2

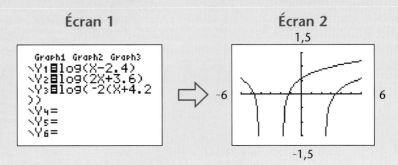

Cet écran montre divers éléments que l'on peut tracer à l'écran graphique.

Écran 3

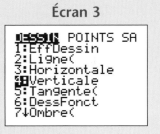

Il est possible de tracer une droite verticale à l'écran graphique. Voici les asymptotes verticales des trois courbes:

Écrans 4 et 5   **Écrans 6 et 7**   **Écrans 8 et 9**

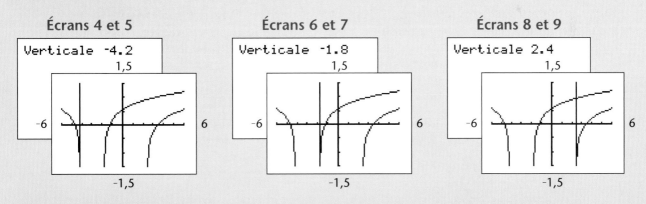

a. Pour chacune des règles de l'écran **1**, déterminez la valeur du paramètre b et celle du paramètre h.

b. Quelle est l'équation de l'asymptote verticale tracée:

1) à l'écran **5**?   2) à l'écran **7**?   3) à l'écran **9**?

c. En comparant les réponses obtenues en **a** avec les équations des asymptotes obtenues en **b**, quelle conjecture pouvez-vous émettre?

d. À l'aide d'une calculatrice graphique, affichez à l'écran graphique la courbe et l'asymptote associées à chacune des fonctions suivantes.

1) $f(x) = \log(x - 1)$ 2) $g(x) = \log(x + 5)$ 3) $h(x) = \log{-0,5}(x - 3)$

LOGARITHME

L'exposant qu'il faut attribuer à une base pour obtenir une puissance donnée est appelé logarithme. Pour $m > 0$ et une base c supérieure à 0 et différente de 1, l'équivalence qui suit permet de passer d'une forme d'écriture exponentielle à une forme d'écriture logarithmique, et vice versa.

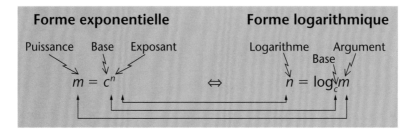

Forme exponentielle   **Forme logarithmique**

Puissance   Base   Exposant   Logarithme   Argument   Base

$$m = c^n \qquad \Leftrightarrow \qquad n = \log_c m$$

Ex.:
1) $8 = 2^3 \quad \Leftrightarrow \quad 3 = \log_2 8 \qquad$ (3 est le logarithme de 8 en base 2.)
2) $20 = 9^n \quad \Leftrightarrow \quad n = \log_9 20 \qquad$ (n est le logarithme de 20 en base 9.)
3) $17 = 13^{2x} \quad \Leftrightarrow \quad 2x = \log_{13} 17 \qquad$ ($2x$ est le logarithme de 17 en base 13.)

De l'équivalence précédente, on peut déduire que, pour $c > 0$ et $c \neq 1$, $\log_c 1 = 0$ et $\log_c c = 1$. Par exemple, $\log_5 1 = 0$ et $\log_3 3 = 1$.

Logarithme décimal et logarithme népérien

Parmi les logarithmes, les plus fréquemment utilisés sont le logarithme en **base 10**, appelé **logarithme décimal,** et le logarithme en **base e**, appelé **logarithme népérien** ou logarithme naturel. Pour cette raison, on omet d'écrire la base d'un logarithme lorsqu'elle est 10, et on utilise un symbole particulier pour désigner un logarithme népérien.

Notation	Exemple
$\log_{10} x$ s'écrit plus simplement $\log x$.	$\log_{10} 8 = \log 8$
$\log_e x$ s'écrit plus simplement $\ln x$.	$\log_e 3 = \ln 3$

> Sur une calculatrice, la touche **LOG** permet de calculer un logarithme en base 10 et la touche **LN**, un logarithme en base e.

FONCTION LOGARITHMIQUE

La réciproque d'une fonction exponentielle correspond à une fonction logarithmique.

La règle d'une fonction logarithmique peut s'écrire sous la forme $f(x) = a \log_c b(x - h) + k$, où $a \neq 0$, $b \neq 0$ et où la base c est un nombre supérieur à 0 et différent de 1. Toutefois, certaines manipulations algébriques permettent de transformer cette règle et de l'écrire sous la forme canonique $f(x) = \log_c b(x - h)$.

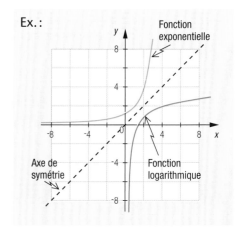

Ex.:

Fonction exponentielle

Axe de symétrie

Fonction logarithmique

Dans la représentation graphique d'une fonction logarithmique dont la règle s'écrit $f(x) = \log_c b(x - h)$, la courbe passe par le point de coordonnées $\left(\dfrac{1}{b} + h, 0\right)$ et l'une de ses extrémités se rapproche de plus en plus d'une asymptote verticale d'équation $x = h$.

Ex.:

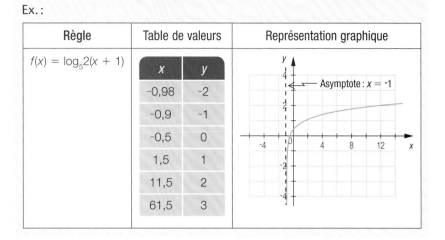

Règle	Table de valeurs		Représentation graphique
$f(x) = \log_5 2(x + 1)$	**x**	**y**	
	-0,98	-2	
	-0,9	-1	
	-0,5	0	
	1,5	1	
	11,5	2	
	61,5	3	

RECHERCHE DE LA RÈGLE D'UNE FONCTION LOGARITHMIQUE

Il est possible de déterminer la règle d'une fonction logarithmique, qui s'écrit $f(x) = \log_c b(x - h)$, de la façon suivante.

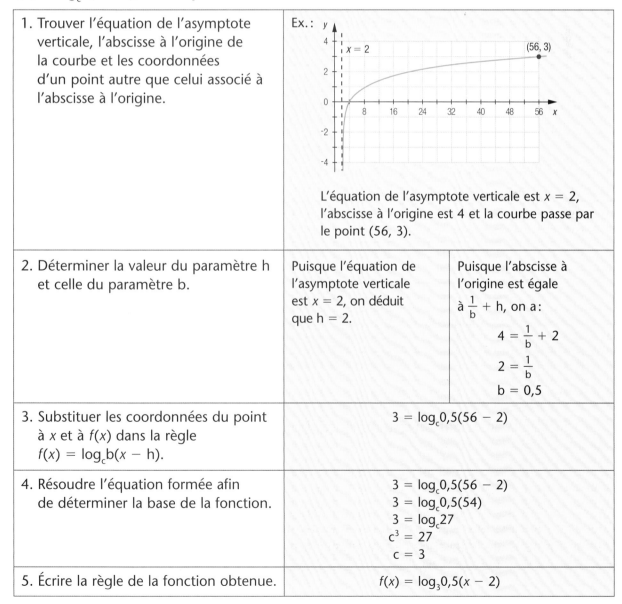

1. Trouver l'équation de l'asymptote verticale, l'abscisse à l'origine de la courbe et les coordonnées d'un point autre que celui associé à l'abscisse à l'origine.	Ex.: *(graphique)* L'équation de l'asymptote verticale est $x = 2$, l'abscisse à l'origine est 4 et la courbe passe par le point (56, 3).
2. Déterminer la valeur du paramètre h et celle du paramètre b.	Puisque l'équation de l'asymptote verticale est $x = 2$, on déduit que $h = 2$. Puisque l'abscisse à l'origine est égale à $\dfrac{1}{b} + h$, on a: $4 = \dfrac{1}{b} + 2$ $2 = \dfrac{1}{b}$ $b = 0,5$
3. Substituer les coordonnées du point à x et à $f(x)$ dans la règle $f(x) = \log_c b(x - h)$.	$3 = \log_c 0,5(56 - 2)$
4. Résoudre l'équation formée afin de déterminer la base de la fonction.	$3 = \log_c 0,5(56 - 2)$ $3 = \log_c 0,5(54)$ $3 = \log_c 27$ $c^3 = 27$ $c = 3$
5. Écrire la règle de la fonction obtenue.	$f(x) = \log_3 0,5(x - 2)$

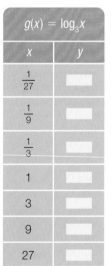

1 Récrivez chacune de ces égalités sous la forme logarithmique.

a) $3^4 = 81$

b) $2^6 = 64$

c) $5^{\frac{3}{2}} = \sqrt{125}$

d) $144^{\frac{1}{2}} = 12$

e) $10^{-2} = 0,01$

f) $\left(\dfrac{1}{3}\right)^3 = \dfrac{1}{27}$

g) $3^0 = 1$

h) $\left(\dfrac{1}{4}\right)^{-4} = 256$

2 Récrivez chacune de ces égalités sous la forme exponentielle.

a) $\log_2 32 = 5$

b) $\log 1000 = 3$

c) $\log_4 \dfrac{1}{4} = -1$

d) $\log 0,0001 = -4$

e) $\log 10 = 1$

f) $\log_5 1 = 0$

g) $\log_2 \dfrac{1}{16} = -4$

h) $\log_3 3^4 = 4$

3 Calculez chacun des logarithmes suivants.

a) $\log_2 16$

b) $\log_3 27$

c) $\log_{\frac{1}{2}} \dfrac{1}{8}$

d) $\log 1000$

e) $\log_2 \dfrac{1}{4}$

f) $\log_3 \dfrac{1}{81}$

g) $\log 0,001$

h) $\ln e$

4 Dans chacun des cas, déterminez la valeur de x.

a) $\log_x 64 = 3$

b) $2 = \log x$

c) $\log_{\frac{1}{3}} 9 = x$

d) $\log_2 \sqrt{8} = x$

e) $\log_x 1\,000\,000 = 6$

f) $-2 = \log_9 x$

g) $\ln e^3 = x$

h) $4 = \log_x 144$

5 Dans chaque cas :

1) complétez la table de valeurs ; 2) tracez le graphique de la fonction.

a)

$f(x) = \log_2 x$	
x	y
$\dfrac{1}{8}$	
$\dfrac{1}{4}$	
$\dfrac{1}{2}$	
1	
2	
4	
8	

b)

$g(x) = \log_3 x$	
x	y
$\dfrac{1}{27}$	
$\dfrac{1}{9}$	
$\dfrac{1}{3}$	
1	
3	
9	
27	

c)

$h(x) = 3\log_5 x$	
x	y
$\dfrac{1}{125}$	
$\dfrac{1}{25}$	
$\dfrac{1}{5}$	
1	
5	
25	
125	

d)

$i(x) = \log_2 (x + 1)$	
x	y
$-\dfrac{7}{8}$	
$-\dfrac{3}{4}$	
$-\dfrac{1}{2}$	
0	
1	
3	
7	

e)

$j(x) = \log_{\frac{1}{2}} x$	
x	y
$\dfrac{1}{8}$	
$\dfrac{1}{4}$	
$\dfrac{1}{2}$	
1	
2	
4	
8	

6 Déterminez la valeur de chacune des expressions suivantes.

a) $\log 31$

b) $\ln 6$

c) $\log 5^2 - 1$

d) $3\ln 10 - 5$

e) $\ln 0,5$

f) $\log e$

g) $\ln 10$

h) $\log 0,18$

7 Pour chacune des fonctions exponentielles suivantes, établissez la règle de sa réciproque.

a) $f(x) = 3^x$

b) $g(x) = 0,8^x + 7$

c) $h(x) = 3e^x$

d) $i(x) = 4,5(10)^{x-2} - 5$

e) $j(x) = 0,15\left(\dfrac{1}{3}\right)^x$

f) $k(x) = 5e^{\frac{x}{2}}$

8 Pour chacune des fonctions logarithmiques suivantes, établissez la règle de sa réciproque.

a) $f(x) = \log_5 x$

b) $g(x) = 4,5\log(x - 3)$

c) $h(x) = 2,35\ln x$

d) $i(x) = 7,5\log_2 2x + 5$

e) $j(x) = 0,5\log(x - 4) + 1$

f) $k(x) = 0,5\ln\dfrac{x}{2}$

9 Complétez le tableau ci-dessous.

Règle de la fonction	Base	Équation de l'asymptote	Domaine	Codomaine
a) $f(x) = 2\log_2 x$	▬	▬	▬	▬
b) $g(x) = \log x$	▬	▬	▬	▬
c) $h(x) = 3\log_{1,5}(x - 4) + 2$	▬	▬	▬	▬
d) $i(x) = \log_{0,5} x - 1$	▬	▬	▬	▬
e) $j(x) = \ln x$	▬	▬	▬	▬
f) $k(x) = -\log_3(x + 1) - 5$	▬	▬	▬	▬

10 a) Dans chaque cas, représentez graphiquement les deux fonctions dans un même plan cartésien.

1) $f(x) = \log_2 x$ $g(x) = \log_{\frac{1}{2}} x$

2) $f(x) = 3\ln x$ $g(x) = {}^-3\ln x$

3) $f(x) = \log(x - 7) + 2$ $g(x) = \log_{0,1}(x - 7) + 2$

b) Pour chacun des graphiques construits en a), indiquez la transformation géométrique qu'il faut appliquer à la courbe de la fonction f pour obtenir celle de la fonction g.

11 Dans chaque cas, indiquez si la fonction est croissante ou décroissante.

a) $f(x) = \log_2 x$

b) $g(x) = \log_{0,3} x$

c) $h(x) = 2\ln x + 9$

d) $i(x) = 3\log_{0,5}(4 - x) + 1$

e) $j(x) = {}^-3\ln(x - 7)$

f) $k(x) = \log(x + 5) + 8$

12 Déterminez la règle de chacune des fonctions logarithmiques représentées ci-dessous.

a)

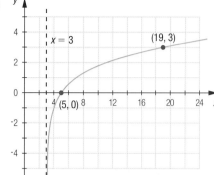

b)

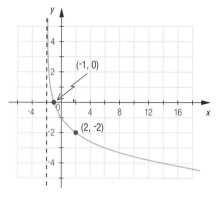

c)

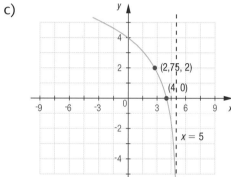

d)

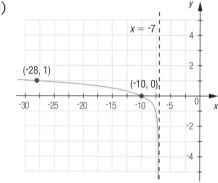

e)

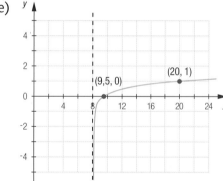

f)

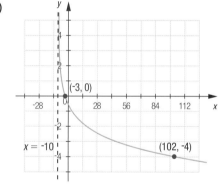

13 À l'aide de la représentation graphique de la fonction exponentielle *f*, complétez le tableau.

Fonction	*f*	*f*⁻¹
Règle		
Domaine		
Codomaine		

14 a) Représentez dans un même plan cartésien les fonctions *f* et *g* dont les règles sont $f(x) = ^-\log_2 x$ et $g(x) = \log_{\frac{1}{2}} x$. Que remarquez-vous ?

b) Démontrez algébriquement que ces règles sont équivalentes.

15 Pour chacune des fonctions suivantes, trouvez, si possible :

1) la valeur initiale ;
2) l'équation de l'asymptote associée à sa représentation graphique.

a) $f(x) = ^-7\log x + 2$

b) $g(x) = 1{,}5\log_2(4 - x)$

c) $h(x) = ^-0{,}5\ln x$

d) $i(x) = \log_7(x - 5) - 3$

e) $j(x) = 2{,}75\log x + 2000$

f) $k(x) = \ln(e - x)$

16 On calcule l'intensité *I* (en dB) d'un son à l'aide de la règle $I = 20\log \dfrac{P}{2 \times 10^{-5}}$, où *P* correspond à la pression acoustique (en Pa) exercée sur l'air par le son.

> Le décibel, le dixième du bel, correspond à la plus petite variation d'intensité sonore qu'une oreille normale peut discerner dans les conditions habituelles d'audition.

Le tableau ci-dessous fournit des renseignements concernant l'intensité d'un son perçu chez la plupart des personnes.

Perception d'un son selon son intensité

Intensité (dB)	Perception
[0, 20]	Inaudible
]20, 80]	Normale
]80, 100]	Douloureuse
]100, 120]	Dangereuse
]120, +∞[	Insupportable

Les chiens possèdent une ouïe beaucoup plus fine que la nôtre et sont capables de percevoir des sons très aigus, imperceptibles à l'oreille humaine.

Complétez le tableau suivant.

Intensité d'un son en fonction de la pression acoustique

Nature du son	Pression (Pa)	Intensité (dB)	Perception
Tonnerre	11,25	▬	▬
Sirène de pompiers	35,56	▬	▬
Conversation normale	0,02	▬	▬
Abords d'une autoroute achalandée	1,12	▬	▬
Discothèque	5,02	▬	▬
Concert rock	63,25	▬	▬

17 Un condensateur électrolytique est un composant électronique qui permet d'accumuler des charges électriques pouvant par la suite être libérées dans un circuit. La règle $v = 5000e^{-8,3t}$ donne la tension v (en volts) aux bornes d'un condensateur selon le temps t (en ms) écoulé depuis le début de la décharge.

a) Quelle est la tension aux bornes du condensateur :

1) avant le début de la décharge ?

2) 5 ms après le début de la décharge ?

b) 1) Établissez la règle de la fonction qui permet de déterminer le temps écoulé depuis le début de la décharge en fonction de la tension aux bornes du condensateur.

2) Quel est le temps requis pour que la tension aux bornes du condensateur atteigne la moitié de la tension initiale ?

Les condensateurs électrolytiques sont notamment utilisés pour emmagasiner la charge électrique nécessaire au fonctionnement des flashs et des défibrillateurs cardiaques.

18 ÉCHELLE DU pH On utilise l'échelle du pH, graduée de 0 à 14, pour exprimer l'acidité ou l'alcalinité d'une solution aqueuse. Une solution dont le pH est inférieur à 7 est acide, tandis qu'une solution dont le pH est supérieur à 7 est alcaline. Une solution dont le pH est égal à 7 est neutre. La règle pH = $-\log$ [H$^+$] permet de calculer le pH d'une solution en fonction de sa concentration en ions hydrogène, notée [H$^+$].

a) Déterminez la règle qui permet d'exprimer la concentration en ions hydrogène en fonction du pH d'une solution.

b) Complétez le tableau suivant.

Caractéristiques de certains liquides

Liquide	[H$^+$] (mol/L)	pH
Lait		6,76
Jus d'orange	$1,95 \times 10^{-4}$	
Eau de Javel	$1,78 \times 10^{-13}$	
Café		4,89
Sang humain	$4,57 \times 10^{-8}$	
Acides gastriques	$6,17 \times 10^{-2}$	
Eau distillée		7
Thé		5,5

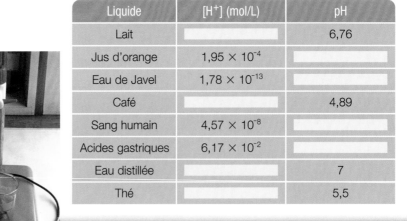

Le pH-mètre a été inventé en 1935 par le chimiste américain Arnold Orville Beckman (1900-2004). Même si les pH-mètres à lecture numérique utilisés aujourd'hui sont plus précis qu'ils l'étaient à l'époque, ils fonctionnent toujours selon le même principe, soit par la mesure de la différence de potentiel électrochimique entre deux électrodes.

19 La règle $E = 10e^{\frac{v}{4095}} - 10$ donne la quantité E d'énergie (en MJ) dégagée sous forme de chaleur lorsqu'une plaquette de frein est appuyée sur un disque qui tourne à une vitesse v (en tours/min).

a) Quelle est la quantité d'énergie dégagée lorsque la plaquette de frein est appuyée sur un disque qui tourne à une vitesse de 5400 tours/min?

b) 1) Établissez la règle qui permet d'exprimer la vitesse de rotation du disque en fonction de la quantité d'énergie dégagée.

2) À quelle vitesse doit tourner le disque pour que la quantité d'énergie dégagée soit de 50 MJ?

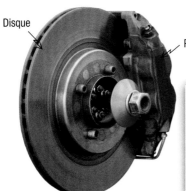

Disque

Plaquette de frein

L'industriel français Alexandre Darracq (1855-1931) a été le premier constructeur automobile à munir ses modèles de freins à disque, en 1906 et en 1913, alors que le reste de l'industrie préférait les freins à tambour. Il a fallu attendre la course des Vingt-quatre heures du Mans de 1953 pour voir la réapparition des freins à disque sur une voiture, la Jaguar arrivée première.

20 La règle $Q = 100\left(\frac{1}{10}\right)^{\frac{t}{2}}$ permet de calculer la quantité Q d'eau (en pourcentage de la quantité d'eau initiale) qui reste dans un aliment lyophilisé selon le temps t de lyophilisation (en h).

a) Établissez la règle qui permet d'exprimer le temps de lyophilisation d'un aliment en fonction de la quantité d'eau qui reste dans cet aliment.

b) Sachant que $\log_{\frac{1}{10}} x = {}^-\log x$, exprimez la règle obtenue en a) à l'aide d'un logarithme en base 10.

c) Quel est le temps de lyophilisation nécessaire pour que la quantité d'eau qui reste dans un aliment corresponde à 75% de la quantité initiale?

La lyophilisation des aliments consiste à en éliminer l'eau afin d'en prolonger la conservation et d'en diminuer le poids.

Cette section est en lien avec la SAÉ 6.

PROBLÈME La stérilisation

L'autoclave est un appareil qui permet de soumettre des objets à de la vapeur d'eau sous haute pression afin d'éliminer les bactéries et les virus qui pourraient s'y trouver.

La table de valeurs ci-dessous présente la relation entre le temps passé dans l'autoclave et le nombre de bactéries qui se trouvent sur un bistouri.

Stérilisation d'un bistouri à l'autoclave

Temps (min)	0	1	2	3	4
Nombre de bactéries	4 214 835	1 404 945	468 315	156 105	52 035

On considère qu'on peut utiliser un bistouri lorsque sa surface comporte moins de 1000 bactéries.

Combien de temps un bistouri doit-il passer dans l'autoclave avant de pouvoir l'utiliser ?

Un bistouri est un instrument chirurgical à lame courte servant à faire des incisions dans les tissus. La longueur, l'épaisseur et la forme de la lame peuvent varier selon le type d'incision à pratiquer.

ACTIVITÉ 1 Une question d'équivalences

William Oughtred est un mathématicien anglais dont les travaux ont porté, entre autres, sur les puissances et sur l'utilisation d'échelles logarithmiques dans le but de faciliter certaines opérations mathématiques. C'est vers 1650 qu'il a énoncé de façon explicite l'équivalence $\log x^n = n \log x$.

La démarche suivante permet de démontrer l'équivalence énoncée par Oughtred.

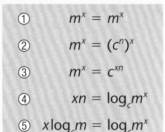

① $\quad m^x = m^x$

② $\quad m^x = (c^n)^x$

③ $\quad m^x = c^{xn}$

④ $\quad xn = \log_c m^x$

⑤ $\quad x\log_c m = \log_c m^x$

On doit à William Oughtred (1574-1660), mathématicien et théologien, l'utilisation de la croix de Saint-André, le signe « X », pour noter la multiplication.

a. En utilisant $m = c^n \Leftrightarrow n = \log_c m$, expliquez comment passer d'une étape à l'autre de cette démarche.

b. À l'aide de l'équivalence $\log_c m^x = x\log_c m$ démontrée précédemment, calculez :

1) $\log_2 4^{18}$ 2) $\log 10^{7,5}$ 3) $\log_4 16^{-3}$ 4) $\log \dfrac{1}{10^{6,8}}$

c. Puisque le résultat de 9^{5000} est un nombre excessivement élevé, le calcul de $\log 9^{5000}$ excède la capacité calculatoire de la plupart des calculatrices. Pourtant, le résultat de $\log 9^{5000}$ est en deçà de 5000. Proposez une façon de calculer ce logarithme.

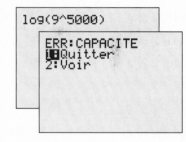

La démarche suivante permet de démontrer une autre équivalence logarithmique.

① $\log_d m = \log_d m$

② $\log_d m = \log_d c^n$

③ $\log_d m = n\log_d c$

④ $\dfrac{\log_d m}{\log_d c} = n$

⑤ $\dfrac{\log_d m}{\log_d c} = \log_c m$

d. En utilisant $m = c^n \Leftrightarrow n = \log_c m$, expliquez comment passer d'une étape à l'autre de cette démarche.

e. Sur une calculatrice, il existe seulement deux touches qui permettent de calculer directement un logarithme dans une base donnée: la touche **LN** permet de calculer un logarithme en base e et la touche **LOG**, un logarithme en base 10. Comment fait-on alors pour calculer un logarithme dont la base diffère de e ou de 10?

f. Sur chacun des écrans ci-dessous, on a utilisé l'équivalence $\log_c m = \dfrac{\log_d m}{\log_d c}$ pour calculer un logarithme. Dans chaque cas, exprimez le résultat sous la forme $\log_c m$.

1)
```
log(77)/log(6)
        2.424323966
ln(77)/ln(6)
        2.424323966
```

2)
```
log(0.7)/log(5)
        -.221614603
ln(0.7)/ln(5)
        -.221614603
```

3)
```
log(8)/log(1/3)
        -1.892789261
ln(8)/ln(1/3)
        -1.892789261
```

g. Sur l'écran ci-dessous, on a utilisé l'équivalence $\log_c m = \dfrac{\log_d m}{\log_d c}$ pour éditer les règles de trois fonctions.

```
Graph1 Graph2 Graph3
\Y₁■log(X)/log(5
)
\Y₂■ln(X+4)/ln(5
.2)
\Y₃■log(X/5)/log
(0.2)
\Y₄=
```

Exprimez sous la forme $y = \log_c m$ la règle de la fonction associée à:

1) Y_1 2) Y_2 3) Y_3

Les travaux de William Oughtred sur les échelles logarithmiques l'ont amené à développer un outil de calcul très performant: la règle à calculer circulaire. Les règles à calculer, circulaires ou droites, ont été utilisées par les scientifiques et les étudiants jusqu'à l'apparition des calculatrices de poche dans les années 1970.

Dans le domaine biomédical, on utilise l'azote liquide pour conserver des tissus, tels les ovules, les embryons, les composants du sang et la moelle osseuse.

La règle $T = 220(0,94)^x - 200$ donne la température T d'un échantillon de tissu en fonction du temps écoulé x depuis le début de sa conservation dans l'azote liquide.

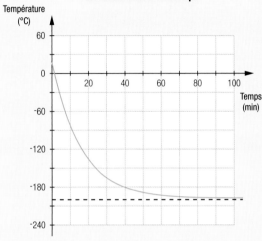

Température d'un échantillon de tissu selon le temps

a. Quelle est la température initiale de l'échantillon de tissu?

b. Il est possible de déterminer le temps nécessaire à l'échantillon de tissu pour que sa température soit de 6,8 °C en résolvant l'équation $6,8 = 220(0,94)^x - 200$.

  1) Quelle équation obtient-on en isolant la base et son exposant?

  2) Pourquoi peut-on conclure que le temps écoulé est de 1 min?

c. La démarche ci-dessous permet de résoudre l'équation $-196 = 220(0,94)^x - 200$.

① $-196 = 220(0,94)^x - 200$

② $4 = 220(0,94)^x$

③ $\dfrac{1}{55} = 0,94^x$

④ $x = \log_{0,94}\dfrac{1}{55}$

⑤ $x \approx 64,76$

  1) Expliquez comment passer d'une étape à l'autre de cette démarche.

  2) Dans ce contexte, que représente la valeur obtenue à l'étape ⑤?

On considère que les réactions biochimiques qui détériorent les tissus vivants cessent d'agir lorsque la température est inférieure ou égale à -196 °C.

d. Traduisez cette situation par une inéquation.

e. À l'aide de la solution établie en **c**, déterminez les valeurs qui vérifient cette inéquation.

Les mathématiciens John Neper (1550-1617) et Henry Briggs (1561-1630) ont été parmi les premiers à manipuler des expressions logarithmiques. Chacun d'eux a construit des tables logarithmiques qui ont permis de simplifier et d'accélérer les calculs de logarithmes, qui se faisaient alors à la main, et la résolution d'équations logarithmiques telle que $9\log(x + 5) - 18 = 0$.

La représentation graphique de la fonction dont la règle est $f(x) = 9\log(x + 5) - 18$ est montrée ci-contre.

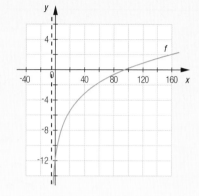

a. La démarche ci-dessous permet de résoudre l'équation $9\log(x + 5) - 18 = 0$.

> ① $9\log(x + 5) - 18 = 0$
>
> ② $9\log(x + 5) = 18$
>
> ③ $\log(x + 5) = 2$
>
> ④ $x + 5 = 10^2$
>
> ⑤ $x + 5 = 100$
>
> ⑥ $x = 95$

1) Quelle propriété de la fonction f la résolution de cette équation permet-elle de déterminer?

2) Expliquez comment passer d'une étape à l'autre de cette démarche.

b. Quel est le domaine de la fonction f?

c. En regard du signe de la fonction f, que permet de déterminer la résolution de l'inéquation $9\log(x + 5) - 18 \le 0$?

d. À l'aide de la solution établie en **a** et de la réponse donnée en **b**, déterminez les valeurs de x qui vérifient l'inéquation $9\log(x + 5) - 18 \le 0$.

En 1614, John Neper publie *Mirifici Logarithmorum Canonis descriptio* dans lequel on trouve 90 pages de tables de logarithmes en base e. À peine un an plus tard, Henry Briggs lui rend visite afin de lui suggérer de revoir et de simplifier ses tables de logarithmes. Les nouvelles tables en base 10 créées par Briggs, beaucoup plus simples que celles de Neper, ont permis de grandes avancées dans les domaines de la navigation, de l'astronomie, de la physique et de la chimie.

ÉQUIVALENCES LOGARITHMIQUES

Certaines équivalences permettent d'effectuer des opérations qui font intervenir des logarithmes. Pour c, d et m supérieurs à 0, $c \neq 1$ et $d \neq 1$, on a:

Équivalence	Exemple
Logarithme d'une puissance $\log_c m^n = n\log_c m$	$\log_2 16^{3,5} = 3,5\log_2 16 = 3,5 \times 4 = 14$
Changement de base $\log_c m = \dfrac{\log_d m}{\log_d c}$	$\log_4 8 = \dfrac{\log_2 8}{\log_2 4} = \dfrac{3}{2} = 1,5$

L'équivalence du changement de base permet de calculer le logarithme d'un nombre dans n'importe quelle base.

RÉSOLUTION D'UNE ÉQUATION EXPONENTIELLE À UNE VARIABLE

Il est possible de résoudre une équation exponentielle à une variable en exprimant chacun des deux membres de l'équation dans une même base. De l'égalité des bases, on peut alors déduire l'égalité des exposants et résoudre l'équation ainsi obtenue.

$$\text{Ex.: } 2^{3x} = 64$$
$$2^{3x} = 2^6$$
$$\Downarrow$$
$$3x = 6$$
$$x = 2$$

Il est aussi possible de résoudre une équation exponentielle à une variable de la façon suivante.

	Ex.: 1) Résoudre: $3(2)^x - 1 = 14$	2) Déterminer le zéro de la fonction: $f(x) = -2e^x + 90$
1. Obtenir une équation dans laquelle la base affectée de l'exposant qui comporte la variable est isolée. Noter que la résolution ne peut se poursuivre que si le membre formé du terme constant est positif.	$3(2)^x - 1 = 14$ $3(2)^x = 15$ $2^x = 5$	$-2e^x + 90 = 0$ $-2e^x = -90$ $e^x = 45$
2. Passer de la forme d'écriture exponentielle à la forme d'écriture logarithmique et résoudre l'équation ainsi obtenue.	$2^x = 5 \Leftrightarrow x = \log_2 5$ $x = \dfrac{\log 5}{\log 2}$ $x \approx 2,32$	$e^x = 45 \Leftrightarrow x = \ln 45$ $x \approx 3,81$

Certaines équivalences logarithmiques permettent de résoudre des équations qui font intervenir plusieurs expressions exponentielles.

Ex. : 1) Résoudre : $7^{2x-1} = 10^x$

$$7^{2x-1} = 10^x$$

$$\frac{7^{2x}}{7} = 10^x$$

$$7^{2x} = 7(10^x)$$

$$\frac{7^{2x}}{10^x} = 7$$

$$\left(\frac{7^2}{10}\right)^x = 7$$

$$\left(\frac{49}{10}\right)^x = 7 \Leftrightarrow x = \log_{\frac{49}{10}} 7$$

$$x \approx 1,22$$

2) Résoudre : $3^{15x+9} = 5^{7x}$

$$3^{15x+9} = 5^{7x} \Leftrightarrow 15x + 9 = \log_3 5^{7x}$$

$$15x + 9 = 7x\log_3 5$$

$$15x = 7x\log_3 5 - 9$$

$$15x - 7x\log_3 5 = \text{-}9$$

$$x(15 - 7\log_3 5) = \text{-}9$$

$$x = \frac{\text{-}9}{15 - 7\log_3 5}$$

$$x \approx \text{-}1,90$$

RÉSOLUTION D'UNE ÉQUATION LOGARITHMIQUE À UNE VARIABLE

Il est possible de résoudre une équation logarithmique à une variable de la façon suivante.

	Ex. : 1) Résoudre : $2\log 5x = 4$	2) Déterminer le zéro de la fonction : $f(x) = 0,5\log_2(x + 7) - 3$
1. Obtenir une équation dans laquelle le logarithme est isolé.	$2\log 5x = 4$ $\log 5x = 2$	$0,5\log_2(x + 7) - 3 = 0$ $0,5\log_2(x + 7) = 3$ $\log_2(x + 7) = 6$
2. Passer de la forme d'écriture logarithmique à la forme d'écriture exponentielle et résoudre l'équation ainsi obtenue.	$\log 5x = 2 \Leftrightarrow 10^2 = 5x$ $100 = 5x$ $x = 20$	$\log_2(x + 7) = 6 \Leftrightarrow 2^6 = x + 7$ $64 = x + 7$ $x = 57$

RÉSOLUTION D'UNE INÉQUATION EXPONENTIELLE À UNE VARIABLE

Il est possible de résoudre une inéquation exponentielle à une variable de la façon suivante.

1. Substituer un symbole d'égalité au symbole d'inégalité de l'inéquation.	Ex.: L'équation associée à l'inéquation $3(4)^{2x} < 192$ est $3(4)^{2x} = 192$.
2. Résoudre l'équation.	$3(4)^{2x} = 192$ $4^{2x} = 64$ $4^{2x} = 64 \Leftrightarrow \log_4 64 = 2x$ $\qquad x = 0{,}5 \log_4 64$ $\qquad x = 0{,}5 \dfrac{\log 64}{\log 4}$ $\qquad x = 1{,}5$
3. Représenter la solution sur une droite numérique par un point plein ou vide selon que l'équation fait partie ou non de l'inéquation.	![droite numérique] -5 -4 -3 -2 -1 0 1 2 3 4 5
4. Déduire l'ensemble-solution de l'inéquation.	Sur la droite numérique, les nombres inférieurs à 1,5 vérifient l'inéquation. L'ensemble-solution est: $$x < 1{,}5$$![droite numérique] -4 -2 0 2 4

RÉSOLUTION D'UNE INÉQUATION LOGARITHMIQUE À UNE VARIABLE

Il est possible de résoudre une inéquation logarithmique à une variable de la façon suivante.

1. Substituer un symbole d'égalité au symbole d'inégalité de l'inéquation.	Ex.: L'équation associée à l'inéquation $-18 \log_9 -4x \geq -9$ est $-18 \log_9 -4x = -9$.
2. Résoudre l'équation.	$-18 \log_9 -4x = -9$ $\log_9 -4x = 0{,}5$ $\log_9 -4x = 0{,}5 \Leftrightarrow 9^{0,5} = -4x$ $\qquad\qquad 3 = -4x$ $\qquad\qquad x = -0{,}75$
3. Déduire l'ensemble-solution de l'inéquation en tenant compte de la restriction de positivité de l'argument.	L'argument d'un logarithme devant être supérieur à 0, on a: $$-4x > 0$$ $$x < 0$$ Sur la droite numérique, les nombres supérieurs ou égaux à -0,75 et inférieurs à 0 vérifient l'inéquation. L'ensemble-solution est: $$-0{,}75 \leq x < 0$$![droite numérique] -1 -0,5 0 0,5 1

mise au point 3.3

1 Récrivez chacun des logarithmes suivants sous la forme $n\log_c m$.

a) $\log_a(4b)^c$ b) $\log x^2$ c) $\ln(2 + x)^3$ d) $\ln\sqrt{3x}$

e) $\log_c\frac{1}{3x}$ f) $\ln\frac{y^3}{x^3}$ g) $\log_a y^d$ h) $\ln\frac{1}{x^2}$

2 Récrivez chacune des expressions suivantes à l'aide d'un seul logarithme de la forme $\log_c m^n$.

a) $4\log_3 6$ b) $\log_7 5 + \log_7 5$ c) $2\ln 3t$

d) $\log 5 + \log 5 + \log 5$ e) $4\log_m x - 2\log_m x$ f) $\frac{1}{2}\log 4 + \log 2 + 2\log 2$

g) $4\log_3 81 - \log_3 9$ h) $11\log_5 10 - 0{,}5\log_5 10\,000$ i) $\log_6 y + 2\log_6 y + \log_6 y$

3 Déterminez la valeur de chacun des logarithmes suivants.

a) $\log_2 60$ b) $\log_3 21$ c) $\log_4 25$ d) $\log_5 175$

e) $\log_{100} 10$ f) $\log_{0,1} 10$ g) $\log_{\frac{1}{2}} 64$ h) $\log_{\frac{1}{5}} 10\,000$

4 Calculez les logarithmes ci-dessous, sachant que :

$\log_c 2 \approx 0{,}7565$
$\log_c 3 \approx 1{,}1990$
$\log_c 5 \approx 1{,}7565$
$\log_c 7 \approx 2{,}1237$

a) $\log_c 9$ b) $\log_c 25$ c) $\log_c 8$ d) $\log_c 0{,}5$

e) $\log_c 7^{21}$ f) $\log_c\frac{1}{9}$ g) $\log_c\sqrt{7}$ h) $\log_c\frac{\sqrt{5}}{5}$

i) $\log_c\sqrt[3]{3}$ j) $\log_c\frac{1}{49}$ k) $\frac{\log_c 32}{\log_c 49}$ l) $\log_c 25 \times \log_c 81$

5 Résolvez les équations suivantes.

a) $\left(\dfrac{1}{2}\right)^{x+2} = 28$　　b) $\log x = 46$　　c) $13^{\frac{2-x}{4}} = \dfrac{3}{8}$　　d) $\ln(x+5) = {}^-8$

e) $\log_2(8-x) = 5$　f) $21^{4x} = 0{,}35$　　g) $\log_3 {}^-x = 4$　　h) $2^{x+2} = 5^{3x}$

6 Résolvez les inéquations suivantes.

a) $25^x > 1025$　　b) $\ln x \geq 18$　　c) $\log 3x > 2$　　d) $5(2)^x \geq 320$

e) $\log(2-x) < 5$　f) $10^x > 2^{x-3}$　　g) $3(18)^{2-x} \leq 10^6$　h) $\log_2(x-1) > {}^-3$

7 Pour chacune des fonctions ci-dessous:

1) déterminez le zéro;	2) étudiez le signe.

a) $f(x) = 2(3)^{x-5} - 7$　　　　b) $g(x) = \log(x+2)$

c) $h(x) = 0{,}5(3)^{5-x} - 2$　　　　d) $i(x) = 2\log_2(x-7) + 9$

e) $j(x) = {}^-4^x + 5$　　　　f) $k(x) = {}^-0{,}5\ln x - 1$

8 Résolvez les équations suivantes.

a) $\log_x 3 = 2$　　b) $\log_x 625 = 5$　　c) $\log_x 6 = {}^-1$　　d) $\log_{(x+4)} 36 = 4$

9 Résolvez chacune des équations suivantes.

a) $\log_2 x^2 = \log_2 x + 3$　　　　b) $2\ln(x-1) - \ln(x-1) = 0$

c) $\log(x+2) + \log(x+2) = 1$　　　d) $2\ln(x+5) = 0$

e) $\log(x-2)^2 - \log(x-2) = 3$　　f) $2\log_2(x-5) = \log_2(x-5)$

g) $\ln x^2 = 2$　　　　　　　　h) $7\log_2 3x = \log_2 3x$

i) $\log(x+5) + \log(x+5) = 2$　　j) $\log(x^2 - 7x + 20) = 1$

10 La valeur V (en \$) d'un placement évolue selon la règle $V = 15\,000(1{,}015)^{2t}$, où t est le temps (en années). À quel moment la valeur du placement est-elle de:

a) $15\,000\,\$$?　　　　b) $20\,000\,\$$?　　　　c) $22\,000\,\$$?

11 L'atténuation A (en dB) de la puissance d'un circuit électrique est donnée par la règle $A = 10\log\left(\dfrac{T}{T_0}\right)^2$, où T est la tension (en V) du circuit et T_0 est la tension (en V) de référence. Complétez le tableau suivant.

A	T	T_0
30		12,5
	16	10
60	18	
15		15
	36	18
45	9	

Le décibel (dB) est une unité logarithmique utilisée pour exprimer le rapport entre une mesure et une mesure de référence. On utilise couramment le décibel en acoustique pour exprimer des intensités sonores, mais on l'utilise également dans les domaines de l'électronique et des télécommunications.

12 Camille place la somme de 1500 $ qu'elle a reçue en bourse d'études dans un compte où le taux d'intérêt annuel est de 3,5 % et où les intérêts sont composés tous les 6 mois. À quel moment la valeur du placement atteint-elle 2500 $?

13 MAGNITUDE APPARENTE L'étoile Véga peut être utilisée comme référence pour déterminer l'intensité lumineuse d'un corps céleste. Avec cette référence, l'intensité lumineuse d'un objet céleste se mesure à l'aide de la règle $M = -2,5\log F$, où M indique la magnitude apparente de l'objet et F correspond au rapport de l'intensité lumineuse de l'objet à celle de l'étoile Véga. Par exemple, un corps céleste dont l'intensité lumineuse est égale à celle de Véga a une magnitude apparente de 0.

a) Quelle est la magnitude apparente d'un objet céleste dont l'intensité lumineuse est :

1) 4 fois celle de Véga ?

2) 1000 fois celle de Véga ?

3) 100 000 fois celle de Véga ?

4) 0,25 fois celle de Véga ?

b) À combien de fois l'intensité lumineuse de Véga correspond l'intensité lumineuse d'un objet céleste dont la magnitude apparente est de :

1) -3,2 ?

2) 7,7 ?

3) -10,1 ?

Véga est l'étoile la plus brillante de la constellation de la Lyre, visible de mai à novembre.

14 SITE D'ENFOUISSEMENT Voici quelques renseignements concernant la dégradation de différents produits dans un site d'enfouissement:

Dégradation de différents produits

Produit	Règle qui définit le pourcentage P de la masse subsistant x années après l'enfouissement
Sac en plastique	$P = 2(0{,}9985)^x - 1$
Mouchoir de papier	$P = 2(0{,}0625)^x - 1$
Carton de lait	$P = 2(0{,}9862)^x - 1$
Gomme à mâcher	$P = 2(0{,}8706)^x - 1$
Pile alcaline	$P = 2(0{,}9999)^x - 1$

Pour chacun de ces produits, calculez le temps nécessaire à sa dégradation complète.

15 Dans une région tropicale, la température journalière T (en °C) varie selon la règle $T = 2s + 20$, où s représente le temps écoulé (en semaines) depuis le 1er mai. Dans cette région, la densité D des populations larvaires de moustiques (en nombre de larves/m^3 d'eau) dans les étangs évolue selon la règle $D = 0{,}1(1{,}26)^T$, où T correspond à la température journalière (en °C). Les autorités de la santé publique considèrent qu'une mise en garde doit être émise lorsque la densité larvaire atteint 200 larves/m^3 d'eau. Combien de temps après le 1er mai la mise en garde doit-elle être émise?

L'anophèle, le moustique responsable de la transmission du paludisme à l'humain, pond ses œufs dans les eaux douces. La température et la quantité de pluie comptent parmi les facteurs qui expliquent les variations saisonnières d'abondance des insectes adultes.

16 À l'aide de l'équation $\log_2 A = -0{,}3\log_2 B + 6$:

a) calculez la valeur de A lorsque B égale:
   1) 1   2) 2   3) 6   4) 10

b) calculez la valeur de B lorsque A égale:
   1) 1   2) 2   3) 6   4) 10

c) établissez l'équation équivalente dans laquelle:
   1) A est isolée;   2) B est isolée.

17 Une entreprise de téléphonie cellulaire voit son nombre N d'abonnés augmenter selon la règle $N = 15\,000(1{,}15)^t$, où t correspond au temps écoulé (en années) depuis l'installation de son réseau. La capacité maximale du réseau est de 500 000 abonnés. À quel moment ce réseau atteint-il sa capacité maximale?

18 a) Dans chacun des cas, calculez les logarithmes :

   1) $\log 5$, $\log 50$, $\log 500$ et $\log 5000$;   2) $\log 8$, $\log 80$, $\log 800$ et $\log 8000$.

   b) Que remarquez-vous ?

19 La courbe d'apprentissage d'une personne permet d'établir le temps nécessaire à l'exécution d'une tâche selon son expérience. La règle $T = 60(0,7)^{n-1}$ donne, pour $n \geq 1$, le temps T (en min) requis par une personne pour assembler la n^e pièce.

> À mesure qu'une certaine tâche est effectuée, celle-ci nécessite de moins en moins de temps pour être réalisée et génère de moins en moins d'erreurs et de gaspillage. La courbe d'apprentissage illustre le rythme d'accroissement de la productivité. On l'utilise notamment pour planifier la fabrication d'un nouveau produit.

   a) Combien de temps prend cette personne pour assembler :

   1) la 1re pièce ?   2) la 2e pièce ?   3) la 10e pièce ?

   b) Combien de pièces cette personne doit-elle avoir assemblées pour que le temps d'assemblage d'une pièce soit inférieur à :

   1) 45 min ?   2) 30 min ?   3) 15 min ?

20 Au moment de la mise sous tension d'une ligne réfrigérante, sa température est de 20 °C. Deux heures plus tard, elle est de 5 °C. La température de la ligne réfrigérante varie selon une fonction exponentielle dont la courbe est asymptotique à la droite d'équation $y = -15$. Combien de temps après la mise sous tension la température de la ligne réfrigérante est-elle de 0 °C ?

> Dans l'industrie laitière, la température des réservoirs doit être maintenue au-dessous d'une certaine température. À cet effet, on utilise un système réfrigérant constitué d'un réservoir et d'une ligne de tuyaux transportant un liquide réfrigérant.

21 En finance, pour le calcul des intérêts composés continuellement, on utilise la règle $A = Pe^{rt}$, où A représente la valeur finale (en $) d'un placement ou d'un emprunt P (en $) à un taux d'intérêt annuel r pendant t années.

   a) À quel taux d'intérêt doit-on placer un montant de 5000 $ pour qu'il :

   1) atteigne 7500 $ en 5 ans ?   2) double en 12 ans ?   3) triple en 24 ans ?

   b) Pendant combien de temps doit-on placer un montant de 8000 $ à un taux d'intérêt annuel de 4,5 % pour qu'il :

   1) atteigne 10 000 $?   2) double ?   3) triple ?

   c) Établissez la règle permettant de calculer :

   1) le taux d'intérêt requis pour qu'un placement P double après t années ;

   2) le temps requis pour qu'un placement P double s'il est placé à un taux d'intérêt annuel r.

22 Le graphique ci-dessous indique la température de deux alliages selon le temps passé dans deux fours séparés.

Température de deux alliages selon le temps

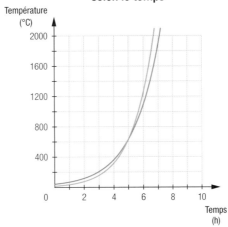

La température du premier alliage évolue selon la règle $T = 20(2)^x$ et celle du second alliage, selon la règle $T = 40(4)^{\frac{2x}{5}}$, où T représente la température (en °C) et x, le temps (en h).

a) Pour chacun des alliages, déterminez la température initiale.

b) À quel moment la température des deux alliages est-elle la même ?

c) À quel moment la température du premier alliage est-elle égale au double de celle du second alliage ?

23 On peut calculer le pourcentage P de lumière qui traverse une plaque de plastique acrylique dont l'épaisseur est de x cm à l'aide de la règle $P = 100e^{-\frac{x}{66}}$.

a) Quelle est l'épaisseur d'une plaque de plastique acrylique qui laisse passer :

   1) 75 % de la lumière ?   2) 50 % de la lumière ?

b) Quelle est l'épaisseur d'une plaque de plastique acrylique qui bloque :

   1) 75 % de la lumière ?   2) 17 % de la lumière ?

Le plastique acrylique est utilisé pour ses propriétés de transparence et de résistance supérieures à celles du verre. Le tunnel qui passe sous le bassin des requins de l'aquarium Siam Ocean World, à Bangkok en Thaïlande, a été construit en acrylique.

Les origines

Au XVIᵉ siècle, deux facteurs poussent les mathématiciens à chercher une façon de simplifier les calculs qui impliquent des suites géométriques, c'est-à-dire des suites dans lesquelles chacun des termes est lié au suivant par un même facteur multiplicatif. D'une part, le développement de l'astronomie fait en sorte que les nombres utilisés sont extraordinairement élevés. D'autre part, les calculs bancaires sur les intérêts composés font en sorte qu'un nouvel outil est nécessaire pour résoudre des équations exponentielles.

Simon Stevin

C'est vers 1580 que le mathématicien Simon Stevin met au point des tables de calcul d'intérêts composés. Cet outil est très apprécié des négociants qui s'en servent pour déterminer la valeur d'un prêt ou d'un emprunt selon le temps. Encore aujourd'hui, des tables de calcul d'intérêts composés inspirées de celles développées par Simon Stevin sont utilisées.

Simon Stevin,
dit aussi Simon de Bruges
(1548-1620)

Table de calcul d'intérêts composés

Nombre d'années	Nombre de versements	Taux d'intérêt (%)					
		2	3	4	5	6	7
		Versement mensuel (% de l'emprunt initial)					
5	60	1,7528	1,7969	1,8417	1,8871	1,9333	1,9801
10	120	0,9201	0,9656	1,0125	1,0607	1,1110	1,1611
15	180	0,6435	0,6906	0,7397	0,7908	0,8439	0,8988
20	240	0,5059	0,5546	0,6060	0,6600	0,7164	0,7753
25	300	0,4239	0,4742	0,5278	0,5846	0,6443	0,7068

Par exemple, selon la table ci-dessus, les versements mensuels pour un emprunt de 20 000 $ sur 10 ans à un taux d'intérêt de 4 % seraient de 20 000 × 1,0125 % = 202,50 $.

Jost Bürgi et John Neper

L'astronome Jost Bürgi aurait mis au point des tables de logarithmes en 1588 pour faciliter certains calculs en lien avec ses travaux. Six ans avant que Bürgi ne publie ses tables, John Neper publie en 1614 ses propres tables de logarithmes. Ainsi, Bürgi a perdu sa priorité historique sur la paternité des logarithmes, qui revient à Neper.

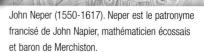

John Neper (1550-1617). Neper est le patronyme francisé de John Napier, mathématicien écossais et baron de Merchiston.

Johannes Kepler

À la suite de la publication par Johannes Kepler d'une explication du fonctionnement des tables de logarithmes, celles-ci sont rapidement adoptées par la communauté scientifique qui voit là un puissant outil permettant de faciliter les calculs astronomiques à une époque où tous les calculs sont faits manuellement.

Par exemple, pour effectuer le produit 232 × 456, on repère le logarithme de 232 (soit 2,3655) et celui de 456 (soit 2,6590) qu'on additionne par la suite (soit 2,3655 + 2,6590 = 5,0245). À l'aide de la table, on trouve log 105 792 = 5,0245, donc 232 × 456 = 105 792. Pour faire une division, on procède de la même façon, mais en effectuant une soustraction de logarithmes.

Johannes Kepler,
astronome allemand
(1571-1630)

Table de logarithmes

n	$\log n$	n	$\log n$	n	$\log n$	n	$\log n$	n	$\log n$
6	0,7782	45	1,6532	1033	3,0141	1859	3,2693	21 693	4,3363
7	0,8451	…	…	…	…	…	…	…	…
8	0,9031	232	2,3655	1035	3,0149	1861	3,2697	262 144	5,4186
…	…	…	…	…	…	…	…	…	…
21	1,3222	233	2,3674	1389	3,1427	105 792	5,0245	2 584 929	6,4124
…	…	…	…	…	…	…	…	…	…
23	1,3617	456	2,6590	1391	3,1433	16 807	4,2255	2 585 869	6,4126
…	…	…	…	…	…	…	…	…	…

1. À l'aide de la table de calcul d'intérêts composés, déterminez, pour un emprunt de 85 000 $ à 6 % sur 15 ans :

a) les versements mensuels ;

b) la somme totale déboursée pour cet emprunt.

2. À l'aide de la table de logarithmes, calculez :

a) 1389 × 1861

b) 1035 ÷ 23

c) 8^6

d) 7^5

e) 21 693 ÷ 1033

f) 1391 × 1859

La profession

Les audiologistes se spécialisent dans l'examen, le diagnostic et le traitement des troubles de l'audition. En collaboration avec les audioprothésistes, les audiologistes peuvent recommander le port de prothèses auditives. Ils enseignent aux personnes malentendantes certaines techniques de compensation et viennent en aide aux familles d'enfants malentendants.

> Parmi les techniques de compensation utilisées par les personnes malentendantes, on compte la lecture labiale qui consiste à « lire » sur les lèvres de la personne qui parle.

Les troubles de l'audition peuvent être causés par une exposition prolongée à des bruits excessifs, par certains médicaments, par une maladie ou par l'âge. Ils peuvent aussi être d'origine congénitale.

> D'après l'Ordre des audioprothésistes du Québec, une personne sur dix est atteinte de déficience auditive.

L'oreille humaine

Une personne qui a une ouïe normale peut percevoir les sons d'une fréquence variant de 20 à 20 000 Hz. Généralement, la perte auditive n'est pas uniforme. Une personne malentendante peut percevoir normalement certaines fréquences, alors qu'elle ne peut percevoir aucune autre fréquence.

Le test d'audition

Une évaluation complète de l'ouïe d'un patient ou d'une patiente se fait au moyen de plusieurs tests, dont un test d'audition qui comporte au moins deux parties : un test d'audition tonale, où la personne doit dire si elle perçoit ou non un son, et un test d'audition vocale où la personne doit répéter certains mots ou certaines syllabes.

Les hertz et les décibels

Lors du test d'audition tonale, le son varie de deux façons : selon la fréquence, mesurée en hertz, et selon l'intensité, mesurée en décibels. La personne est installée dans une chambre insonorisée et porte des écouteurs. Dans chacune des oreilles, on lui fait entendre des sons de différentes fréquences, à différentes intensités sonores, afin de déterminer le seuil de perception pour chacune de ces fréquences. On note ensuite ces seuils afin de tracer l'audiogramme.

Degré de surdité selon le seuil d'audition

Seuil d'audition (dB)	Degré de surdité
[0, 20[	Audition normale
[20, 40[	Surdité légère
[40, 70[	Surdité moyenne
[70, 90[	Surdité sévère
[90, +∞[	Surdité profonde

L'intensité I d'un son (en dB) est calculée à l'aide de la règle $I = 20 \log \frac{P}{2 \times 10^{-5}}$, où P correspond à la pression acoustique (en Pa).

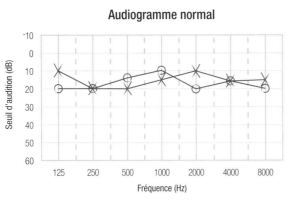

Audiogramme normal

○ : *oreille droite*

✕ : *oreille gauche*

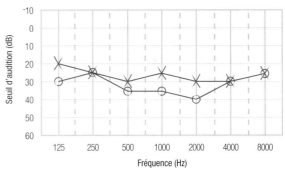

Audiogramme d'une personne présentant une surdité légère

○ : *oreille droite*

✕ : *oreille gauche*

---

1. Quel est le degré de surdité d'un patient dont le seuil d'audition requiert que la pression acoustique soit de :

a) 0,0011 Pa ?

b) 0,0063 Pa ?

c) 0,0002 Pa ?

2. Voici quelques renseignements au sujet d'un test d'audition tonale qui se déroule en plusieurs étapes.

Étape	1	2	3	4	...
Fréquence (Hz)	125	250	500	1000	...

Établissez une règle qui permet de calculer la fréquence d'après le numéro de l'étape.

1 Pour chacune des fonctions ci-dessous :

1) représentez-la graphiquement ;
2) déterminez le domaine et le codomaine ;
3) déterminez la valeur initiale, si elle existe ;
4) déterminez le zéro, s'il existe ;
5) étudiez le signe.

a) $f(x) = 1{,}8(3)^x$

b) $f(x) = 2\log(x - 3)$

c) $f(x) = {}^-0{,}5\ln x$

d) $f(x) = {}^-3(1{,}15)^{x-5} - 10$

e) $f(x) = 0{,}15(0{,}3)^x + 5$

f) $f(x) = 450e^{-2{,}3x}$

g) $f(x) = {}^-5\log_2(4 - x)$

h) $f(x) = 1500(1{,}015)^{3x}$

i) $f(x) = 0{,}6\log_5(x + 6) - 8$

2 Établissez la règle de chacune des fonctions représentées ci-dessous.

a)
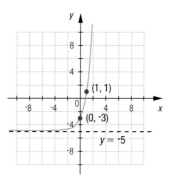

b)
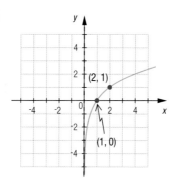

c)
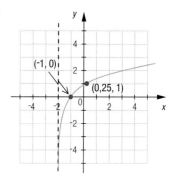

d)
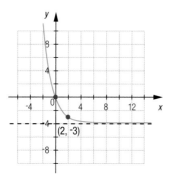

e)
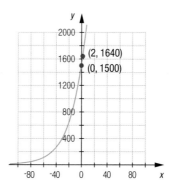

f)
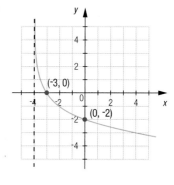

g)
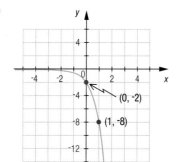

h)
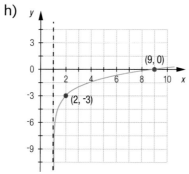

i)
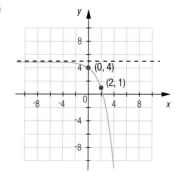

3 Résolvez chacune des équations suivantes.

a) $2^{x-7} = 100$

b) $\log_2(x - 7) = 3$

c) $5^x = 3^{4-x}$

d) $\log 8x = 6$

e) $-\ln 3x = 0.5$

f) $7^{2x} = 18$

g) $\log_3(2 - x) = 4$

h) $3^{\frac{x}{2}} = \left(\frac{3}{2}\right)^{2-x}$

4 Résolvez chacune des inéquations suivantes.

a) $\log(x + 2) > 5$

b) $2^{x+1} > 256$

c) $5^{x-3} < 2^x$

d) $\log_2(4 - x) \geq 8$

e) $-0.5\ln 2x < -6$

f) $3^x \geq 2^{x+2}$

g) $7^{x+2} \leq 2401$

h) $-3\log x \leq 21$

5 Dans chaque cas, déterminez la règle de la fonction réciproque.

a) $f(x) = 3(0.7)^x + 2$

b) $g(x) = -2.5\,e^{-2x}$

c) $h(x) = 7\log_2(x + 9)$

d) $i(x) = 1.5(0.05)^{4-x}$

e) $j(x) = 455\ln\dfrac{x}{321}$

f) $k(x) = 3\log\dfrac{x}{7}$

6 Résolvez les équations suivantes.

a) $16(2)^x + 20(2)^x - 4(2)^x = 1024$

b) $8(5)^x + 2(5)^{x+1} + 7(5)^x = 625$

c) $4(3)^x + 7(3)^{x+1} - 3^x = 4$

d) $2^x + (12)2^{x-2} - 1 = 48$

7 Une personne place une somme de 1600 $ pour une période de 20 ans dans un compte bancaire à un taux d'intérêt annuel de 4 % et dont les intérêts sont composés annuellement. Ce placement serait-il plus avantageux si les intérêts étaient plutôt composés tous les 6 mois ? Expliquez votre réponse.

8 Habituellement, un réacteur produit de l'énergie de façon constante. Le graphique ci-dessous illustre une défaillance d'un réacteur nucléaire. Lorsque la puissance produite par le réacteur atteint le seuil critique, le réacteur s'arrête automatiquement. La courbe ① est définie par la règle $P = 5(1.5)^x$ et la courbe ②, par la règle $P = 5(1.5)^{14-x}$, où P est la puissance et x, le temps écoulé depuis le début de la défaillance. Quelle est la puissance associée au seuil critique qui provoque l'arrêt automatique du réacteur ?

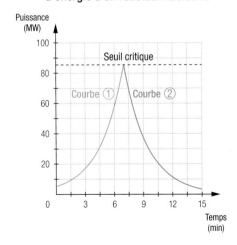

Évolution de la production
d'énergie d'un réacteur nucléaire

9 La formule suivante permet de calculer la valeur V (en $) d'une somme S placée pendant t années à un taux d'intérêt annuel i et dont les intérêts sont composés n fois par année.

$$V = S\left(1 + \frac{i}{n}\right)^{nt}$$

a) Quelle est la valeur d'une somme de 5000 $ placée pendant 5 ans à un taux d'intérêt annuel de 8 % et dont les intérêts sont composés :

1) 2 fois par année ?   2) 4 fois par année ?   3) chaque semaine ?

b) Que pouvez-vous conclure en comparant les montants trouvés en a) ?

10 Le graphique ci-contre montre que le nombre de visiteurs d'un site Web en fonction du temps écoulé depuis sa mise en ligne évolue selon un modèle logarithmique dont la règle est de la forme $f(x) = \log_2(x - h)$.

Si 3 jours après la mise en ligne du site on compte 2 millions de visiteurs, combien de visiteurs compte-t-on :

a) 10 jours après la mise en ligne ?

b) 15 jours après la mise en ligne ?

c) 30 jours après la mise en ligne ?

Évolution de l'achalandage d'un site Web

11 Les rayons X permettent aux professionnels de la santé de poser des diagnostics. Les techniciens en radiologie prennent certaines précautions afin d'éviter d'être exposés à des quantités excessives de rayons X. Les écrans de plomb permettent de bloquer ces rayons. Le tableau ci-contre indique l'épaisseur minimale recommandée pour bloquer des rayons X selon leur intensité.

Établissez la règle d'une fonction exponentielle qui peut servir de modèle mathématique à cette situation.

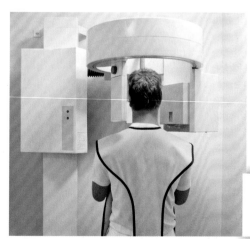

Les dentistes invitent leurs patients à revêtir un tablier plombé avant de procéder à des radiographies dentaires.

Épaisseur minimale recommandée pour un écran de plomb selon l'intensité des rayons X

Intensité des rayons X (kV)	Épaisseur minimale de l'écran de plomb (mm)
75	1
100	1,5
125	2
150	2,5
175	3
200	4
225	5
300	9
400	15
500	22
600	34

12 Des chercheurs ont établi que, d'une année à l'autre, la concentration de toxines dans le sang des poissons d'un lac augmente de 5 % par rapport à l'année précédente. On considère que ces poissons sont menacés si cette concentration atteint 4 ppm ou plus. Si la concentration de toxines est présentement de 2,5 ppm, dans combien de temps ces poissons seront-ils menacés ?

Les biologistes ont détecté la présence de 17 produits pharmaceutiques dans le sang des poissons du fleuve Saint-Laurent. Les résidus de médicaments rejetés dans les eaux usées menacent la santé des organismes aquatiques.

13 Pour produire du sirop d'érable, on fait bouillir 1000 L d'eau d'érable jusqu'à ce que 97,5 % de sa quantité initiale soit évaporée. À chaque heure d'ébullition, la quantité d'eau d'érable diminue de 10 % par rapport à l'heure précédente.

a) Établissez la règle qui permet de déterminer la quantité Q (en L) de liquide en fonction du temps d'ébullition t (en h).

b) Deux heures après le début de l'ébullition, quelle quantité de liquide s'est évaporée ?

c) À quel moment devrait-on cesser l'ébullition ?

d) Quelle est la quantité de sirop d'érable produite ?

14 La période radioactive d'un isotope correspond au temps nécessaire pour que sa masse diminue de moitié. Par exemple, s'il faut 20 ans pour que la masse d'un isotope passe de 30 à 15 g, sa période radioactive est alors de 20 ans.

La règle $M = M_0 e^{at}$ permet de calculer la masse M (en g) d'un isotope en fonction du temps t (en années) et où M_0 est la masse initiale de l'isotope.

a) Dans l'énoncé « Si l'on dispose de 450 g de krypton 85, il n'en restera que 225 g dans 10,7 années.», indiquez la valeur de :

  1) M_0 2) t 3) M

b) 1) Remplacez les valeurs trouvées en a) dans la règle $M = M_0 e^{at}$.

  2) Calculez la valeur de a dans l'équation obtenue.

  3) Établissez la règle qui permet de calculer la masse de krypton 85 en fonction du temps si la masse initiale est de 450 g.

c) Par la même démarche que celle utilisée en b), établissez la règle qui, en fonction du temps, permet de calculer la masse :

  1) de carbone 14, si après 5700 ans il ne reste que la moitié des 5 g dont on disposait initialement ;

  2) de tritium, si sa période radioactive est de 12,3 ans et que l'on dispose initialement de 50 g ;

  3) d'uranium 235, si sa période radioactive est de 710 millions d'années.

15 MALADIE D'ALZHEIMER L'incidence d'une maladie correspond au nombre de nouveaux cas de cette maladie diagnostiqués annuellement (en pourcentage de la population). Le tableau suivant montre l'incidence de la maladie d'Alzheimer survenant chez des personnes âgées.

Incidence de la maladie
d'Alzheimer pour six groupes d'âge

Âge (années)	Incidence (%)
67	0,3
72	0,6
77	0,9
82	2,3
87	4
92	6,9

Aloïs Alzheimer (1864-1915) est le médecin allemand qui a décrit, pour la première fois, la maladie qui porte maintenant son nom.

a) Dans un plan cartésien, représentez ces données par un nuage de points.

b) Sachant que cette situation peut être modélisée à l'aide d'une fonction exponentielle :

   1) tracez la courbe qui s'ajuste le mieux au nuage de points ;

   2) déterminez une règle qui peut servir de modèle mathématique à cette situation.

c) Un groupe de chercheurs développe un nouveau processus de dépistage de la maladie d'Alzheimer. Ce groupe considère que des tests devraient être systématiquement faits auprès des personnes du groupe d'âge qui affiche un taux d'incidence supérieur ou égal à 1 %. À partir de quel âge une personne devrait-elle être soumise à ces tests ?

16 Lorsque les métaux sont chauffés, ils ont tendance à se dilater. Une tige métallique commence à se dilater à partir de 1 °C et sa dilatation varie selon la règle $d = \log 5t$, où d représente la dilatation (en mm) et t, la température (en °C) du métal.

a) Si la tige métallique est chauffée à une température de 70 °C, de combien de millimètres est-elle dilatée ?

b) À quelle température la tige métallique se dilate-t-elle de 2 mm ?

c) Pour quelles températures la dilatation de la tige métallique est-elle supérieure à 4 mm ?

d) Si le point de fusion de la tige métallique est de 450 °C, quelle dilatation maximale peut-elle atteindre avant de fondre ?

Les joints de dilatation sur les ponts permettent à la structure de ne pas se déformer à la suite de variations de température.

17 La règle $V = 1000e^{\frac{9t}{5}} - 1000$ permet de calculer la vitesse V (en nombre de tours/min) d'une turbine à vapeur en fonction du temps t (en min). Un système de sécurité fait en sorte que la turbine cesse de tourner lorsque sa vitesse atteint 25 000 tours/min. Combien de temps après la mise en marche de la turbine le système de sécurité s'active-t-il?

18 Dans un bassin d'épuration des eaux usées, un processus biochimique fait en sorte que la concentration de polluants diminue de 10% par jour par rapport à la journée précédente. Cette situation est définie par la règle $C = C_0 e^{-0,1t}$, où C représente la concentration de polluants, t, le temps (en jours), et C_0, la concentration initiale de polluants dans l'eau acheminée vers le bassin d'épuration.

a) Cinq jours après que l'eau a été acheminée vers le bassin d'épuration, quel pourcentage de la concentration initiale de polluants reste-t-il?

b) Combien de temps l'eau doit-elle rester dans le bassin si l'on ne la libère dans l'environnement que lorsque la concentration de polluants est inférieure à 5% de la concentration initiale?

Vue aérienne de bassins d'épuration. Les boues qui s'accumulent au fond des bassins d'épuration des eaux usées sont habituellement récupérées et séchées. Elles peuvent ensuite être soumises à un traitement à haute température et transformées en granulés pour servir de fertilisant. La valorisation de ces boues fait l'objet de nombreux projets de recherche.

19 Une batterie consiste en un ensemble de piles électriques reliées entre elles. Lorsqu'une ou plusieurs piles d'une batterie n'ont pas la même charge, il se produit un déséquilibre entre celles-ci. La règle $T_1 = T_2 e^{-1,2x}$ détermine la tension T_1 (en V) de la pile ① d'une batterie, selon la tension T_2 (en V) de la pile ② et le temps x (en h).

a) La tension de la pile ① est-elle croissante ou décroissante? Expliquez votre réponse.

b) À quel moment la tension de la pile ① est-elle égale à:

   1) la tension de la pile ②?

   2) 75% de la tension de la pile ②?

c) La batterie peut prendre feu si la tension d'une des piles excède le double de la tension de l'autre. À partir de quel moment y a-t-il un risque d'incendie?

20 Le nombre P de pissenlits sur un terrain évolue selon la règle $P = 250e^{0,7t}$, où t représente le temps écoulé (en semaines) depuis le 1er avril.

a) Combien de pissenlits compte-t-on sur ce terrain le 1er avril ?

b) Combien de pissenlits compte-t-on :

1) le 8 avril ?   2) le 15 avril ?   3) le 29 avril ?

c) Combien de pissenlits devrait-on arracher chaque jour à partir du 1er avril pour que le nombre de pissenlits sur ce terrain reste constant ?

Le nom scientifique du pissenlit est *Taraxacum officinale*. Sa « fleur » se compose en fait d'un ensemble de petites fleurs jaunes qui ont chacune cinq pétales. Comme le pissenlit apparaît tôt au printemps, les abeilles le butinent pour leur première miellée. On consomme les jeunes feuilles en salade.

21 Un groupe de personnes participe à un programme d'entraînement intensif d'une durée de 12 semaines. Chaque semaine, un sondage est effectué auprès de ces personnes afin d'évaluer le niveau de difficulté perçue sur une échelle de 1 à 10. Les résultats du sondage sont présentés dans le tableau ci-dessous.

a) Dans un plan cartésien, représentez cette situation par un nuage de points.

b) Sachant que cette situation peut être modélisée à l'aide d'une fonction exponentielle :

1) tracez la courbe qui s'ajuste le mieux au nuage de points ;

2) déterminez une règle qui peut servir de modèle mathématique à cette situation.

c) Déterminez à quelle semaine d'entraînement se trouve une personne qui évalue le niveau de difficulté à :

1) 8   2) 7

3) 6   4) 4

Niveau de difficulté perçue en fonction du temps

Temps (semaines)	Niveau moyen de difficulté perçue
1	10
2	8,2
3	6,7
4	5,5
5	4,5
6	3,7
7	3
8	2,5
9	2
10	1,6
11	1,3
12	1,1

22 En vieillissant, certains fromages perdent de l'eau. La règle $Q = 30e^{-0,01t}$ donne la quantité Q d'eau contenue dans un fromage (en pourcentage de sa masse) en fonction du temps de vieillissement t (en années).

a) Pour quel pourcentage de la masse de ce fromage l'eau compte-t-elle au début du processus de vieillissement?

b) Dans combien de temps la quantité d'eau correspondra-t-elle à 28% de la masse de ce fromage?

> L'affinage est le procédé de vieillissement du fromage. La durée et les conditions d'entreposage des meules, ainsi que les soins qui leur sont apportés, varient selon le type de fromage fabriqué. La majorité des fromages sont affinés pendant une période de deux semaines à deux ans.

23 PRESSION ATMOSPHÉRIQUE La pression atmosphérique aide à prédire les phénomènes météorologiques à venir. Plusieurs facteurs peuvent influer sur cette pression, tels que la température et l'altitude à laquelle est mesurée la pression. Les employés d'une station météorologique utilisent la formule ci-dessous afin de mesurer la pression atmosphérique à une certaine altitude.

$$P_h = P_0 e^{-\frac{9,8h}{t}}, \text{ où}$$

P_h représente la pression à l'altitude h (en kPa);
P_0 représente la pression au niveau de la mer (en kPa);
h représente l'altitude (en km);
t représente la température (en K).

a) Déterminez la pression à 1 km d'altitude si la température est de 273 K et que la pression normale au niveau de la mer est de 103 kPa.

b) À quelle altitude la pression est-elle de 100 kPa pour une température de 263 K et une pression au niveau de la mer de 103 kPa?

c) Quelle température permet d'obtenir une pression de 70 kPa à une altitude de 5000 m si la pression au niveau de la mer est de 100 kPa?

> Des stations météorologiques automatiques sont installées en Arctique et en Antarctique pour étudier, entre autres, le réchauffement climatique.

banque de problèmes

1 La plupart des personnes doivent emprunter afin d'acheter leur première maison.

La règle $E = P \times \dfrac{1 - \left(\dfrac{1}{1+i}\right)^n}{i}$ permet de calculer le nombre n de paiements de P\$ à un taux i

d'intérêt mensuel nécessaires pour rembourser un emprunt initial de E\$. Dans le cadre d'un programme destiné aux nouveaux acheteurs, expliquez comment une personne qui emprunte, pour l'achat d'une maison, 200 000 \$ à un taux d'intérêt annuel de 6 % peut réaliser des économies si elle choisit de faire des paiements de 1500 \$ chaque mois plutôt que de 1200 \$ chaque mois.

2 Voici trois situations qui se déroulent simultanément et dans lesquelles la masse (en g) d'une substance varie en fonction du temps.

Situation 1	Situation 2	Situation 3
Toutes les minutes, la masse augmente de 30 % par rapport à la minute précédente.	La masse M varie selon la règle $M = M_0 e^{\frac{3t}{10}}$, où M_0 représente la masse initiale et t, le temps (en min).	De seconde en seconde, la masse augmente de 0,5 % par rapport à la seconde précédente.

Dans laquelle de ces trois situations la masse de la substance double-t-elle en premier et combien de temps avant les deux autres ?

3 Dans le scénario d'un film de science-fiction qui se déroule en 2151 sur une planète dont la population est de 50 milliards d'habitants, le héros découvre le plan de fonctionnement d'un robot autoreproducteur.

ROBOT AUTOREPRODUCTEUR – PLAN DE FONCTIONNEMENT

Phase 1 : dormance

Dès qu'il est construit, un robot entre en phase de dormance pendant laquelle il est inactif et recharge sa batterie. Cette phase dure 18 h.

Phase 2 : reproduction

Dès que sa phase de dormance est terminée, un robot s'éveille et construit un robot identique à lui-même. Cette phase dure 12 h.

Aussitôt que la phase de reproduction est terminée, les deux robots entrent en phase de dormance et le cycle recommence de nouveau.

Vous devez écrire le scénario de la scène où le héros du film doit, à l'aide d'arguments mathématiques, convaincre les inventeurs de ce robot de modifier le plan de fonctionnement pour éviter que la population de robots ne dépasse la moitié de celle des habitants de la planète.

4 TOURS DE HANOÏ Le jeu des tours de Hanoï consiste à reconstruire, sur une autre tige, une tour formée de disques de diamètres différents. En plus de la tige sur laquelle est construite la tour de départ, deux autres tiges sont disponibles pour effectuer des déplacements. La tour de départ est constituée de disques empilés en ordre décroissant de diamètre. Les règles de ce jeu sont les suivantes.

- Effectuer le moins de déplacements possible.

- Ne déplacer qu'un disque à la fois.

- Ne déplacer un disque que sur une tige vide ou sur un autre disque dont le diamètre est plus grand que le sien.

Le nombre minimal de déplacements nécessaires pour reconstruire la tour de départ dépend du nombre de disques qui la forment. Voici des renseignements à ce sujet :

Les tours de Hanoï

Nombre de disques que compte la tour de départ	2	3	4	5	...
Nombre minimal de déplacements nécessaires pour reconstruire la tour	3	7	15	31	...

Combien de disques compte la tour de départ si le nombre minimal de déplacements nécessaires pour la reconstruire est 255 ?

5 En assemblant deux pièces de bois à l'aide d'un boulon, la probabilité qu'une des pièces de bois se fende sous l'effet de la pression varie en fonction du nombre de tours de serrage du boulon. La règle $P = 1,0416^t - 1$ exprime la probabilité P qu'une pièce de bois se fende selon le nombre t de tours de serrage. À partir de combien de tours est-il certain que la pièce de bois se fend ?

Un boulon est l'ensemble constitué d'une vis et d'un écrou.

6 Voici les caractéristiques de la serrure de porte illustrée ci-dessous.

- Le clavier contient 10 touches, numérotées de 0 à 9.

- La combinaison de la serrure, composée d'un certain nombre de chiffres, déverrouille la porte.

- Le même chiffre peut se répéter plus d'une fois dans la combinaison.

- La «longueur» de la combinaison 2-8-6 est de trois et celle de la combinaison 8-7-2-5-2 est de cinq.

Démontrez que la probabilité de trouver la combinaison au hasard d'après sa «longueur» est associée à une fonction exponentielle.

7 Un certain nombre de droites sont tracées dans le plan de telle sorte que:

- toutes les droites ont des pentes différentes;

- un point d'intersection ne peut pas appartenir à plus de deux droites.

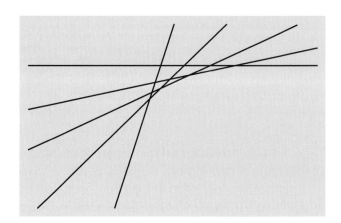

Une personne affirme que la variation du nombre de points d'intersection selon le nombre de droites tracées est associée à une fonction exponentielle.

Démontrez si cette affirmation est juste ou non.

8 Une microbiologiste étudie l'évolution d'une colonie de microorganismes dans un milieu donné.

La population P (en millions d'individus) évolue selon la règle $P = \left(\frac{989}{942}\right)^t$ et la capacité du milieu C (en millions d'individus) à supporter ces microorganismes évolue selon la règle $C = \frac{79}{90}t + 1$, où t correspond au temps (en jours).

La microbiologiste prévoit que le nombre de microorganismes chutera brusquement dès que la population atteindra le même niveau que la capacité du milieu à supporter les microorganismes.

À quel moment se produira cet événement?

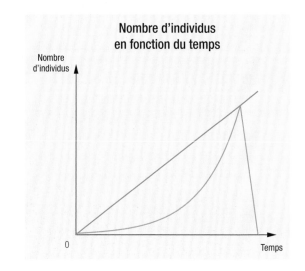

Nombre d'individus en fonction du temps

9 Lors d'un forage, la friction exercée sur la tige devient de plus en plus importante au fur et à mesure que la profondeur du trou augmente, ralentissant ainsi la vitesse de rotation de la tige. Pour une profondeur P (en m), on peut calculer la vitesse de rotation v (en nombre de tours/min) à l'aide de l'équation $\ln P = 38 - 5\ln v$.

Établissez la règle qui permet de calculer la profondeur du trou selon la vitesse de rotation de la tige.

Les forages servent à la recherche de ressources naturelles souterraines telles que l'eau, le pétrole et les minéraux.

10 **ANTIBIOTIQUES** Lorsqu'une personne prend des antibiotiques, la population bactérienne de son système digestif s'en trouve affectée. Ainsi, pendant les 10 jours que dure le traitement, la population P (en %) de bactéries du système digestif d'un patient évolue selon la règle $P = 100(0,9)^t$, où t représente le temps écoulé (en jours) depuis le début du traitement. Dès la fin de la prise d'antibiotiques, la population de bactéries se met à évoluer selon la règle $P = 34,87e^{0,14(t-10)}$ jusqu'à ce qu'elle soit revenue à son niveau normal.

Une médecin affirme qu'une fois le traitement terminé, le temps requis pour que la population bactérienne du système digestif de ce patient soit revenue à son niveau normal correspond à la durée du traitement. Démontrez si cette affirmation est vraie ou fausse.

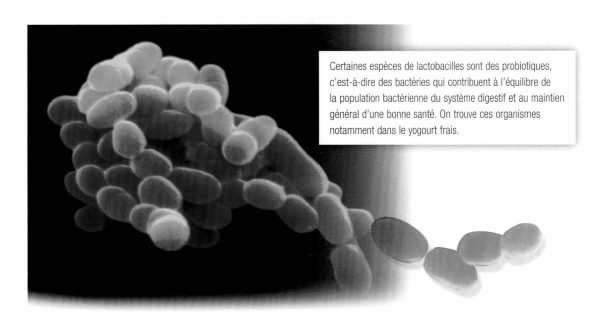

Certaines espèces de lactobacilles sont des probiotiques, c'est-à-dire des bactéries qui contribuent à l'équilibre de la population bactérienne du système digestif et au maintien général d'une bonne santé. On trouve ces organismes notamment dans le yogourt frais.

ALBUM
TABLE DES MATIÈRES

Calculatrice graphique

Divers types de calculs

Il est possible d'effectuer des calculs scientifiques et d'évaluer numériquement des expressions algébriques et des expressions logiques.

Calculs scientifiques

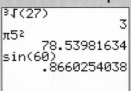

Expressions logiques

Expressions algébriques

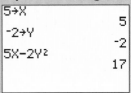

Écran
d'affichage

Touches graphiques

Touches de déplacement du curseur

Touches d'édition

Touches de menus

Touches de calcul scientifique

Probabilités

1. Menu probabilités.

```
MATH NUM CPX PRB
1:NbrAléat
2:Arrangement
3:Combinaison
4:!
5:entAléat(
6:normAléat(
7:BinAléat(
```

- Ce menu permet, entre autres, de simuler des expériences aléatoires. Le cinquième choix permet de générer une série de nombres entiers aléatoirement. Syntaxe : `entAléat` (valeur minimale, valeur maximale, nombre de répétitions).

2. Calculs et résultats.

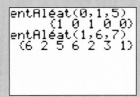

- Le premier exemple simule cinq lancers d'une pièce de monnaie où 0 représente pile et 1 représente face. Le second exemple simule sept lancers d'un dé à six faces.

Affichage d'une table de valeurs

1. Éditer les règles.

- Cet écran permet d'éditer les règles d'une ou de plusieurs fonctions où Y est la variable dépendante et X, la variable indépendante.

2. Définir l'affichage.

```
DÉFINIR TABLE
 DébTbl=0
 Pas=1
Valeurs:Auto Dem
Calculs:Auto Dem
```

- Cet écran permet de définir l'affichage d'une table de valeurs en y indiquant la valeur de départ de X et le pas de variation en X.

3. Afficher la table de valeurs.

- Cet écran permet d'afficher la table de valeurs des règles définies à l'écran d'édition des fonctions.

Affichage d'un graphique

1. Éditer les règles.

- Au besoin, il est possible de modifier l'aspect (trait normal, gras ou pointillé, par exemple) d'une courbe associée à une règle.

2. Définir l'affichage.

FENETRE
Xmin=-5
Xmax=5
Xgrad=1
Ymin=-8
Ymax=8
Ygrad=1
Xres=1

- Cet écran permet de définir l'affichage de l'écran graphique en délimitant la portion du plan cartésien désirée : Xgrad correspond au pas de graduation de l'axe des abscisses et Ygrad à celui des ordonnées.

3. Afficher le graphique.

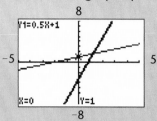

- Cet écran permet d'afficher le graphique des règles définies à l'écran d'édition des fonctions. Au besoin, il est possible de déplacer le curseur le long des courbes tout en visualisant ses coordonnées.

Affichage d'un nuage de points et calculs statistiques

1. Entrée des données.

- Cet écran permet d'entrer les données d'une distribution. Pour une distribution à deux caractères, l'entrée des données se fait sur deux colonnes.

2. Choix du diagramme.

- Cet écran permet de choisir le type de diagramme statistique.

  ⊡ : nuage de points

  ⊡ : diagramme à ligne brisée

  ⊞ : histogramme

  ⊡ : diagramme de quartiles

3. Affichage du diagramme.

- Cet écran permet d'afficher le nuage de points.

4. Calculs statistiques.

EDIT **CALC** TESTS
1:Stats 1-Var
2:Stats 2-Var
3:Med-Med
4:RegLin(ax+b)
5:RegQuad
6:RegCubique
7↓RegQuatre

- Ce menu permet d'accéder à différents calculs statistiques dont celui de l'équation de la droite de régression.

5. Régression et corrélation.

RegLin(ax+b) L₁, L₂,Y₁

RegLin
y=ax+b
a=-1.142857143
b=9
r²=.8163265306
r=-.9035079029

- Ces deux écrans permettent d'obtenir l'équation de la droite de régression et le coefficient de corrélation linéaire.

6. Affichage de la droite.

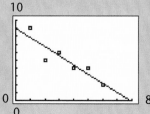

- La droite de régression peut être affichée à même le nuage de points.

Tableur

Un tableur est aussi appelé un chiffrier électronique. Ce type de logiciel permet d'effectuer des calculs sur des nombres entrés dans des cellules. On utilise principalement le tableur pour réaliser des calculs de façon automatique sur un grand nombre de données, construire des tableaux et tracer des graphiques.

Interface du tableur

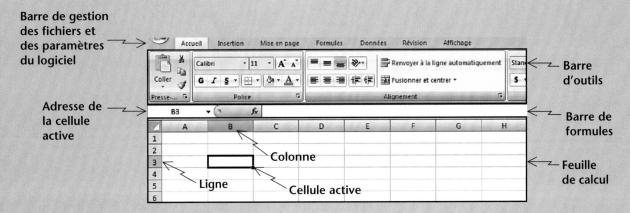

Barre de gestion des fichiers et des paramètres du logiciel

Adresse de la cellule active

Colonne

Ligne

Cellule active

Barre d'outils

Barre de formules

Feuille de calcul

Qu'est-ce qu'une cellule ?

Une cellule est l'intersection d'une colonne et d'une ligne. Une colonne est désignée par une lettre majuscule et une ligne est désignée par un nombre. Ainsi, la première cellule en haut à gauche est nommée A1.

Entrée de nombres, de texte et de formules dans les cellules

On peut entrer un nombre, un texte ou une formule dans une cellule après avoir cliqué dessus. L'utilisation d'une formule permet de faire des calculs à partir de nombres déjà entrés dans des cellules. Pour entrer une formule dans une cellule, il suffit de la sélectionner, puis de commencer la saisie par le symbole « = ».

Exemple :
La colonne A contient des données avec lesquelles on désire effectuer des calculs.

Dans un tableur, certaines fonctions sont prédéfinies pour calculer la somme, le minimum, le maximum, le mode, la médiane, la moyenne et l'écart moyen d'un ensemble de données.

	A	B	C	
1	Résultats			
2	27,4	Nombre de données	17	=NB(A2:A18)
3	30,15			
4	15	Somme	527	=SOMME(A2:A18)
5	33,8			
6	12,3	Minimum	12,3	=MIN(A2:A18)
7	52,6			
8	28,75	Maximum	52,6	=MAX(A2:A18)
9	38,25			
10	21,8	Mode	33,8	=MODE(A2:A18)
11	35			
12	29,5	Médiane	30,15	=MEDIANE(A2:A18)
13	27,55			
14	33,8	Moyenne	31	=MOYENNE(A2:A18) ou =C4/C2
15	15			
16	33,8	Écart moyen	8,417647059	=ECART.MOYEN(A2:A18)
17	50			
18	42,3			
19				

Comment tracer un graphique

Voici une procédure qui permet de construire un graphique à l'aide d'un tableur :

1) **Sélection de la plage de données**

	A Longueur du fémur (cm)	B Taille d'une personne (cm)
1		
2	36	144
3	37	146
4	40	153
5	42	158
6	43,5	162
7	45	165
8	46,5	168
9	46,8	169
10	47	170
11	47,5	171

2) **Sélection de l'assistant graphique**

3) **Choix du type de graphique**

4) **Confirmation des données pour le graphique**

5) **Choix des options du graphique**

6) **Choix de l'emplacement du graphique**

7) **Tracé du graphique**

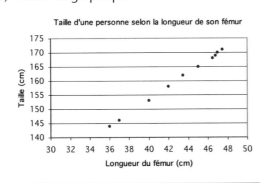

Après avoir tracé le graphique, on peut en modifier les différents éléments en double-cliquant sur l'élément que l'on veut modifier : titre, échelle, légende, quadrillage, tracé du graphique, etc.

Voici différents types de graphiques que l'on peut construire à l'aide du tableur :

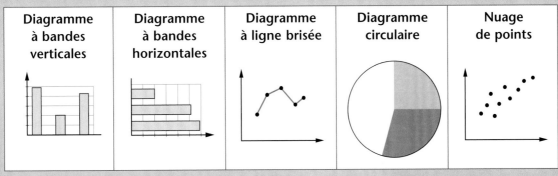

Diagramme à bandes verticales	Diagramme à bandes horizontales	Diagramme à ligne brisée	Diagramme circulaire	Nuage de points

Logiciel de géométrie dynamique

Un logiciel de géométrie dynamique permet de tracer et de déplacer différents objets dans un espace de travail. L'aspect dynamique de ce type de logiciel permet d'explorer et de vérifier des propriétés géométriques, et de valider des constructions.

L'espace de travail et les outils

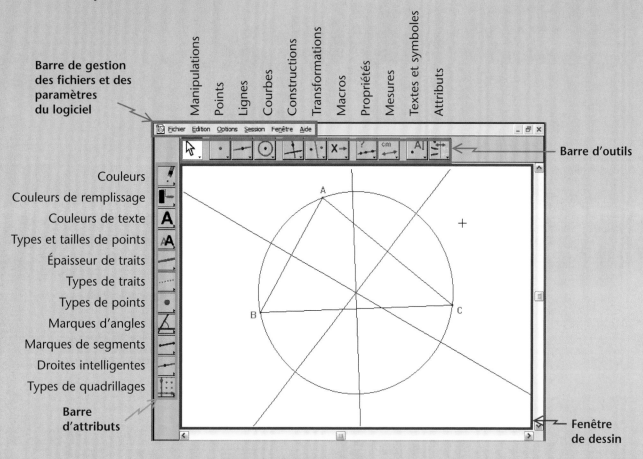

L'aspect des curseurs et leur signification

+	Curseur lors du déplacement dans la fenêtre de dessin.
🖑	Curseur pour désigner un objet.
Quel objet ?	Curseur apparaissant lorsqu'il y a plusieurs objets.
🖎	Curseur permettant le tracé des objets.
✒	Curseur désignant le déplacement possible d'un objet.
↖	Curseur permettant de travailler dans la barre de gestion des fichiers et dans la barre d'outils.
🖌	Curseur apparaissant lorsqu'on veut remplir un objet d'une couleur.
🖌	Curseur apparaissant lorsqu'on change l'attribut de l'objet sélectionné.

Des explorations géométriques

1) Une médiane divise un triangle en deux autres triangles. Afin d'explorer les particularités de ces deux triangles, on effectue la construction ci-dessous. Pour vérifier si les triangles ABD et ACD ont la même aire, on peut calculer l'aire de chacun des triangles. En déplaçant les points A, B et C, on remarque que l'aire des deux triangles est toujours la même.

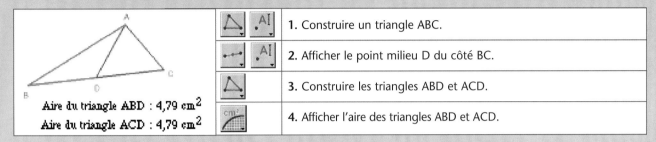

	1. Construire un triangle ABC.
	2. Afficher le point milieu D du côté BC.
	3. Construire les triangles ABD et ACD.
	4. Afficher l'aire des triangles ABD et ACD.

2) Dans un triangle rectangle, afin de connaître la relation qui existe entre la position du milieu de l'hypoténuse par rapport aux trois sommets du triangle, on effectue la construction ci-dessous. En déplaçant les points A, B et C, on remarque que le milieu de l'hypoténuse d'un triangle rectangle est équidistant des trois sommets.

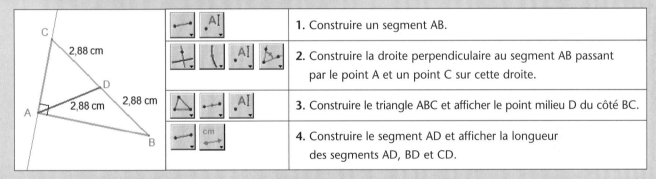

	1. Construire un segment AB.
	2. Construire la droite perpendiculaire au segment AB passant par le point A et un point C sur cette droite.
	3. Construire le triangle ABC et afficher le point milieu D du côté BC.
	4. Construire le segment AD et afficher la longueur des segments AD, BD et CD.

Une exploration graphique

Afin de connaître le lien qui existe entre les pentes de deux droites perpendiculaires dans le plan cartésien, on effectue la construction ci-dessous. En affichant le produit des pentes et en modifiant l'inclinaison d'une des droites, on peut observer une particularité numérique : le produit des pentes de deux droites perpendiculaires est -1.

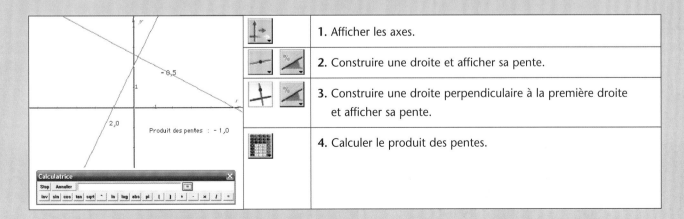

	1. Afficher les axes.
	2. Construire une droite et afficher sa pente.
	3. Construire une droite perpendiculaire à la première droite et afficher sa pente.
	4. Calculer le produit des pentes.

Notations et symboles

Notation et symbole	Signification
{ }	Accolades. Utilisées pour énumérer les éléments faisant partie d'un ensemble.
$\mathbb{N}$	Ensemble des nombres naturels
$\mathbb{Z}$	Ensemble des nombres entiers
$\mathbb{Q}$	Ensemble des nombres rationnels
$\mathbb{Q}'$	Ensemble des nombres irrationnels
$\mathbb{R}$	Ensemble des nombres réels
$\cup$	Union d'ensembles
$\cap$	Intersection d'ensembles
Ω	Se lit «oméga». L'univers des résultats possibles d'une expérience aléatoire.
$\varnothing$ ou { }	Ensemble vide
=	… est égal à…
$\neq$	… n'est pas égal à… ou … est différent de…
$\approx$	… est approximativement égal à… ou … est à peu près égal à…
<	… est inférieur à…
>	… est supérieur à…
$\leq$	… est inférieur ou égal à…
$\geq$	… est supérieur ou égal à…
$[a, b]$	Intervalle incluant a et b
$[a, b[$	Intervalle incluant a et excluant b
$]a, b]$	Intervalle excluant a et incluant b
$]a, b[$	Intervalle excluant a et b
∞	Infini
(a, b)	Couple de valeurs a et b
$f(x)$	f de x ou image de x par la fonction f
f^{-1}	Réciproque de la fonction f
$f \circ g$	Se lit «f rond g». Composée de la fonction g suivie de la fonction f.
( )	Parenthèses. Indiquent les opérations à effectuer en premier.
$-a$	Opposé du nombre a

Notation et symbole	Signification
$\frac{1}{a}$ ou a^{-1}	Inverse de a
a^2	Deuxième puissance de a ou a au carré
a^3	Troisième puissance de a ou a au cube
$\sqrt{a}$	Radical a ou racine carrée de a
$\sqrt[3]{a}$	Racine cubique de a
$|a|$	Valeur absolue de a
%	Pourcentage
$a : b$	Rapport de a à b
π	Se lit «pi» et $\pi \approx 3{,}1416$
$\overline{AB}$	Segment AB
m $\overline{AB}$	Mesure du segment AB
$\angle$	Angle
m $\angle$	Mesure d'un angle
$\overset{\frown}{AB}$	Arc de cercle AB
m $\overset{\frown}{AB}$	Mesure de l'arc de cercle AB
//	… est parallèle à…
$\perp$	… est perpendiculaire à…
◣	Désigne un angle droit dans une figure géométrique plane.
$\triangle$	Triangle
$\cong$	… est isométrique à…
$\sim$	… est semblable à…
$\overset{\wedge}{=}$	… correspond à…
$P(E)$	Probabilité de l'événement E
$P(A \mid B)$	Probabilité que l'événement B se produise sachant que l'événement A s'est déjà produit.
A'	Se lit «A complément». Événement complémentaire à l'événement A.
Méd	Médiane d'une distribution
Q_1, Q_2, Q_3	Premier quartile, deuxième quartile et troisième quartile d'une distribution
Δx	Se lit «delta x». Variation ou accroissement en x.

Notation et symbole	Signification
d(A, B)	Distance entre les points A et B
°	Degré
rad	Radian
sin A	Sinus de l'angle A
cos A	Cosinus de l'angle A
tan A	Tangente de l'angle A
arc sin x	Arc sinus de x
arc cos x	Arc cosinus de x
arc tan x	Arc tangente de x
sec A	Sécante de l'angle A
cosec A	Cosécante de l'angle A
cotan A	Cotangente de l'angle A
[a]	Partie entière de a
$\log_c a$	Logarithme de a dans la base c
$\log a$	Logarithme de a dans la base 10
$\ln a$	Logarithme de a dans la base e
$a!$	Factorielle de a
t	Translation
r	Rotation
s	Réflexion
h	Homothétie
$\vec{a}$	Vecteur a
$\|\vec{a}\|$	Norme du vecteur a
$\vec{a} \cdot \vec{b}$	Produit scalaire du vecteur a et du vecteur b

Le système international d'unités (SI)

Unités de base

Mesure	Unité	Symbole
longueur	mètre	m
masse	kilogramme	kg
temps, durée	seconde	s
courant électrique	ampère	A
température	kelvin	K
quantité de matière	mole	mol
intensité lumineuse	candela	cd

Unités dont l'usage est accepté dans le SI

Mesure	Unité	Symbole
aire ou superficie	mètre carré hectare	m^2 ha
angle plan	degré	°
différence de potentiel électrique	volt	V
énergie, travail	joule wattheure	J Wh
force	newton	N
fréquence	hertz	H
masse	tonne	t
pression	pascal millimètre de mercure	Pa mm Hg
puissance	watt	W
résistance électrique	ohm	Ω
température	degré Celsius	°C
temps	minute heure jour	min h d
vitesse	mètre par seconde kilomètre par heure	m/s km/h
volume	mètre cube litre	m^3 L

Préfixes SI

Facteur par lequel l'unité est multipliée	Nom	Symbole	Facteur par lequel l'unité est multipliée	Nom	Symbole
10^1	déca	da	10^{-1}	déci	d
10^2	hecto	h	10^{-2}	centi	c
10^3	kilo	k	10^{-3}	milli	m
10^6	méga	M	10^{-6}	micro	μ
10^9	giga	G	10^{-9}	nano	n

Énoncés de géométrie

	Énoncé	Exemple
1.	Si deux droites sont parallèles à une troisième, alors elles sont aussi parallèles entre elles.	Si $d_1 \mathbin{/\!/} d_2$ et $d_2 \mathbin{/\!/} d_3$, alors $d_1 \mathbin{/\!/} d_3$.
2.	Si deux droites sont perpendiculaires à une troisième, alors elles sont parallèles.	Si $d_1 \perp d_3$ et $d_2 \perp d_3$, alors $d_1 \mathbin{/\!/} d_2$.
3.	Si deux droites sont parallèles, toute perpendiculaire à l'une d'elles est perpendiculaire à l'autre.	Si $d_1 \mathbin{/\!/} d_2$ et $d_3 \perp d_2$, alors $d_3 \perp d_1$.
4.	Des angles adjacents dont les côtés extérieurs sont en ligne droite sont supplémentaires.	Les points A, B et D sont alignés. $\angle ABC$ et $\angle CBD$ sont adjacents et supplémentaires.
5.	Des angles adjacents dont les côtés extérieurs sont perpendiculaires sont complémentaires.	$\overline{AB} \perp \overline{BD}$ $\angle ABC$ et $\angle CBD$ sont adjacents et complémentaires.
6.	Les angles opposés par le sommet sont isométriques.	$\angle 1 \cong \angle 3$ $\angle 2 \cong \angle 4$
7.	Si une droite coupe deux droites parallèles, alors les angles alternes-internes, alternes-externes et correspondants sont respectivement isométriques.	Si $d_1 \mathbin{/\!/} d_2$, alors les angles 1, 3, 5 et 7 sont isométriques, et les angles 2, 4, 6 et 8 sont isométriques.
8.	Dans le cas d'une droite coupant deux droites, si deux angles correspondants (ou alternes-internes ou encore alternes-externes) sont isométriques, alors ils sont formés par des droites parallèles coupées par une sécante.	Dans la figure de l'énoncé 7, si les angles 1, 3, 5 et 7 sont isométriques et les angles 2, 4, 6 et 8 sont isométriques, alors $d_1 \mathbin{/\!/} d_2$.
9.	Si une droite coupe deux droites parallèles, alors les paires d'angles internes situées du même côté de la sécante sont supplémentaires.	Si $d_1 \mathbin{/\!/} d_2$, alors $\mathrm{m} \angle 1 + \mathrm{m} \angle 2 = 180°$ et $\mathrm{m} \angle 3 + \mathrm{m} \angle 4 = 180°$.

Énoncé	Exemple
10. La somme des mesures des angles intérieurs d'un triangle est 180°.	$m \angle 1 + m \angle 2 + m \angle 3 = 180°$
11. Les éléments homologues de figures planes ou de solides isométriques ont la même mesure.	$\overline{AD} \cong \overline{A'D'}$, $\overline{CD} \cong \overline{C'D'}$, $\overline{BC} \cong \overline{B'C'}$, $\overline{AB} \cong \overline{A'B'}$ $\angle A \cong \angle A'$, $\angle B \cong \angle B'$, $\angle C \cong \angle C'$, $\angle D \cong \angle D'$
12. Dans tout triangle isocèle, les angles opposés aux côtés isométriques sont isométriques.	Dans un triangle isocèle ABC : $\overline{AB} \cong \overline{AC}$ $\angle C \cong \angle B$
13. L'axe de symétrie d'un triangle isocèle supporte une médiane, une médiatrice, une bissectrice et une hauteur de ce triangle.	Axe de symétrie du triangle ABC Médiane issue du sommet A Médiatrice du côté BC Bissectrice de l'angle A Hauteur issue du sommet A
14. Les côtés opposés d'un parallélogramme sont isométriques.	Dans un parallélogramme ABCD : $\overline{AB} \cong \overline{CD}$ et $\overline{AD} \cong \overline{BC}$
15. Les diagonales d'un parallélogramme se coupent en leur milieu.	Dans un parallélogramme ABCD : $\overline{AE} \cong \overline{EC}$ et $\overline{DE} \cong \overline{EB}$
16. Les angles opposés d'un parallélogramme sont isométriques.	Dans un parallélogramme ABCD : $\angle A \cong \angle C$ et $\angle B \cong \angle D$
17. Dans un parallélogramme, la somme des mesures de deux angles consécutifs est 180°.	Dans un parallélogramme ABCD : $m \angle 1 + m \angle 2 = 180°$ $m \angle 2 + m \angle 3 = 180°$ $m \angle 3 + m \angle 4 = 180°$ $m \angle 4 + m \angle 1 = 180°$
18. Les diagonales d'un rectangle sont isométriques.	Dans un rectangle ABCD : $\overline{AC} \cong \overline{BD}$
19. Les diagonales d'un losange sont perpendiculaires.	Dans un losange ABCD : $\overline{AC} \perp \overline{BD}$
20. La mesure d'un angle extérieur d'un triangle est égale à la somme des mesures des angles intérieurs qui ne lui sont pas adjacents.	$m \angle 3 = m \angle 1 + m \angle 2$

	Énoncé	Exemple
21.	Dans un triangle, au plus grand angle est opposé le plus grand côté.	Dans le triangle ABC, le plus grand angle est A, donc le plus grand côté est BC.
22.	Dans un triangle, au plus petit angle est opposé le plus petit côté.	Dans le triangle ABC, le plus petit angle est B, donc le plus petit côté est AC.
23.	La somme des mesures de deux côtés d'un triangle est toujours supérieure à la mesure du troisième côté.	$2 + 5 > 4$ $2 + 4 > 5$ $4 + 5 > 2$
24.	La somme des mesures des angles intérieurs d'un quadrilatère est 360°.	$m \angle 1 + m \angle 2 + m \angle 3 + m \angle 4 = 360°$
25.	La somme des mesures des angles intérieurs d'un polygone à n côtés est $n \times 180° - 360°$ ou $(n - 2) \times 180°$.	$n \times 180° - 360°$ ou $(n - 2) \times 180°$
26.	La somme des mesures des angles extérieurs d'un polygone convexe est 360°.	$m \angle 1 + m \angle 2 + m \angle 3 +$ $m \angle 4 + m \angle 5 + m \angle 6 = 360°$
27.	Les angles homologues des figures planes ou des solides semblables sont isométriques et les mesures des côtés homologues sont proportionnelles.	Le triangle ABC est semblable au triangle A'B'C' : $\angle A \cong \angle A'$ $\angle B \cong \angle B'$ $\angle C \cong \angle C'$ $\dfrac{m \overline{A'B'}}{m \overline{AB}} = \dfrac{m \overline{B'C'}}{m \overline{BC}} = \dfrac{m \overline{A'C'}}{m \overline{AC}}$
28.	Dans des figures planes semblables, le rapport entre les aires est égal au carré du rapport de similitude.	Dans les figures de l'énoncé 27, $\dfrac{m \overline{A'B'}}{m \overline{AB}} = \dfrac{m \overline{B'C'}}{m \overline{BC}} = \dfrac{m \overline{A'C'}}{m \overline{AC}} = k$ ← Rapport de similitude $\dfrac{\text{aire du triangle A'B'C'}}{\text{aire du triangle ABC}} = k^2$
29.	Trois points non alignés déterminent un et un seul cercle.	Il existe un seul cercle passant par les points A, B et C.
30.	Toutes les médiatrices des cordes d'un cercle se rencontrent au centre de ce cercle.	d_1 et d_2 sont respectivement les médiatrices des cordes AB et CD. Le point d'intersection M de ces médiatrices correspond au centre du cercle.

	Énoncé	Exemple
31.	Tous les diamètres d'un cercle sont isométriques.	$\overline{AD}$, $\overline{BE}$ et $\overline{CF}$ sont des diamètres du cercle de centre O. $\overline{AD} \cong \overline{BE} \cong \overline{CF}$
32.	Dans un cercle, la mesure du rayon est égale à la demi-mesure du diamètre.	$\overline{AB}$ est un diamètre du cercle de centre O. $m\,\overline{OA} = \frac{1}{2}\,m\,\overline{AB}$
33.	Dans un cercle, le rapport de la circonférence au diamètre est une constante que l'on note π.	$\frac{C}{d} = \pi$
34.	Dans un cercle, l'angle au centre a la même mesure en degrés que celle de l'arc compris entre ses côtés.	Dans le cercle de centre O, $m\angle AOB = m\,\overset{\frown}{AB}$ exprimées en degrés.
35.	Dans un cercle, le rapport des mesures de deux angles au centre est égal au rapport des mesures des arcs interceptés entre leurs côtés.	$\dfrac{m\angle AOB}{m\angle COD} = \dfrac{m\,\overset{\frown}{AB}}{m\,\overset{\frown}{CD}}$
36.	Dans un disque, le rapport des aires de deux secteurs est égal au rapport des mesures des angles au centre de ces secteurs.	$\dfrac{\text{aire du secteur AOB}}{\text{aire du secteur COD}} = \dfrac{m\angle AOB}{m\angle COD}$
37.	Dans un triangle rectangle, le carré de la mesure de l'hypoténuse est égal à la somme des carrés des mesures des cathètes.	$\left(m\,\overline{AB}\right)^2 = \left(m\,\overline{AC}\right)^2 + \left(m\,\overline{BC}\right)^2$ Hypoténuse · Cathète · Cathète
38.	Deux triangles qui ont leurs côtés homologues isométriques sont isométriques (CCC).	$\overline{AB} \cong \overline{DE}$, $\overline{BC} \cong \overline{EF}$, $\overline{AC} \cong \overline{DF}$ Donc $\triangle ABC \cong \triangle DEF$.
39.	Deux triangles qui ont un côté isométrique compris entre des angles homologues isométriques sont isométriques (ACA).	$\angle A \cong \angle D$, $\overline{AB} \cong \overline{DE}$, $\angle B \cong \angle E$ Donc $\triangle ABC \cong \triangle DEF$.

	Énoncé	Exemple
40.	Deux triangles qui ont un angle isométrique compris entre des côtés homologues isométriques sont isométriques (CAC).	$\overline{AB} \cong \overline{DE}$, $\angle A \cong \angle D$, $\overline{AC} \cong \overline{DF}$ Donc $\triangle ABC \cong \triangle DEF$.
41.	Deux triangles qui ont deux angles homologues isométriques sont semblables (AA).	$\angle A \cong \angle D$, $\angle B \cong \angle E$ Donc $\triangle ABC \sim \triangle DEF$.
42.	Deux triangles qui ont un angle isométrique compris entre des côtés homologues de longueurs proportionnelles sont semblables (CAC).	$\dfrac{m\,\overline{AB}}{m\,\overline{DE}} = \dfrac{m\,\overline{AC}}{m\,\overline{DF}}$ et $\angle A \cong \angle D$. Donc $\triangle ABC \sim \triangle DEF$.
43.	Deux triangles dont les mesures des côtés homologues sont proportionnelles sont semblables (CCC).	$\dfrac{m\,\overline{AB}}{m\,\overline{DE}} = \dfrac{m\,\overline{AC}}{m\,\overline{DF}} = \dfrac{m\,\overline{BC}}{m\,\overline{EF}}$ Donc $\triangle ABC \sim \triangle DEF$.
44.	Des sécantes coupées par des parallèles sont partagées en segments de longueurs proportionnelles.	$\dfrac{m\,\overline{AB}}{m\,\overline{FE}} = \dfrac{m\,\overline{BC}}{m\,\overline{ED}}$

Énoncé	Exemple
45. Dans un triangle rectangle, la mesure de chaque côté de l'angle droit est moyenne proportionnelle entre la mesure de sa projection sur l'hypoténuse et celle de l'hypoténuse entière.	$$\frac{m\,\overline{AD}}{m\,\overline{AB}} = \frac{m\,\overline{AB}}{m\,\overline{AC}} \text{ ou } (m\,\overline{AB})^2 = m\,\overline{AD} \times m\,\overline{AC}$$ $$\frac{m\,\overline{CD}}{m\,\overline{BC}} = \frac{m\,\overline{BC}}{m\,\overline{AC}} \text{ ou } (m\,\overline{BC})^2 = m\,\overline{CD} \times m\,\overline{AC}$$
46. Dans un triangle rectangle, la mesure de la hauteur issue du sommet de l'angle droit est moyenne proportionnelle entre les mesures des deux segments qu'elle détermine sur l'hypoténuse.	$$\frac{m\,\overline{AD}}{m\,\overline{BD}} = \frac{m\,\overline{BD}}{m\,\overline{CD}} \text{ ou } (m\,\overline{BD})^2 = m\,\overline{AD} \times m\,\overline{CD}$$
47. Dans un triangle rectangle, le produit des mesures de l'hypoténuse et de la hauteur correspondante égale le produit des mesures des côtés de l'angle droit.	$$m\,\overline{AC} \times m\,\overline{BD} = m\,\overline{AB} \times m\,\overline{BC}$$
48. Dans un triangle rectangle, la mesure du côté opposé à un angle de 30° est égale à la moitié de celle de l'hypoténuse.	$$m\,\overline{AC} = \frac{m\,\overline{AB}}{2}$$
49. Les mesures des côtés d'un triangle sont proportionnelles au sinus des angles opposés à ces côtés.	$$\frac{a}{\sin A} = \frac{b}{\sin B} = \frac{c}{\sin C}$$
50. Le carré de la longueur d'un côté d'un triangle quelconque est égal à la somme des carrés des longueurs des autres côtés, moins le double du produit des longueurs des autres côtés par le cosinus de l'angle compris entre ces deux côtés.	$$a^2 = b^2 + c^2 - 2bc\cos A$$

Repères

A

Abscisse
Nombre qui correspond à la première coordonnée d'un point dans un plan cartésien.
Ex. : L'abscisse du point (5, –2) est 5.

Abscisse à l'origine, p. 8

Aire
Mesure d'une surface délimitée par une figure. On exprime l'aire d'une figure en unités carrées.

Aire d'un carré
$$A_{carré} = c \times c = c^2$$

Aire d'un cône circulaire droit
$$A_{cône\ circulaire\ droit} = \pi r^2 + \pi r a$$

Aire d'un disque
$$A_{disque} = \pi r^2$$

Aire d'un losange
$$A_{losange} = \frac{D \times d}{2}$$

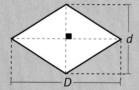

Aire d'un parallélogramme
$$A_{parallélogramme} = b \times h$$

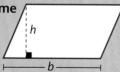

Aire d'un polygone régulier
$$A_{polygone\ régulier} = \frac{(\text{périmètre du polygone}) \times (\text{apothème})}{2}$$

Aire d'un rectangle
$$A_{rectangle} = b \times h$$

Aire d'un secteur
$$\frac{\text{mesure de l'angle au centre du secteur}}{360°} = \frac{\text{aire du secteur}}{\pi r^2}$$

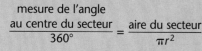

Aire d'un trapèze
$$A_{trapèze} = \frac{(B + b) \times h}{2}$$

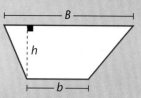

Aire d'un triangle
$$A_{triangle} = \frac{b \times h}{2}$$

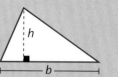

Aire d'une sphère
$$A_{sphère} = 4\pi r^2$$

Angle

Classification des angles selon leur mesure

Nom	Mesure	Représentation
Nul	0°	
Aigu	Entre 0° et 90°	
Droit	90°	
Obtus	Entre 90° et 180°	
Plat	180°	
Rentrant	Entre 180° et 360°	
Plein	360°	

Angle au centre
Angle formé de deux rayons dans un cercle. Le sommet de l'angle correspond au centre du cercle.

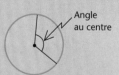

Angles
alternes-externes, p. 232 (énoncés 7, 8)
alternes-internes, p. 232 (énoncés 7, 8)
complémentaires, p. 232 (énoncé 5)
correspondants, p. 232 (énoncé 8)
opposés par le sommet, p. 232 (énoncé 6)
supplémentaires, p. 232 (énoncés 4, 9)

Apothème d'un cône circulaire droit
Segment ou mesure d'un segment reliant l'apex au pourtour de la base.
Ex. :

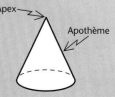

Apothème d'un polygone régulier
Segment perpendiculaire ou mesure
du segment perpendiculaire mené
du centre d'un polygone
régulier au milieu d'un
des côtés de ce polygone.
Ex. :

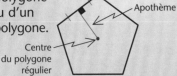

Apothème

Centre
du polygone
régulier

Apothème d'une pyramide régulière
Segment abaissé perpendiculairement de l'apex
sur un des côtés du polygone formant la base
de cette pyramide. Il correspond
à la hauteur du triangle
formant une face latérale.
Ex. :

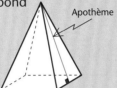

Apothème

Arc cosinus
Opération qui permet de calculer la mesure
d'un angle à partir de la valeur du cosinus de
cet angle. Arc cosinus peut aussi s'écrire $\cos^{-1}$.

Arc de cercle
Portion de cercle délimitée par deux points.

Arc sinus
Opération qui permet de calculer la mesure
d'un angle à partir de la valeur du sinus de
cet angle. Arc sinus peut aussi s'écrire $\sin^{-1}$.

Arc tangente
Opération qui permet de calculer la mesure
d'un angle à partir de la valeur de la tangente de
cet angle. Arc tangente peut aussi s'écrire $\tan^{-1}$.

Arête
Ligne d'intersection entre deux faces d'un solide.

Asymptote, p. 64

**Axe des abscisses
(axe des x)**
Droite graduée qui
permet de déterminer
l'abscisse d'un point
dans un plan cartésien.

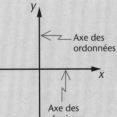

y

Axe des
ordonnées

x

Axe des
abscisses

**Axe des ordonnées
(axe des y)**
Droite graduée qui
permet de déterminer
l'ordonnée d'un point
dans un plan cartésien.

B

Boule
Portion d'espace limitée
par une sphère.

Boule

C

Capacité
Volume de la matière liquide, ou pouvant
se manipuler comme un liquide, qu'un solide
ou un récipient peut contenir.

Cathète
Côté qui forme
l'angle droit
d'un triangle
rectangle.

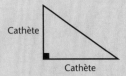

Cathète

Cathète

Circonférence
Longueur ou périmètre d'un cercle. Dans un
cercle dont la circonférence est C, le diamètre
est d et le rayon est r : $C = \pi d$ et $C = 2\pi r$.

Codomaine d'une fonction, p. 7

Coefficient d'un terme
Facteur précédant la ou les variables
d'un terme.
Ex. : Dans l'expression algébrique
$x + 6xy - 4{,}7y$, 1, 6 et $-4{,}7$ sont
les coefficients du premier, du deuxième
et du troisième terme.

Composition de fonctions, p. 20

Cône circulaire droit
Solide constitué de deux faces :
un disque et un secteur.
Le disque correspond à la base
et le secteur, à la face latérale.

Constance d'une fonction, p. 7

Contraintes de positivité, p. 108

Coordonnées à l'origine, p. 8

Coordonnées d'un point
Chacun des deux nombres décrivant
la position d'un point dans un plan cartésien.

Cosinus d'un angle
Dans un triangle rectangle dont A est le sommet
d'un angle aigu :

$$\cos A = \frac{\text{mesure de la cathète adjacente à } \angle A}{\text{mesure de l'hypoténuse}}$$

Croissance d'une fonction, p. 7

Cylindre circulaire droit
Solide constitué de trois faces :
deux disques isométriques et
un rectangle. Les disques
correspondent aux bases et
le rectangle, à la face latérale.

Décroissance d'une fonction, p. 7

Degré d'un monôme
Somme des exposants des variables qui composent le monôme.
Ex. : 1) Le degré du monôme 9 est 0.
      2) Le degré du monôme $-7xy$ est 2.
      3) Le degré du monôme $15a^2$ est 2.

Degré d'un polynôme à une variable
Plus grand exposant affecté à la variable du polynôme.
Ex. : Le degré du polynôme $7x^3 + x^2 + 4$ est 3.

Demi-plan, p. 97

Domaine d'une fonction, p. 7

E

Équation
Énoncé mathématique comportant une ou des variables et une relation d'égalité.
Ex. : $4x - 8 = 4$

Équation d'une droite
Forme fonctionnelle : $y = ax + b$
Forme générale : $Ax + By + C = 0$

Équations équivalentes
Équations ayant les mêmes solutions.
Ex. : $2x = 10$ et $3x = 15$ sont des équations équivalentes, car 5 est la solution de chacune de ces équations.

Équivalences logarithmiques, p. 195

Exponentiation, p. 160

Extremums d'une fonction, p. 7

F

Face
Surface plane ou courbe délimitée par des arêtes.

Factorisation
Écriture sous la forme d'un produit de facteurs.
Ex. : La factorisation de $6a^2 + 15a$ correspond à $3a(2a + 5)$.

Figure image
Figure obtenue par une transformation géométrique appliquée à une figure initiale.

Figure initiale
Figure à laquelle on applique une transformation géométrique.

Figures isométriques
Figures ayant la même forme et les mêmes dimensions.
Ex. : Les figures A et B sont isométriques. La figure C n'est pas isométrique aux deux autres.

Figures semblables
Deux figures sont semblables si l'une est un agrandissement, une réduction ou la reproduction exacte de l'autre.

Fonction, p. 6

Fonction à optimiser, p. 118

Fonction de base, p. 20

Fonction définie par parties, p. 23

Fonction de variation directe
Fonction qui traduit une situation de proportionnalité et dont des variations constantes de la variable indépendante entraînent des variations constantes et non nulles de la variable dépendante. Sa représentation graphique est une droite oblique passant par l'origine du plan cartésien.

Fonction de variation inverse
Fonction qui traduit une situation inversement proportionnelle et dont le produit des valeurs de chacun des couples est constant et non nul. Sa représentation graphique est une courbe dont les extrémités se rapprochent de plus en plus lentement des axes sans y toucher.

Fonction de variation nulle
Fonction dont des variations constantes de la variable indépendante entraînent des variations nulles de la variable dépendante. Sa représentation graphique est une droite parallèle à l'axe des abscisses.

Fonction de variation partielle
Fonction qui ne traduit pas une situation de proportionnalité et dont des variations constantes de la variable indépendante entraînent des variations constantes et non nulles de la variable dépendante. Sa représentation graphique est une droite oblique ne passant pas par l'origine du plan cartésien.

Fonction en escalier
Fonction qui est constante sur certains intervalles et qui varie subitement à certaines valeurs de la variable indépendante, appelées « valeurs critiques ».

Fonction exponentielle, p. 171, 172

Fonction logarithmique, p. 182, 183

Fonction partie entière
Fonction en escalier dont la règle est, sous la forme canonique, $f(x) = a[b(x - h)] + k$.

Fonction polynomiale
Fonction dont la règle s'écrit à l'aide d'un polynôme. Ex. : $f(x) = 3x^2 + 7$

Fonction polynomiale de degré 0
Fonction dont la règle s'écrit à l'aide d'un polynôme de degré 0. Ex. : $f(x) = -5$

Fonction polynomiale de degré 1
Fonction dont la règle s'écrit à l'aide d'un polynôme de degré 1.
Ex. : $f(x) = 7,1x + 195$

Fonction polynomiale de degré 2
Fonction dont la règle est, sous la forme canonique, $f(x) = a(x - h)^2 + k$ et, sous la forme générale, $f(x) = ax^2 + bx + c$.

Fonction quadratique
Synonyme de « fonction polynomiale de degré 2 ».

Fonction racine carrée, p. 36, 37

Fonction rationnelle, p. 64, 65

Fonction réciproque, p. 23

Fonction transformée, p. 20

Fonction valeur absolue, p. 50, 51

Forme canonique, p. 20

 H

Hauteur d'un triangle
Segment ou longueur du segment abaissé perpendiculairement d'un sommet sur le côté opposé ou son prolongement.
Ex. :

Hauteur

Hypoténuse
Côté opposé à l'angle droit d'un triangle rectangle. C'est le plus long côté d'un triangle rectangle.

Hypoténuse

 I

Inégalité, p. 96

Inéquation, p. 96

Inéquation du premier degré à deux variables, p. 97, 98

Intervalle
Ensemble de nombres compris entre deux nombres appelés bornes.
Ex. : L'intervalle des nombres réels allant de -2 inclus à 9 exclu est [-2, 9[.

 L

Logarithme, p. 182

Loi
des cosinus, p. 237 (énoncé 50)
des sinus, p. 237 (énoncé 49)

Lois des exposants, p. 160

M

Maximum d'une fonction, p. 7

Médiane d'un triangle
Segment reliant un sommet au milieu du côté opposé.
Ex. : Les segments AE, BF et CD sont les médianes du triangle ABC.

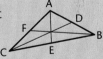

Médiatrice
Droite perpendiculaire à un segment en son milieu. La médiatrice est aussi un axe de symétrie d'un segment.
Ex. :

Médiatrice

Minimum d'une fonction, p. 7

Mise en évidence simple
Écriture qui permet de mettre en évidence un facteur qui est commun à plusieurs autres.
Ex. : $8a^2 - 44a = 4a(2a - 11)$

Monôme
Expression algébrique formée d'un seul terme.
Ex. : 9, $-5x^2$ et $4xy$ sont des monômes.

Nombre entier
Nombre appartenant à
l'ensemble $\mathbb{Z} = \{..., -2, -1, 0, 1, 2, ...\}$.

Nombre irrationnel
Nombre qui ne peut pas s'exprimer comme
un quotient d'entiers et dont le développement
décimal est infini et non périodique.

Nombre naturel
Nombre appartenant à
l'ensemble $\mathbb{N} = \{0, 1, 2, 3, ...\}$.

Nombre rationnel
Nombre qui peut être écrit sous la forme $\frac{a}{b}$,
où a et b sont des nombres entiers, et b
est différent de 0. Sous la forme décimale, le
développement est fini ou infini et périodique.

Nombre réel
Nombre qui appartient à l'ensemble
des nombres rationnels ou à l'ensemble
des nombres irrationnels.

Notation exponentielle, p. 160

Notation scientifique
Notation qui facilite la lecture et l'écriture
des très grands et des très petits nombres.
Ex. : 1) $56\,000\,000 = 5{,}6 \times 10^7$
2) $0{,}000\,000\,008 = 8 \times 10^{-9}$

Opérations sur les fonctions, p. 20

Ordonnée
Nombre qui correspond à la seconde
coordonnée d'un point dans le plan cartésien.
Ex. : L'ordonnée du point (5, -2) est -2.

Ordonnée à l'origine, p. 8

Origine d'un plan cartésien
Point d'intersection des deux axes
d'un plan cartésien. Les coordonnées
de l'origine sont (0, 0).

Paramètres, p. 20, 21, 22

Pente
Nombre qui caractérise l'inclinaison d'un
segment ou d'une droite. La pente
d'un segment dont les extrémités sont

$A(x_1, y_1)$ et $B(x_2, y_2)$ est $\dfrac{y_2 - y_1}{x_2 - x_1}$.

Périmètre
Longueur de la ligne fermée qui correspond
à la frontière d'une figure plane. Le périmètre
s'exprime en unités de longueur.

Plan cartésien
Plan muni d'un système de repérage formé
de deux droites graduées qui se coupent
perpendiculairement.

Polyèdre
Solide limité par des faces planes qui sont
des polygones.
Ex. :

Polygone
Figure plane formée par une ligne brisée.

Polygones

Nombre de côtés	Nom du polygone
3	Triangle
4	Quadrilatère
5	Pentagone
6	Hexagone
7	Heptagone
8	Octogone
9	Ennéagone
10	Décagone
11	Hendécagone
12	Dodécagone

Polygone de contraintes, p. 108

Polygone régulier
Polygone dont tous les côtés sont isométriques
et dont tous les angles sont isométriques.

Polynôme
Expression algébrique comportant un ou
plusieurs termes.
Ex. : $x^3 + 4x^2 - 18$

Prisme
Polyèdre ayant deux faces isométriques
et parallèles appelées bases.
Les parallélogrammes qui relient ces deux
bases sont appelés faces latérales.
Ex. : Prisme à base triangulaire.

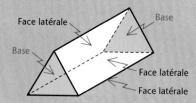

Prisme droit

Prisme dont les faces latérales sont des rectangles.
Ex. : Prisme droit à base trapézoïdale.

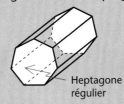

Prisme régulier

Prisme droit dont la base est un polygone régulier.
Ex. : Prisme régulier à base heptagonale.

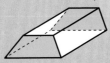

Heptagone régulier

Programmation linéaire, p. 130

Proportion

Égalité entre deux rapports ou deux taux.
Ex. : 1) $3 : 11 = 12 : 44$

2) $\dfrac{7}{5} = \dfrac{14}{10}$

Propriétés

des fonctions, p. 7, 8
des radicaux, p. 36
des valeurs absolues, p. 50

Pyramide

Polyèdre constitué d'une seule base ayant la forme d'un polygone et dont les faces latérales sont des triangles ayant un sommet commun appelé l'apex.
Ex. : Pyramide à base octogonale.

Apex

Face latérale

Base

Pyramide droite

Pyramide dont le segment abaissé depuis l'apex, perpendiculairement à la base, arrive au centre du polygone formant cette base.
Ex. : Pyramide droite à base rectangulaire.

Pyramide régulière

Pyramide droite dont la base est un polygone régulier.
Ex. : Pyramide régulière à base hexagonale.

Hexagone régulier

Q

Quadrant

Chacune des quatre régions délimitées par les axes d'un plan cartésien. Les quadrants sont numérotés de 1 à 4.
Ex. :

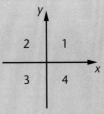

R

Racine carrée

L'opération inverse de celle qui consiste à élever un nombre positif au carré est appelée l'extraction de la racine carrée. Le symbole de cette opération est $\sqrt{}$.
Ex. : La racine carrée de 25, notée $\sqrt{25}$, est 5.

Radical   Radicande

Racine cubique

L'opération inverse de celle qui consiste à élever un nombre au cube est appelée l'extraction de la racine cubique. Le symbole de cette opération est $\sqrt[3]{}$.
Ex. : 1) $\sqrt[3]{125} = 5$

2) $\sqrt[3]{-8} = -2$

Rapport

Mode de comparaison entre deux quantités ou deux grandeurs de même nature exprimées dans les mêmes unités et qui fait intervenir la notion de division.

Rationalisation, p. 36

Réciproque, p. 6

Réflexion

Transformation géométrique qui permet d'associer, à toute figure initiale, une figure image par rapport à une droite donnée appelée l'axe de réflexion.

Règle

Équation qui traduit une régularité entre des variables.

Règles de transformation des équations
Règles qui permettent d'obtenir des équations équivalentes. On conserve la ou les solutions d'une équation :

- en additionnant ou en soustrayant le même nombre aux deux membres de l'équation ;
- en multipliant ou en divisant les deux membres de l'équation par un même nombre différent de 0.

Règles de transformation des inéquations, p. 96

Relation, p. 6

Relation de Pythagore, p. 235 (énoncé 37)

Relations métriques, p. 237 (énoncés 45, 46, 47)

Résolution d'un système d'équations, p. 95

Résolution d'une équation
exponentielle, p. 195, 196
logarithmique, p. 196
racine carrée, p. 38
rationnelle, p. 66
valeur absolue, p. 52

Résolution d'une inéquation
exponentielle, p. 197
logarithmique, p. 197
racine carrée, p. 38
rationnelle, p. 66
valeur absolue, p. 52

S

Secteur
Portion de disque délimitée par deux rayons.

Signe d'une fonction, p. 8

Sinus d'un angle
Dans un triangle rectangle dont A est le sommet d'un angle aigu :

$$\sin A = \frac{\text{mesure de la cathète opposée à } \angle A}{\text{mesure de l'hypoténuse}}$$

Solide
Portion d'espace limitée par une surface fermée.
Ex. :

Sommet
Point commun à au moins deux arêtes d'un solide.

Sphère
Surface dont tous les points sont situés à égale distance d'un point appelé centre.

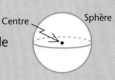

Superficie
Synonyme d'« aire ».

Système
d'équations, p. 95
d'inéquations, p. 107

T

Tangente d'un angle
Dans un triangle rectangle dont A est le sommet d'un angle aigu :

$$\tan A = \frac{\text{mesure de la cathète opposée à } \angle A}{\text{mesure de la cathète adjacente à } \angle A}$$

Taux
Mode de comparaison entre deux quantités ou deux grandeurs, généralement de nature différente, exprimées à l'aide d'unités différentes et qui fait intervenir la notion de division.

Taux de variation
Dans une relation entre deux variables, comparaison entre deux variations qui se correspondent.

$$\text{Taux de variation} = \frac{\text{variation de la variable dépendante}}{\text{variation correspondante de la variable indépendante}}$$

Terme algébrique
Un terme peut être composé uniquement d'un nombre ou d'un produit de nombres et de variables.
Ex. : 9, x et $3xy^2$ sont des termes.

Termes semblables

Termes composés des mêmes variables affectées des mêmes exposants ou termes constants.

Ex. : 1) $8ax^2$ et ax^2 sont des termes semblables.

2) 8 et 17 sont des termes semblables.

Translation

Transformation géométrique qui permet d'associer, à toute figure initiale, une figure image selon une direction, un sens et une longueur donnés.

Unités d'aire

Le mètre carré est l'unité d'aire de base du SI.

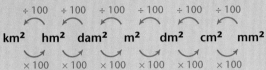

Unités de capacité

Le litre est l'unité de capacité de base.

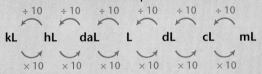

Unités de longueur

Le mètre est l'unité de longueur de base du SI.

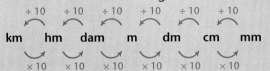

Unités de volume

Le mètre cube est l'unité de volume de base du SI.

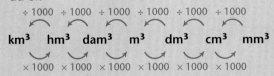

Valeur initiale d'une fonction, p. 8

Variable

Symbole qui peut prendre différentes valeurs. Les symboles utilisés sont généralement des lettres.

Variable

dépendante, p. 6

indépendante, p. 6

Variation d'une fonction, p. 7

Volume

Mesure de l'espace occupé par un solide. On exprime le volume d'un solide en unités cubes.

Volume d'un cône circulaire droit

$$V_{\text{cône}} = \frac{(\text{aire de la base}) \times (\text{hauteur})}{3}$$

Volume d'un cylindre circulaire droit

$$V_{\text{cylindre circulaire droit}} = (\text{aire de la base}) \times (\text{hauteur})$$

Volume d'un prisme droit

$$V_{\text{prisme droit}} = (\text{aire de la base}) \times (\text{hauteur})$$

Volume d'une boule

$$V_{\text{boule}} = \frac{4\pi r^3}{3}$$

Volume d'une pyramide droite

$$V_{\text{pyramide}} = \frac{(\text{aire de la base}) \times (\text{hauteur})}{3}$$

Z

Zéro d'une fonction, p. 8

Crédits photographiques

H Haut   **B** Bas   **G** Gauche   **D** Droite   **M** Milieu   **FP** Fond de page

Couverture

© Mike Agliolo/Corbis

Vision 1

3 HG © Keith Hunter/Arcaid/Corbis **3 HD** © Mark Karrass/Corbis **3 MG** © DBIMAGE/Brand X/Corbis **3 MD** © Ron Chapple/Corbis **5 HD** © Bill Coster/Alamy **9 HD** © A.Cartier/PUBLIPHOTO **10 BD** © Ted Levine/Corbis **12 HD** © Netfalls/Shutterstock **13 BD** © Johnny Greig/SPL/Publiphoto **16 HD** © Yellowj/Shutterstock **16 B** © Robyn Mackenzie/Shutterstock **17 BG** © Bettmann/Corbis **18 HD** © SPL/Publiphoto **18 BD** © Kiselev Andrey Valerevich/Shutterstock **29 M** © Shutterstock **29 BD** Bennie J. Davis III/U.S. Air Force **30 HD** © Otto Rogge/Corbis **30 BD** © ktsimage/iStockphoto **31 BG** © Sheila Terry/SPL/Publiphoto **31 BD** © Lebrecht Music and Arts Photo Library/Alamy **33 HD** © Alex Staroseltsev/Shutterstock **33 BG** © Tatiana Popova/Shutterstock **34 HD** © Tom Nance/Shutterstock **43 M** © 2d Alan King/Alamy **44 HM** © Mircea BEZERGHEANU/ Shutterstock **47 HD** © Paul Maguire/iStockphoto **47 BG** © DNY59/iStockphoto **47 BD** © ER_09/Shutterstock **48 HM** © Phil Degginger/Alamy **58 HD** Christian Lauzon © Le Québec en images, CCDMD **58 B** © Taylor Kennedy/Alamy **59 HG** © iStockphoto **59 BD** © taraki/Shutterstock **61 BG** © iStockphoto **61 BD** © Glenn Jenkinson/Shutterstock **69 BD** © SPL/Publiphoto **71 BD** © Robert A. Levy Photography, LLC/Shutterstock **72 HD** © Gavin Kingcome/SPL/Publiphoto **73 HD** © Pascal Goetgheluck/SPL/Publiphoto **73 MD** © Aerial Archives/Alamy **74 BD** © Bettmann/Corbis **75 MD** © Stephen Strathdee/Shutterstock **76 MG** © Arctic-Images/Corbis **77 MG** © Annette Soumillard/Hemis/Corbis **78 BD** © Aleksi Markku/Shutterstock **80 M** © Utah Images/NASA/Alamy **81 MG** © SPL/Publiphoto **81 BD** © solos/Shutterstock **82 BG** © Oguz Aral/Shutterstock **83 B** © Sebastian Kaulitzki/Shutterstock **84 HD** © Dmitry Evsyukov/iStockphoto **84 B** © Karen Tweedy-Holmes/CORBIS **86 B** © Ken Canning/iStockphoto **87 BD** © Yanik Chauvin/iStockphoto **88 BD** © Jim Lipschutz/Shutterstock **89 HD** © Dan Simonsen/Shutterstock **89 B** © Vladislav Gurfinkel/Shutterstock

Vision 2

91 HG © Shutterstock **91 HD** © Binkski/Shutterstock **91 MG** © Shutterstock **91 MD** © Ron Chapple/Corbis **94 BD** © Noam Armonn/Shutterstock **101 M** © APPhoto/Shizuo Kambayashi/Cpimages **103 MD** © Photo Intrigue/Shutterstock **103 B** © David J. Green/Alamy **104 MD** © Pavel Misák/Shutterstock **105 HD** © any_keen/Shutterstock **114 BD** © Medical RF.COM/SPL/Publiphoto **116 B** © Helen King/Corbis **120 B** © IDAL/Shutterstock **121 HD** © The Stock Asylum, LLC/Alamy **122 BG** © Photodisc/GettyImages **124 BD** © Peter Schneiter/Alamy **125 B** © Khafizov Ivan Harisovich/Shutterstock **126 HD** © Shutterstock **126 BG** © Hulton-Deutsch Collection/Corbis **128 B** Gracieuseté de la NASA **134 BD** © GoodMood Photo/Shutterstock **136 HD** © Oleinik Dmitri/Shutterstock **136 BG** © University Corporation for Atmospheric Research/ SPL/Publiphoto **137 BD** © bourbondog/Shutterstock **138 HG** Gracieuseté de INFORMS **138 BG** © Hulton-Deutsch Collection/Corbis **138-139 B** © Corbis **140 HD** © Daniel Troutman Photography/ iStockphoto **140 MG** © Aberystwyth University **141 FP** © Antonis Papantoniou/iStockphoto **143 MG** © Musée canadien des civilisations/Corbis **145 BD** © Charles Beauchemin/iStockphoto **146 HD** © egd/Shutterstock **147 BD** © Christian Darkin/SPL/Publiphoto **151 MD** © E.R.Degginger/SPL/Publiphoto **152 HG** © Devon Stephens/ iStockphoto **152 HD** © Georg Winkens/iStockphoto **155 B** © wrangler/Shutterstock

Vision 3

157 **HG** © Immelstorm/Shutterstock 157 **HD** © Jose Paulo Andrade/Shutterstock 157 **MG** © Jim Richardson/Corbis 157 **MD** © Horia Bogdan/Shutterstock 158 **B** © Klaus Guldbrandsen/SPL/Publiphoto 159 **FP** © Ivan Cholakov Gostock/Shutterstock 159 **B** © Michael Rosenfeld/Science Faction/Corbis 162 **BD** © iStockphoto 163 **BD** Gracieuseté de la NASA 164 **M** © Georgios Kollidas/Shutterstock 164 **BG** Domaine public 165 **MD** © motorolka/Shutterstock 166 **B** © U.S. Dept. of Energy/SPL/Publiphoto 167 **BG** © The Palm Beach Post/Keystone Press 168 **BD** © Shutterstock 175 **B** © Feng Yu/Shutterstock 177 **HD** Gracieuseté de la NASA 178 **MD** © Fouquin/Shutterstock 179 **B** © Bettmann/Corbis 187 **MD** © Nikita Tiunov/Shutterstock 188 **HD** © istockphoto 188 **BG** © Sciencephotos/Alamy 189 **MG** © Daseaford/Shutterstock 189 **BD** © Oregon Freeze Dry, Inc. 189 **FP** © Oregon Freeze Dry, Inc. 190 **BM** © Photos.com 190 **FP** © Steve Allen/Brand X/Corbis 191 **HD** Avec la permission de The Wenceslaus Hollar Digital Collection/University of Toronto 192 **B** © iStockphoto 194 **BG** © INTERFOTO/Alamy 200 **BD** © Roger Ressmeyer/CORBIS 201 **MD** © iStockphoto 202 **MG** © Mark Yuill/Shutterstock 203 **B** © Steve Sandford/ZUMA Press/Keystone Press 204 **MG** © Bettmann/Corbis 204 **MD** © Martin Muránsky/Shutterstock 204 **BD** Domaine public 204 **B** © Shutterstock 205 **HD** Domaine public 205 **MD** © Shutterstock 206 **MG** © Steve Hamblin/Corbis 206 **MD** © Shutterstock 206 **BG** © Marmaduke St. John/Alamy 210 **BG** © Cultura/Alamy 211 **HD** © Cpimages 212 **HD** © Corbis 212 **BD** © David R. Frazier Photolibrary, Inc./Alamy 213 **MD** © Carole Castelli/Shutterstock 214 **M** © Monika Gniot/Shutterstock 215 **HD** © Martin Ruetschi/Keystone/Corbis 215 **B** © BRITISH ANTARCTIC SURVEY/SPL/Publiphoto 217 **BD** © Tischenko Irina/Shutterstock 219 **HD** © Maximiliano/Shutterstock 219 **B** © PHOTOTAKE Inc./Alamy